인플레이션에서 살아남기

인플레이션에서 살아남기

"애프터 인플레,
누가 돈을 벌까?"

오건영 지음

page2

추천사

움직임의 징후를 찾고 포트폴리오를 재정비하는 시간

• • •

2020년 3월, 주가가 폭락함과 동시에 「삼프로TV」 구독자가 폭발적으로 늘어나는 것을 보면서 나는 많은 투자자들이 어려운 상황을 함께 헤쳐 나갈 의지처를 찾고 있다는 것을 느낄 수 있었다. 코로나19 이후 터져 나온 통화정책과 정치적인 문제 등으로 꼬여버린 경제 환경에 발이 묶인 우리 투자자들에게 조금이라도 도움이 되고 싶었다. 난도가 급격하게 높아진 금융시장을 눈높이에 맞춰 설명해줄 해설자가 절실히 필요했다.

이것이 오건영 부부장을 삼프로TV에 종종 초대했던 이유다. 내가 '대한민국 최고의 Fed(연준) 분석가'라고 자부하는 오건영 부부장은 우리나라에서 Fed에 관한 한 가장 순발력 있고, 가장 깊이 있는 통찰력을 가진 분석가다. 시장이 흔들릴 때면 언제든 나타나 경제는 어디로 향하고 있는지, 연준의 스탠스는 어떻게 변하고 있는지 논리적 통찰과 혜안을 아낌없이 제공해주었다. 낭중지추라고 했던가, 주식시장의 변동성이 커지자 숨기려 해도 숨길 수 없는 존재감을 내뿜으며 구독자들로부터 많은 사랑을 받았다.

오건영 부부장은 앞선 저서 『부의 시나리오』에서 금융시장을 4분면으로 나누고, 우리 경제는 지금 어디쯤 위치해 있는지 알려줬다. 이번 책 『인플레이션에서 살아남기』에서는 우리 경제가 어느 분면에서 어느 분면으로 움직이고 있는지를 조금 더 면밀하게 살핀다. 움직임의 징후들을 포착해 미래 시나리오에 알맞게 자산을 배분하고, 배분된 자산을 보다 합리적인 포트폴리오로 바꾸는 과정에서 독자 스스로가 경제를 보는 눈이 한층 넓어졌음을 실감하게 될 것이다. 내공이 쌓이고 스스로 생각하는 힘이 늘어나는 것, 내 생각에 자신감이 붙어서 자신만의 명쾌한 투자전략을 세울 수 있도록 돕는 게 나와 오건영 부부장이 원하는 전부다.

전 세계에 풀린 돈이 상당해 자산 가격 상승의 추세가 쉽사리 꺼지지 않을 것 같다. 진정으로 '인플레이션에서 살아남기'를 원한다면 투자를 통해 자산을 증식시키려는 적극적인 마인드를 장착해야 한다. 이 책으로 기초체력을 쌓되, 여기에서 멈추지 말고 딱 한 걸음만 더 나가봤으면 좋겠다. 거시경제를 보고, 가능성의 징후를 발견하는 데서 그치지 말고, 세밀한 조사를 곁들여 기민하게 대처해보자는 것이다. 이 혼돈의 계절이 생존을 다투는 시간이 아닌, 궁극적인 승자가 되어가는 성장의 시간이 되기를 진심으로 바란다.

• 김동환 •

"최적의 타이밍에 나타난 최고 전문가"

인플레이션이 돌아왔고, 연준은 금리 인상을 하겠다고 엄포를 놓고 있습니다. 이런 혼란한 상황 속에서, 그것도 독자가 정확하게 필요로 하는 순간에 시의적절하게 나타나 반가웠습니다. 무엇보다 신문 기사를 다수 인용하고 그것을 해설함으로써 독자가 추후 관련 기사를 보며 스스로 사고할 수 있는 길을 제시한다는 점에서 의미가 있다고 생각합니다.

새로 제시한 시나리오 분석 틀은 이 책의 백미입니다. 성장과 물가라는 변수로 4가지 환경을 설명하고, 각 국면마다 자산별 유·불리를 이해하기 쉽게 설명했습니다. 분석 틀을 머리에 새기고 다시 한번 읽어보니 개념이 머릿속에 프레이밍되어 국면별 투자법을 보다 구조적으로 파악할 수 있었습니다. 또 자산군이나 통화 간 분산 아이디어는 원화 중심 포트폴리오에 국한한 저의 시야를 넓혀 주었습니다.

2022년뿐 아니라 더 오랜 시간 활용할 수 있는 강력한 무기를 갖게 된 것 같아 든든합니다. 현재의 고물가 현상이 길어지지 않을까 걱정한다면 저자가 제시한 시나리오를 읽어보기를 권합니다. 책에 담긴 과거 사례들 어우러져 설득력 있게 다가올 겁니다.

독자 **남궁윤**

• • • •

"한 권으로 끝내고 싶다면 바로 이 책"

중·고등학교 교육 콘텐츠 개발을 하는 입장에서 보았을 때 고등학생들도 이해할 수 있을 정도로 쉬워서 너무 좋았습니다. '어린이 백과'처럼 친절한 설명 덕분에 청소년들에게 권해도 부담 없을 수준입니다. 어려운 내용이 나올 때쯤 현실과 맞닿아 있는 '코로나 재난지원금' 등의 예시가 나와 이해하기 수월했고, 용어도 쉽게 설명되어 소설책을 읽는 것처럼 편하게 읽었습니다. 다 읽고 보니 개념을 찾으려 검색한 적이 없다는 점이 몰입도를 더욱 높였던 것 같습니다.

최근 자료와 현상을 중점적으로 다루다 보니 정치, 사회적인 부분까지 연계되어 있다는 점이 이 책의 매력포인트입니다. 인플레이션이 무엇인지 궁금하고 그동안의 인플레이션 역사 및 배경 등을 알고 싶은데 쉽게 한 권으로 끝내고 싶다면 이 책을 강력히 추천합니다. 현실적으로 궁금한 점들도 잘 설명되어 있어서, 읽으면서 저의 투자 포트폴리오에 어떤 것을 반영할까 생각할 수 있는 지점이 많았습니다.

독자 **정혜정**

• • • •

"혼란한 시장에서 만난 따뜻하고 명쾌한 해답"

마지막 장을 읽고 났을 때 가장 크게 느낀 것은 위안과 안도입니다. 경제 도서를 읽고 이런 감정을 느끼는 게 어색하기도 하지만, 지금의 초인플레이션 상황에서 저자가 전하는 메시지는 멘붕에 빠져 있는 저와 같은 개인 투자자들에게 희망을 주었습니다. 개별 기업이나 산업에는 흥망성쇠가 있겠으나 거시경제는 언제나, 결국 현재의 위기를 딛고 더 큰 성장의 방향으로 나아간다는 희망과 믿음을 가져봅니다.

최근 인플레이션이 심상치 않다는 뉴스를 많이 접하긴 했지만, '뭐 물가야 올랐다 내렸다 하는 거니까 이번에는 오르는 타이밍인가 보네' 정도로 단순하게 생각했습니다. 하지만 원고를 읽고 이번 인플레이션은 40년 만에 발생한 가장 거대한 인플레이션이라는 것을 알게 되었고, 어떻게 대응해야 할지 명쾌한 해답을 찾는 시간이었습니다.

독자 **황민성**

프롤로그

단 한 명이라도 더 살아남길 바라는 마음으로

• • •

항상 느끼는 것이지만 너무나 부족한 지식과 글재주를 가졌음에도 많은 고마운 분들의 격려와 가르침 덕분에 이렇게 네 번째 책을 출간하게 되었습니다. 2019년 여름에 첫 책을 쓸 때만 해도 부족한 제가 네 번째 책까지 내게 될 것이라고는 상상도 못 했습니다. 이 모든 과분한 행운을 얻게 된 것은 많은 분들의 가르침 덕분입니다. 항상 더욱 겸손한 마음으로 더욱 무거운 책임감을 가지고 열심히 공부하고 노력하여 격려해주신 모든 분들께 작으나마 도움을 드리고자 최선을 다할 것을 약속드리며 이 책의 서문을 시작합니다.

첫 책 『앞으로 3년 경제전쟁의 미래』은 금융시장의 주요 위기 국면을 논하며 환율과 금리가 어떤 영향을 주었는지를 살펴보았고, 두 번째 책 『부의 대이동』에서는 금과 달러라는 안전 및 대안 자산을 통해 급변하는 매크로 환경에서 투자 리스크를 제어할 수 있는 방법을 살펴보았습니다. 세 번째 책 『부의 시나리오』에서는 4가지 시나리오를 통해 시나리오 베이스의 투자 마인드가 필요하다고 말씀드렸습니다. 지난 책을 통해 거시경제 환경을 투자에 연계하는 시도를 해왔습니다.

많은 고민 끝에 이번 책은 2022년 현재, 많은 분들이 큰 충격을 받으며 충분히 체감하고 있는 '인플레이션'이라는 경제 환경 변화를 쉽게 이해할 수 있게 담아보았습니다. 개념부터 시작해서 이슈가 되는 이유, 인플레이션의 향후 전망을 담았고, 실제 투자의 관점에서는 어떤 대응이 필요한지에 대한 조언 역시 반영했습니다. 내용 외에도 가독성을 높이기 위한 노력도 했습니다. 지난 책에서 많은 분들이 호평해주셨던 구어체, 그래프마다 붙는 자세한 설명들, 실제 경제 기사 인용, 그리고 어렵고 딱딱한 경제 콘텐츠를 보다 친근하게 접근할 수 있도록 그려 넣은 삽화 등은 그대로 유지했습니다. 그럼에도 전체적인 챕터의 흐름을 읽어내기가 어려우실 수 있기에, 소챕터마다 해당 내용을 쉽게 예습(?)하실 수 있도록 짧은 만화를 추가했습니다.

책은 다음과 같이 구성되어 있습니다. 우선 제1장은 투자를 할 때 왜 거시경제를 봐야 하는지, 그 중요성을 짚어보며 시작합니다. 제2장에서는 거시경제 변화 중 최근에 강렬한 임팩트를 남기고 있는 인플레이션의 정의와 왜 인플레이션이 지금 이렇게 뚜렷하게 나타나고 있는지에 대해 설명합니다. 과거의 이야기도 중요하지만 미래에는 어떻게 흘러가게 되는지 판단하는 것이 보다 중요하겠죠. 그래서 인플레이션을 만들어낸 원인들이 하나씩 해소된다면 70년대 식의 장기적이고 거대한 인플레이션으로 이어질 가능성은 낮다는 낙관적인 전망을 담아보았습니다. 마지막으로 제3장 '인플레이션에서 살아남기'에서는 이런 인플레이션의 흐름을 가정했을 때 우리는 어떤 대처를 해야 하는지에 대해 이야기를 나눠봅니다.

세 권의 책을 쓰면서 정말 많은 피드백을 받았습니다. 저의 부족함을 깨닫게 해주는 말씀, 향후 책의 방향에 대한 조언, 책에서 전달하는 메시지에 대한 평가 등 하나 하나 명심 또 명심해야 하는 소중한 내용이 많았습니다. 그중에 '책 쓰기를 정말 잘했다'라는 생각이 들게 한, 뜻깊은 피드백이 하나 있었습니다. 경제 책은 워낙 딱딱하고 어려운지라 한 권을 완독하기가 쉽지 않았는데, 제 책을 통해 처음으로 경제 책 완독에 성공해서 감사하다는 피드백이었습니다.

저는 경제학 비전공자입니다. 저 역시 처음 경제 공부를 시작하려고 책을 읽었을 때 대부분이 어렵게 다가왔습니다. 경제 신문조차도 멀게만 느껴졌습니다. 쉽게 적혀 있는 책이라고 해도 수차례 반복해서 읽어야 이해가 되었는데요, 그때 생각했었죠. '진짜 비전공자들도 편안하게 읽을 수 있는 경제 책이 있었으면 좋겠다', '어려운 개념을 모두 담지는 않을지라도 현상을 경제적인 시각으로 이해할 수 있게 도와줬으면 정말 좋겠다'라는 생각을 했던 겁니다. 제가 직접 하나 하나 배워가며 고생스럽게 공부를 해왔기에 어느 부분, 혹은 어느 로직이 가장 접근하기 어려운지 잘 이해하고 있다고 생각합니다. 이런 이해를 바탕으로 독자 분들께서 쉽게 읽으실 수 있는 책을 쓰고자 노력했고, 앞으로도 그렇게 써 나갈 계획입니다.

이 책을 쓰면서 아낌없는 격려와 가르침을 전해주신 고마운 분들께 감사 인사를 드리고자 합니다. 먼저 저에게 힘을 불어 넣어주시는 4만 9천 명의 페친 분들과 4만 명의 네이버 카페 회원님들께 깊은 감사 말씀을 드립니다. 이분들 덕분에 제가 힘을 얻어서 꾸준히 공부할 수 있었습니다. 항상 적극적으로 격려해주시고 응원해주시는 신한은행의 소중한 선후배, 동료분들과 더 좋은 책을 만들어내기 위해 많은 노력을 기울여주신 페이지2북스 관계자 분들께도 감사 인사드립니다.

늘 저를 응원해주시는 어머니와 형, 장인어른과 장모님, 책 쓰고 공부하는 데 시간을 보내느라 함께 있어 주지 못 했음에도 이해해주고 묵묵히 챙겨주는 아내와 아이들에게 고마움과 미안한 마음을 아울러 전합니다. 마지막으로 저의 책 소식을 듣고 가장 기뻐해주실 하늘에 계신 아버지께도 감사 인사드립니다. 아이들이 클수록 아버지가 많이 이해되고 생각납니다.

이렇게 많은 분들의 배려 가운데 살고 있는 제가, 이 모든 분들께 은혜에 보답하는 길은 항상 열심히 공부하고 분석해서 이렇게 어려운 금융시장 환경 속에서 도움이 될 수 있는 이야기를 하나라도 더 전해드리는 것이라고 생각합니다. 앞으로도 이 마음 잊지 않고 많은 분들이 완독할 수 있는 경제 책을 꾸준히 집필할 것을 약속드립니다. 2년 만에 외부에서는 마스크를 벗을 수 있고, 또 오프라인 모임도 가능해졌습니다. 조금은 성급한 이야기일 수 있지만 코로나라는 답답한 상황이 하루 빨리 끝나기를 바라는 마음이 간절합니다. 부디 이번 책부터는 많은 분들과 보다 적극적으로 소통할 수 있기를 기대해보면서 서문을 줄입니다.

• 오건영 •

목차

경제를 보는 눈

01

투자할 때 꼭 거시경제를 알아야 할까?

O's toon

환경의 중요성

오늘 행운의 여신은 이란 편인 걸까요?

대한민국 선수들,
기상 문제로 2시간 전에 입국해서
이제 겨우 몸을 풀고 있다고 합니다
우두두둑
이미 경기를 뛴 느낌이야…
우두두둑
우두두둑

말씀드리는 순간 한국 선수들 입장합니다.
침묵하는 이란 관중들… 분위기가 싸늘하네요~
이란 이겨라!
조~~~~용
5
3
11
9
1

예기치 못한 변수가 너무 많은데요…
컨디션
고도
관중
날씨
과연 한국이 이길 수 있을까요?

시작하자마자 너무 무거운 말을 하는 것보다는 가볍게 제가 가장 많이 받았던 질문에 대한 답을 해보면 어떨까 싶습니다. 최다 질문은 바로 "매크로 경제를 보는 것이 과연 투자에 도움이 되는가?"라는 질문입니다.

여기서의 '투자'는 대부분 주식 투자에 해당될 겁니다. 개인 투자자가 채권 투자 혹은 외환 투자에 익숙해지기는 사실 쉽지 않죠. 물론 ETFExchange Traded Fund(상장지수펀드)가 등장하고, 채권형 펀드도 대중화되면서 개인들이 펀드라는 금융상품을 통해 주식 이외의 자산에도 투자를 하게 되었지만 여전히 투자라고 하면 떠오르는 것이 주식임을 부인할 수는 없을 겁니다. 그럼 질문을 이렇게 바꿀 수 있겠죠.

"매크로 경제가 주식 투자에 도움이 될까?"

주식 투자에서 가장 중요한 것은 기업에 대한 분석입니다. 제가 주식 전문가는 아니지만 주식 투자의 프로들과 대화를 나누고, 주식시장의 전반적인 흐름을 살피다 보면 기업 실적을 분석하는 것이 핵심이라는 것을 결코 부인할 수 없습니다. 그렇지만 '기업 실적이 주식 투자에 가장 중요한 요소'인 것과 '매크로 분석이 주식 투자에 전혀 도움을 주지 않는다'는 건 전혀 다른 이야기라고 생각합니다. 왜 그런지 잠깐 설명해볼까요?

한국과 이란이 축구를 합니다. 월드컵 예선이라고 가정을 하죠. 두 팀 중에 어디가 승리할까요? 실제로는 두 팀이 큰 차이가 없는데, 객관적 전력에서 한국 팀의 선수 구성과 전략 전술 등이 조금 더 우세하다고 가정을 하겠습니다. 한국 선수들 하나하나의 능력과 팀워크, 그리고 감독 전술의 소화력, 역대 전적 등에서 한국은 이란에 살짝 앞서는 모습을 보이고 있습니다. 그럼 '이번 월드컵 경기에서 승리할 가능성이 높다'고 예측할 수 있겠죠. 그런데 여기서 갑자기 선수 구성원 개개인에 대한 분석이 아니라 당일 경기장 컨디션 등을 보는 분석관이 이런 얘기를 합니다.

"이번 경기는 이란 홈경기니까 한국 입장에서는 원정 경기가 되는 건데요. 해당 구장은 해발 1273미터 높이에 위치해 있어서 고지대에 대한 경험이 많지 않은 원정 팀이 상당히 고전할 것 같네요! 또 한국 팀은 비행기 일정이 맞지 않아서 경기 시작 2시간 전에 입국했다고 들었습니다. 경기장 잔디 상태는 정말 좋지 않고, 비가 많이 와서 바닥도 많이 미끄럽고요. 거기다 10만 명의 이란 관중들이 찾아와서 열정적인 응원을 할 것이라고 합니다. 마지막으로, 지난 20년 동안 이란은 자국의 홈경기에서 불패 신화를 썼습니다."

자, 다시 질문을 던져보겠습니다. 한국은 이란에 승리할 수

있을까요?

아마 이 정도 말을 하면 한국과 이란 축구 경기 승무패를 예상하기가 힘들어질 겁니다. 객관적 전력에서는 한국이 앞서지만 주변 환경이 너무나 우호적이지 않다는 것이 크게 걸리겠죠. 처음 그대로 한국의 승리를 예상하는 분들도 있겠지만 승무패 예상을 바꾸는 분들도 있겠죠.

축구를 분석하는 전문가가 있다고 가정합니다. 그 전문가는 선수들 개개인의 히스토리부터 시작해서 강약점까지, 그리고 다른 국가 선수들과의 비교뿐만 아니라 정밀한 전술 분석까지 가능합니다. 물론 이 분의 분석이 절대적인 비중을 차지하는 것은 맞지만 만약 원정경기라면 해당 구장의 날씨, 경기장 상태를 보는 다른 전문가의 얘기도 들어보는 것이 좋지 않을까요? 네, 매크로 분석은 환경을 말해줍니다. 개별 기업이 양호한 성과를 내고 있다 해도 우리는 매크로 분석에 귀를 기울여야 합니다. 기업들이 어떤 환경에서 영업 활동을 하고 있는지를 보고 투자하는 것 역시 중요하기 때문이죠.

이번에는 다른 방향에서 살펴볼까요? 어항 속에 여러 마리의 물고기가 들어 있다고 생각해보죠. 그리고 이 글을 읽는 독자분들이 어항 속 물고기에 투자를 하는 투자자라고 가정을 하겠습니다. 제가 어렸을 때 열대어를 키우던 기억을 되살려보면 작고 예쁜 물고기보다는 크고 빠른, 그리고 날렵하게 생긴 물고기를 좋아했습니다. 특히 약간 상어처럼 생긴 물고기가 있으면 그 물고기에 더 눈이 갔습니다. 이렇게 커다랗고 강해 보이는 물고기들의 이름을 애플, 아마존, 알파벳(구글), 마이크로소프트, 엔비디아 등으로 부르도록 하죠. 웬만큼 척박한 상황에서도 이 물고기들은 잘 버틸 수 있을 것 같습니다. 그만큼 물고기들의 기초 체력이 좋거든요.

그런데 갑자기 생각하지도 못했던 일이 벌어졌습니다. 어항이 깨져버린 겁니다. 물이 마구 새면서 빠르게 수심이 낮아지고 있습니다. 물고기 투자자들은 이제 무엇을 봐야 할까요? 객관적으로 애플이나 아마존이라는 물고기는 그 어떤 물고기보다도 강합니다. 그렇다면 과연 빠르게 수심이 낮아지고 있는 상황에서도 우리를 안심시켜줄 수 있을까요? 글쎄요. 어항이 깨지면 어떤 물고기도 살아남기 어려울 겁니다. 마찬가지로 매크로 경제가 뒤집어지는 위기 상황, 어려운 말로 금융 시스템의 위기가 불거진 상황에서는 실적이 잘 나오는, 즉 기초 체력이 강한 기업이라 해도 상당히 고전하게 됩니다.

잠시 코로나19 바이러스로 인해 글로벌 금융시장 전체가 큰 타격을 받았던 지난 2020년 3월을 떠올려볼까요. 당시에는 이머징Emerging 국가들뿐 아니라 너무나 대단한 기업들이 포진해 있다는 느낌을 주는 미국 주식시장 역시 하한가가 속출했었답니다. 잠깐 그래프 하나 보고 가죠(그래프 1).

주요 대기업들의 주가 역시 여느 기업들의 주가와 다름없이 두 자릿수대 급락을 거듭하는 등 그야말로 암울한 시기였습니다. 제가 2004년부터 금융시장을 분석해왔는데, 생생하게 기억나는 시기가 하나 더 있습니다. 네, 바로 글로벌 금융위기로 전 세계가 흔들리던 그때입니다. 마켓 분석을 시작했던 2004년부터 2007년

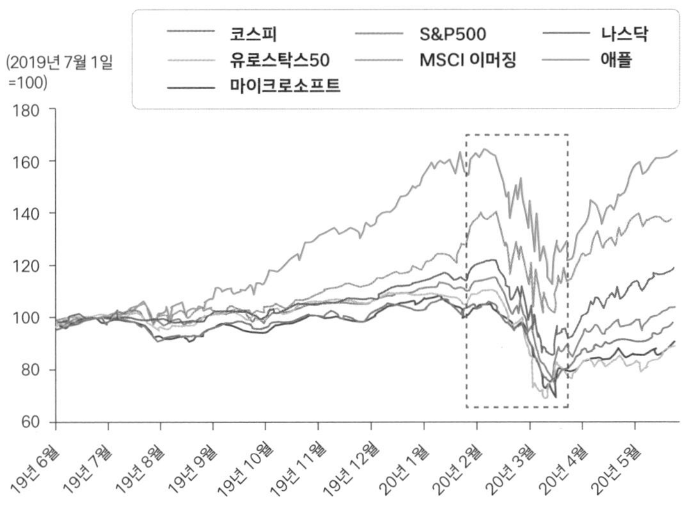

그래프 1 • **코로나19 사태 전후 주요 지수 및 기업 주가 흐름**

2019년 7월 1일 주가를 100으로 환산한 이후의 흐름입니다. 어느 국가, 어느 기업의 주가든 빨간색 점선 박스처럼 모두 큰 폭으로 하락하는 것을 알 수 있습니다. 그 파고는 애플이나 마이크로소프트 등의 주식도 예외가 될 수 없었습니다.

까지 글로벌 금융시장은 큰 탈 없이 순항에 순항을 거듭했죠. 당시에는 서브프라임 모기지론과 그에 기반한 금융 파생 상품이 큰 인기를 얻으면서 미국의 투자은행 주식들이 좋은 흐름을 보여주었고, 미국보다는 이머징 시장의 성장이 보다 뚜렷했기에 이머징 주식시장의 성과가 압도적이었답니다. 사람들도 이머징 투자에 관심을 많이 보였죠. 그러나 글로벌 금융위기의 파고 앞에서는 그 어떤 기업도, 그 어떤 국가도 자유롭지 못했습니다. 당시 흐름을

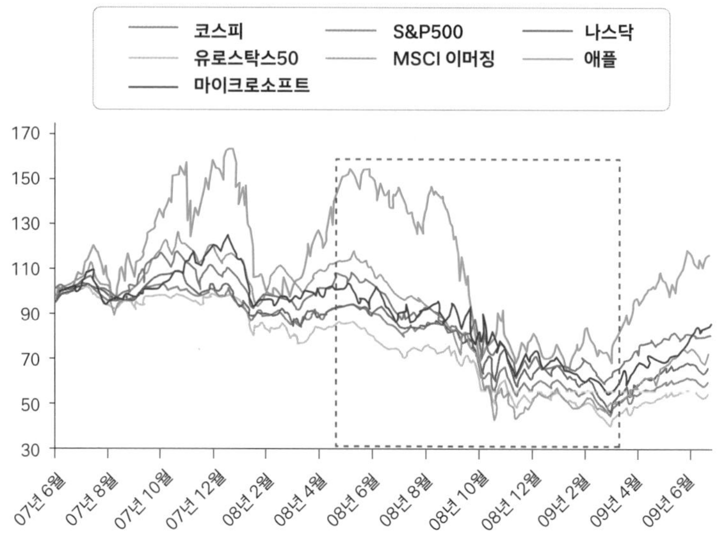

그래프 2 • **글로벌 금융위기 당시 주요 지수 및 기업 주가 흐름**

2007년 6월 29일 전체 주가를 100으로 환산했습니다, 빨간 점선 박스 안의 시기(08년 5월 ~09년 3월)에 상당한 주가 하락을 겪었네요. 그 낙폭은 사실 코로나19 사태 당시보다 훨씬 컸고, 기간 역시 길었습니다.

차트로 잠깐 보고 가죠.

차트로 직접 보니 간담이 서늘해지지 않나요? 당시 금융위기로 인해 금융시장이 무너지고 있을 때 매크로 경제의 흐름, 그리고 매크로 경제를 끌어올리려는 각국 정부와 중앙은행들의 정책 등을 그야말로 절실하게 모니터링하던 기억이 생생합니다. 매크로 경제를 본다는 것은 물고기에 투자를 하면서도 '혹시 어항에 물이 새지는 않지?' 하면서 어항 상태를 살짝 체크해보는 그런 것 아닌가 싶습니다.

너무 극단적인 케이스들만 꺼내놓은 것 같네요. 매크로가 꼭 극단에만 해당되는 것은 아니죠. 이런 표현이 와닿을지 모르겠습니다. '바람의 방향이 바뀌고 있다' 혹은 '겨울이 오고 있다Winter is coming'. 매크로는 투자를 둘러싼 환경이 바뀌는 것, 어쩌면 그에 따라 과거의 투자 패턴이 바뀔 수 있음을 의미합니다.

금리 상승기에 대처하는 법 - 채권

조금 더 구체적으로 예를 들어볼까요? 금리에 대해 말해보죠. 2021년 하반기부터 한국은행은 다시금 기준금리 인상을 이어가고 있습니다. 한국은행뿐만 아니라 브라질, 멕시코, 러시아, 영국, 헝가리, 체코 등의 국가들도 금리 인상에 동참하고 있습니다. 그리고 이 책을 쓰고 있는 2022년 2월 현재, 미국 역시 높아진 인플레이션Inflation 압력에 대응하기 위해 금리 인상을 준비하고 있죠.

중앙은행은 기준금리를 인상하고 인하합니다. 중앙은행이 조절하는 기준금리는 초단기금리이고, 우리가 실생활에서 만날 가능성은 거의 없습니다. 그럼 중앙은행은 왜 기준금리를 조절할까요? 기준금리를 올리고 내리면서 우리가 실생활에서 만나는 금리인 '시장금리'에 영향을 주려고 하는 겁니다. 한국은행이 기준금리를 인상하면 대부분 시장금리의 상승으로 이어지거든요. 한국은행의 기준금리 인상 이후에 시장금리가 상승하게 되고, 그 영향으로 우리가 접하는 은행의 대출금리도 오르게 되는 겁니다.

한국의 시장금리를 대표하는 것 중 하나가 한국의 국채금리입니다. 국채금리는 '국가가 돈을 빌리는 금리'라는 말입니다. 국가와 홍길동이 함께 돈을 빌리려고 합니다. 둘이 동일한 금리에 돈을 빌릴까요, 아니면 약간 차이가 나게 될까요? 당연히 차이가 나겠죠. 신용도가 높은 국가의 경우, 떼먹을 일이 거의 없으니 신용도가 높아서 낮은 금리에 돈을 빌리게 됩니다. 반대로 신용도가 국가보다 낮은 개인인 홍길동은 대출을 해주는 금융기관 입장에서는 다소 불안(?)하기에 약간 더 높은 금리로 돈을 빌려줄 겁니다. 국채금리가 오르게 되면 국가가 돈을 빌리는 금리도 오르지만, 국채금리에 연동해서 바뀌는 홍길동의 대출금리에도 영향을

주게 되겠죠. 그런 맥락에서 한국의 국채금리가 중요하다는 말을 한 겁니다. 그럼 한국의 국채금리 추이를 잠깐 보겠습니다.

그래프 3 • **한국 3년, 10년 국채금리 추이(2000년 이후)**

7~8% 수준이었던 2001년 초보다 큰 폭으로 금리가 하락했죠. 2005~2007년과 2017~2018년에 잠시 반등이 있었던 것을 제외하면 대부분 금리가 꾸준히 하락하고 있음을 알 수 있습니다. 최근 인플레이션 압력이 높아지면서 3년 및 10년 국채금리가 모두 큰 폭으로 반등하고 있죠. 이 이야기는 뒤에서 상세하게 다룰 예정입니다.

2000년 이후 거의 오른 적이 없네요. 계속해서 하락 일변도의 흐름을 보였는데, 최근에 고개를 다시 들기 시작하죠? 그럼 이런 해석이 가능하지 않을까 합니다. 약 20여 년의 꽤 오랜 기간 동안 우리는 금리가 낮아지는 환경에서 살아왔는데 정말 간만에 금리가 오르는 상황에 처하게 된 겁니다. '음, 환경이 바뀌었구나'라는 생각이 들겠죠. 투자자 입장에서 한 단계 더 들어가면 이런 질문이 툭 튀어나올 겁니다.

"금리 상승기에 투자자들이 유의해야 할 것은 무엇인가요?"

네, 실제로 요즘 참 많이 받는 질문입니다. '금리 상승기'라는 변해버린 매크로 환경에서 어떻게 대응해야 하는지 알고 싶은 거죠. 매크로 환경이 바뀐 만큼 기존의 패턴대로 투자를 하면 낭패를 볼 수 있습니다. 궁금한 분들이 많을 테니 이 질문에 대한 조언을 잠깐 하고 매크로 경제가 투자에 왜 중요한지에 대한 이야기를 이어가겠습니다.

우선 금리의 상승·하락과 궤를 같이하는 것이 바로 채권입니다. 금리가 오르면 채권 가격은 하락하고, 반대로 금리가 하락하면 채권 가격은 상승합니다. 그럼 금리가 오르는 시기라면 채권 가격이 하락할 테니 채권 투자는 경계해야 하겠죠? 여기서 잠깐, 일단 채권이 안 좋다는 것까지는 알겠는데 금리와 채권 가격과의 관계에서 혼란이 올 수 있으니 부연 설명을 조금만 하고 가겠습니다.

채권 투자는 중도해지가 안 되는 정기예금에 투자하는 것이라고 생각하면 편합니다. 오늘 정기예금에 가입한다고 예를 들어보겠습니다. 10년 정기예금인데, 매년 1퍼센트를 이자로 준다고 합니다. 그럼 매년 1퍼센트씩 이자가 쌓이고 만기는 10년 후가 됩니다. 그런데 여기서 문제는, 이 정기예금이 중도해지가 되지 않는다는 것입니다. 중간에 뺄 수가 없고, 만기가 되는 10년 후까지 가져가야 하는 거죠. 그래도 현금으로 갖고 있느니 1퍼센트 이자라도 받자는 생각으로 10년 정기예금에 가입했습니다. 그런데 헉, 한국은행이 기준금리를 큰 폭으로 인상하면서 정기예금에 가입한 지 며칠 되지도 않았는데 정기예금 금리가 3퍼센트로 올라버린 겁니다. 지금 가입하면 10년 동안 매년 3퍼센트를 받을 수 있는데 며칠 전에 가입했기 때문에 10년간 매년 1퍼센트밖에 받지 못하는 거죠. 느낌이 어떨까요? 아마 화병이 날 정도로 짜증이 날 겁니다. 매년 3퍼센트씩 받을 수 있었는데 매년 1퍼센트밖에 받지 못하니까요. 이것도 짜증나는데 그걸 10년간 이어가야 한다니! 그야말로 10년간 저주받은 느낌이 들 겁니다. 그런데 답도 없습니다. 중도해지도 안 된답니다.

이 정기예금이 너무나 꼴 보기 싫기에 누군가에게 팔아봐야겠습니다. 그런데 문제는 다른 사람들이 바보가 아니라는 점이죠. 홍길동에게 팔려고 했는데 실패합니다. 오늘 은행에 가면 10년간 매년 3퍼센트를 받는다고 하는데 10년간 매년 1퍼센트 받는 정기예금을 살 리가 만무하겠죠. 그런데 갑자기 홍길동이 이렇게 말합니다. 이 정기예금을 사겠다고요. 대신에 매년 2퍼센트씩 생기는 금리 차이(3퍼센트-1퍼센트)만큼을 원금에서 빼자고요. 그럼 원금에서 10년간의 금리 차이만큼 차감되니 지금 홍길동에게 팔면 원금보다 낮은 금액으로 팔게 되겠죠. 네, 금리가 오르면 기존에 가입한 낮은 금리의 정기예금, 즉 채권의 가치가 떨어지게 됩니다. 그럼 그만큼 가격이 하락하겠죠. 금리가 오르면 채권 가격이 떨어지는 이유입니다.

그런데 10년 정기예금에 가입할 당시 동행했던 친구가 있었습니다. 그 친구는 10년은 너무 길다고 1년짜리로 연 1퍼센트 정기예금에 가입했습니다. 그런데 며칠 후에 금리가 크게 뛰어서 이제 1년짜리 정기예금도 가입하면 연 3퍼센트를 주는 거죠. 당연히 짜증이 나겠지만 그래도 10년짜리 정기예금에 가입한 사람보다는 낫지 않을까요? 10년간 저주받는 것보다는 1년간 화끈하게 짜증 나면 되잖아요? 1년 후에 돌아오는 것은 물론 1퍼센트 이자

와 원금뿐이지만, 다시 높아진 금리로 정기예금에 가입할 수 있겠죠. 1년 동안만 3퍼센트와 1퍼센트의 금리 차이만큼 쓰린 마음을 달래주면 되는 겁니다.

1년짜리 정기예금을 단기채권이라고 하고, 10년짜리 정기예금을 장기채권이라고 합니다. 금리가 오르면 우선 채권의 가격은 떨어집니다. 그런데요, 채권도 채권 나름입니다. 장기채권이 받는 타격이 가장 큽니다. 금리 오를 때, 특히 초보투자자분들은 장기채권 투자에 상당히 조심할 필요가 있습니다.

주식과 채권에 분산투자한다고 가정해보죠. 금리가 많이 올라서 주식시장이 힘겨운 모습입니다. 그때 안전 자산인 채권이 버텨줘야 하는데, 이런……. 장기채권을 잔뜩 담아둔 거죠. 주식만큼은 아니지만 장기채권의 가격 하락이 상당히 크기에 안전 자산

채권이라는 말을 함부로 해서는 안 되겠죠. '채권은 안전하다'라는 신화가 금리 상승 국면에서는 깨질 수 있습니다. 그동안은 금리 하락이 주를 이루었기에 이런 어려움이 많지 않았지만 금리 상승기에는 투자 포트폴리오 구성에도 변화를 주어야 합니다.

금리 상승기에 대처하는 법 - 월세

금리가 오를 때 어려워지는 것은 채권뿐만이 아닙니다. 월세를 받는 자산도 타격을 받곤 합니다. 1억짜리 아파트 월세 계약을 한다고 가정해볼까요? 1억 원에 팔지 않고 2년간 매월 100만 원을 받는 월세 계약을 했습니다. 2년 동안은 100만 원으로 월세가 고정되어 있겠죠. 월세를 많이 받는 건가요? 은행 예금과 비교해보면 되겠죠. 현재 예금금리가 10퍼센트라고 가정합니다. 그럼 아파트를 팔고 받은 현금 1억 원을 그대로 은행에 예금으로 넣으면 연간 1000만 원의 이자를 기대할 수 있겠죠? 그런데 월세는 매월 100만 원이니까, 연간 수익은 1200만 원입니다. 예금보다 월세가 조금 더 높은 수준이네요. 그런데 갑자기 금리 환경이 크게 바뀌게 되었습니다. 월세 계약을 했는데 갑자기 금리가 마구 낮아지는 겁니다. 10퍼센트였던 정기예금 금리가 1퍼센트로 내려갔다고 가정해보죠. 그럼 이제는 아파트를 팔아서 1억 현금을 받은 다음 이걸 예금에 넣어두어도 연간 100만 원밖에 받지 못합니다. 월세는 '매월' 100만 원을 받는데 예금은 연간 100만 원밖에 받지 못하면 사람들은 예금을 할까요, 월세를 주려고 할까요? 네, 이때는 월세를 받을 수 있는 건물주가 그야말로 '갓물주'가 되는 겁니다.

금리가 내려가는 국면에서는 월세 받는 자산의 매력이 높아집니다. 월세는 고정되어 있는데 비교 대상이 되는 은행 예금금리가 계속해서 주저앉으니 상대적으로 월세의 매력이 높아지기 때문이죠. 금리가 더 내려가면 내려갈수록 월세 자산의 매력은 높아지고 월세 받는 자산의 가격은 고공 행진을 하게 될 겁니다. 그런데 이제 반대로 금리가 올라가는 상황이 되면 어떻게 될까요? 월세는 고정되어 있는데 은행 예금은 예전보다 더 높은 이자를 받게 됩니다. 그럼 은행 예금의 상대적인 매력이 높아지게 되고, 월세 자산의 매력은 상대적으로 낮아지게 되는 것 아닐까요? 네, 항상 그런 건 아니지만 금리가 오르면 월세를 받는 자산이 고전하곤 합니다.

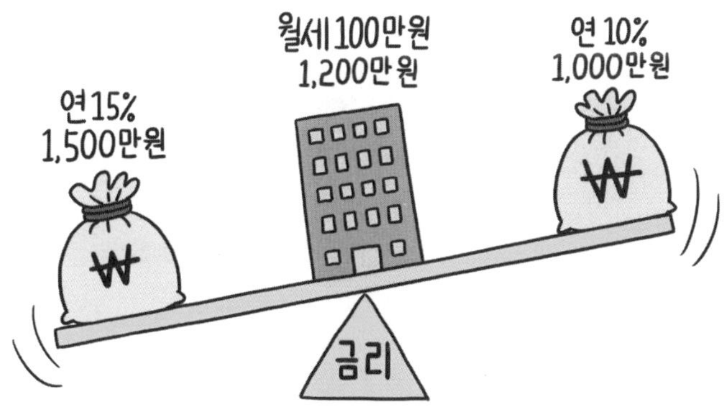

약간은 차이가 있지만 주식에도 이렇게 월세처럼 고정적으로 현금을 받는 주식들이 있죠. 월세까지는 아니지만 고정적으로 특정 주기에 현금을 받기 위해 투자하는 주식이 있습니다. 배당주라고 하죠. 연간 혹은 분기별로 기업들이 주주들에게 배당금을 주는데, 예금금리가 낮아질 때에는 배당 수익률이 높은 이른바 '고배당주'의 인기가 상대적으로 높아지곤 합니다. 그런데 반대로 금리가 많이 뛰면? 네, 고배당주식이 주는 배당 수익률에 비해 예금금리가 매력적으로 높아지면 고배당주식의 인기가 식게 되겠죠. 법칙은 아니지만 과거 금리 상승기에 고배당주가 다소 고전하는 경향을 보인 이유가 여기에 있습니다.

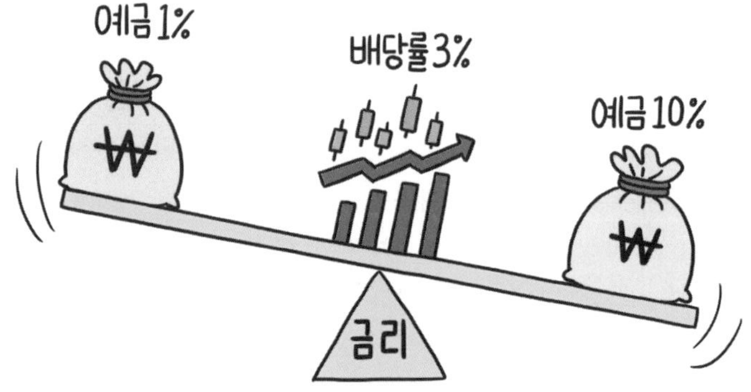

금리 상승기에 대처하는 법 - 주식

주식 얘기가 나왔으니까, 주식으로 갑니다. 금리가 오르게 되면 이른바 '고高 PER주식'이 고전다고 알려져 있죠. 음…… 우선 고 PER주식이 무엇인지부터 잠깐 살펴보고 가야 할 것 같네요. PER은 'Price Earning Ratio(주가수익비율)'의 약자로 주가Price를 기업 이익Earning으로 나눈 거죠(PER=Price/Earning). 공식이 중요한 건 아니고, PER은 특정 기업이 연간으로 벌어들이는 수익 대비 주가가 어느 정도로 책정이 되어 있는지를 알려주는 지표입니다. 예를 들어볼까요? ㈜홍길동은 매년 1만 원의 이익을 낸다고 합니다. 그리고 주가는 5만 원이라고 가정하죠. PER을 계산해보면 'Price(주가 5만 원)/Earning(기업 이익 1만 원)=5'가 됩니다. 이때 우리는 ㈜홍길동 주식의 PER이 5배라고 말합니다. 기업 이익의 5배로 ㈜홍길동의 주가가 책정되어 있는 겁니다.

이 책이 주식 교과서가 아닌 만큼 PER 그 자체가 중요한 건 아닙니다. 저는 금리와 주가의 관계를 말하고 싶은 겁니다. PER의 개념을 조금 응용하면 주식의 기대 수익률을 구할 수 있습니다. '주식에 1년간 투자를 하면 얼마 정도 수익을 낼 수 있을까?'라는 게 주식의 기대 수익률인데, 이건 PER의 역수로 구할 수 있습니다. '아, 이게 무슨 소리지?' 책 초반부터 현기증이 몰려올 수 있겠지만 조금만 참아보시죠.

오리가 있습니다. 이 오리는 매년 1만 원짜리 알을 낳습니다. 알을 한 번만 낳는 게 아니라 '매년' 1만 원짜리 알을 낳습니다. 그럼 여러분은 이 오리를 얼마에 사실 건가요? 많은 생각이 교차할 겁니다. 바로 네이버에 접속해서 검색창에 '오리 평균 수명'이라는 단어를 입력합니다. 그랬더니 10년이라고 나오네요. 그럼 오리를 사면 10년 동안은 매년 1만 원씩 수익을 낼 수 있다는 의미가 되는 거겠죠. 이걸 보면서 바로 가격을 부릅니다. "10만 원!"이라고 부른 사람이 있다고 가정해볼까요? 이분은 매년 1만 원을 벌어주는 오리를 지금, 10만 원에 사는 겁니다. 그럼 오리 가격(P)은 10만 원이고, 그 오리의 연간 수익(E)은 1만 원이 되는 거죠. 그럼 '10만 원(P)/1만 원(E)'이니까 PER은 10배임을 알 수 있습니다.

그런데 이런 사람도 있습니다. '10만 원을 주면 되겠네'라고 생각하다가 우연찮게 오리의 눈을 본 겁니다. 그런데 오리 눈이 빨간 거죠. '헉, 설마…….' 네이버에 검색해보니 오리 눈이 빨갛게 충혈되어 있으면 수명이 절반으로 짧아진다고 나옵니다. 그럼 '5만 원(P)/1만 원(E)'으로, PER은 5배입니다.

이제 이런 질문을 던져보겠습니다. 10만 원짜리 오리에게 기대하는 연간 수익률은 얼마인가? 10만 원을 투자해서 매년 1만 원을 기대하고 있으니 기대 수익률은 '연간 벌어들이는 수익(1만 원)/오리 매입가(10만 원)'이니까 간단히 10퍼센트라는 답이 나오겠죠. 잠깐만, 어디서 많이 보던 공식인데……. 앞서 PER 계산할 때 봤죠? 분자와 분모가 뒤집혀져 있을 뿐입니다. 앞서 PER 계산 시에는 오리 매입가(10만 원)를 수익(1만 원)으로 나누었는데, 기대 수익률을 계산할 때에는 수익(1만 원)을 오리 매입가(10만 원)로 나누죠. PER의 역수(1/PER)는 특정 기업의 주식에 투자할 때 기대하는 연간 기대 수익률이라고 할 수 있습니다.

$$\text{기대 수익률} = \frac{\text{1만 원 (1년간 벌 수 있는 돈)}}{\text{(오리 가격)}} = \frac{\text{수익}}{\text{매입가}} \Rightarrow \frac{1}{PER}$$

이렇게 고통스럽게 주식의 기대 수익률을 구한 이유가 뭘까요? 네, 예금의 기대 수익률과 비교하고자 함이죠. 예금과 주식이 있습니다. 어디에 투자를 하면 좋을까요? 두 가지를 볼 겁니다. 첫 번째는 투자해서 얼마나 수익을 기대할 수 있는지(기대 수익률)를 비교하고, 두 번째는 리스크를 비교할 겁니다. 예금은 아주아주 안전하죠. 반면 주식은 위험도가 예금보다 많이 높겠죠. 주식이 위험한 만큼 예금보다 더 많은 기대 수익을 가져다줘야 사람들이 주식에 투자를 할 겁니다. 주식의 기대 수익률인 PER의 역수에 1년짜리 금리를 차감하면 예금 대비 주식의 상대적인 투자 매력을 확인할 수 있습니다.

자, 여기까지 오느라 고생하셨습니다. 이제 PER이 무엇인지, 그리고 주식의 기대 수익률을 어떻게 구하고 예금금리와 어떻게 비교하는지까지 체크해봤습니다. 이제 고 PER주식이 뭔지 살펴보죠. 고 PER은 말 그대로 PER이 높은 주식이라는 얘기입니다. 앞서 예로 든 오리를 다시 생각해보세요. 만약 오리 가격이 20만 원이면 어떨까요? 그럼 '20만 원(오리 가격)/1만 원(연간 수익)'이 되니까 PER은 20배가 될 겁니다. 이걸 뒤집으면? 네, 연간 1만 원을 얻기 위해 20만 원을 투자하게 되는 거죠. 그럼 '1만 원/20만 원'이 되니 연간 5퍼센트를 기대하는 투자가 되는 겁니다.

자, PER이 스무 배로 높은 주식입니다. 그럼 기대 수익률도 5퍼센트로 낮다고 할 수 있죠. 기대 수익률이 5퍼센트로 낮은데 금리가 높아진다고 가정합니다. 그럼 주식의 기대 수익률이 5퍼센트인 상황에서 예금금리가 3퍼센트로 올라옵니다. 과거 예금금리가 1퍼센트일 때 대비해서 예금 대비 주식의 상대적인 매력이 크게 낮아진 것 아닌가요? 네, 금리가 상승하는 국면에서는 이렇게 기대 수익률이 낮은 고 PER주식들이 먼저 타격을 받곤 합니다.

무슨 소리인지는 알겠는데 잘 와닿지 않죠. 직관적으로 설명을 좀 해볼까요. 특정 주식의 PER이 높게 형성되는 이유가 있습니다. 특정 기업이 당장은 매년 1만 원밖에 벌지 못하지만 향후에는 성장성이 워낙에 높아서 그게 언제인지는 모르지만 미래에는 매년 3만 원, 4만 원, 5만 원도 벌 수 있을 것으로 기대되면 어떻게 될까요? 당장의 연간 수익은 1만 원이지만 미래의 기대 수익은 그보다 훨씬 큰 5만 원이 될 겁니다. 그럼 당장은 20만 원의 주가 대비 1만 원(현재의 연간 수익), 즉 20배의 높은 PER이 계산되지만, 미래에 연간 5만 원의 연간 수익을 낸다면 미래에는 20만 원 주가 대비 5만 원의 수익이니 PER은 4배가 되겠죠. 당장은 20배라는 PER 값이 높아 보이지만 미래에 연간 기업 이익이 늘어날 것으로 기대하면서 이를 감내하게 되는 겁니다.

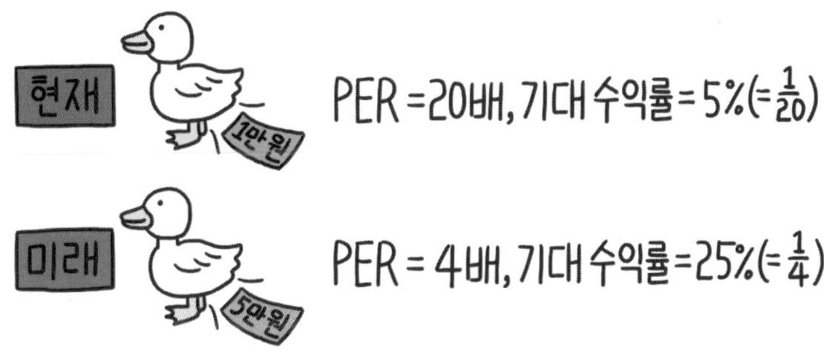

그럼 특정 기업의 주가가 많이 오르는 이유를 알 수 있겠죠? 저성장 기조가 장기화되고 있는 지금과 같은 경제 상황에서도 차별적으로 높은 미래 성장성을 갖고 있다고 투자자들이 기대하기 때문입니다. 전반적으로 성장이 정체되어 있는 상황에서 차별적

인 성장을 할 것으로 기대되는 주식을 '성장주'라고 하죠. 금리는 '돈의 값'입니다. 금리(돈의 값)가 낮아진다는 것은 시중에 돈의 공급이 늘어난다는 의미가 되는데, 돈은 어딘가 '성장'이라는 파이가 커지는 곳으로 몰려가곤 합니다. 성장이 정체된 상황에서 희소한 성장을 할 것으로 기대되는 기업으로 자금이 몰리지 않을까요? 네, 그럼 돈의 힘으로 주가가 더 오르게 될 겁니다. 그럼 성장주로 돈이 몰리면서 성장주의 주가가 더 오르고, 주가가 오르니 1만 원의 연간 이익은 그대로여도 20만 원까지 날아오르는 그림을 볼 수 있는 겁니다. 경기 둔화로 인한 저성장에서 벗어나기 위해 돈의 공급이 늘어나는 국면에서 이 돈은 희소한 성장이 기대되는 성장주로 몰리게 됩니다. 그러면서 해당 성장주는 고 PER주식이 되는 거죠.

자, 그런데 이제 상황이 바뀝니다. 실물경기가 살아나기 시작하고 중앙은행은 기준금리 인상을 단행합니다. 실물경제에 만연해 있던 저성장이 어느 정도 사라지게 되고 고른 성장이 나타나겠죠. 그럼 성장주의 강점 중 하나였던 '차별적 성장'이라는 희소가치가 사라지게 됩니다. 그리고 시중에 돈의 공급이 늘어나던 금리 하락 국면과 달리 금리 상승 국면에서는 시중 돈의 공급이 줄어들게 되겠죠. 앞서 돈이 많이 풀린 저금리 상황에서 차별적 성장을 만들어 냈기 때문에 성장주가 상승했다고 설명했는데, 이제는 돈의 공급도 줄어들고 차별적 성장이라는 희소성도 사라지게 됩니다. 그럼 성장주가 고전하게 되지 않을까요? 금리 상승 국면에서 성장주가 고전한다고 하는 이유가 여기에 있습니다.

40년 만에 찾아온 인플레이션의 역습

이제 정리를 좀 해볼까요? 금리가 오르면 장기채권을 조심해야 한다는 걸 우선 이야기했고, 월세 받는 자산이 고전할 수 있다는 걸 다음으로 설명했습니다. 마지막으로 성장주로 대변되는 고PER주식 역시 주의해서 볼 필요가 있다고 했죠. 물론 꼭 그런 것은 아니지만 금리가 상승하는 시기에 다양한 자산에 투자를 하려는 투자자들의 경우, 금리 상승이라는 환경 변화로 인해 나타날 수 있는 자산들의 특성에 주의를 기울일 필요가 있는 겁니다.

금리라는 거시경제 변수의 변화가 자산시장에 상당한 영향을 줄 수 있음을 설명했습니다. 글로벌 금융위기나 코로나19 사태와 같은 극단적 위기 국면을 가정하지 않더라도 금리의 변화와 같은, 어쩌면 우리가 흔히 만나게 되는 거시경제 환경 변화가 투자 전략 전체의 변화를 만들어내곤 합니다. 그렇다면 환율의 변화 역시 무언가 자산시장에 변화를 만들어내지 않을까요? 달러가 강세를 보일 때, 혹은 달러가 약세를 보일 때 자산시장은 무언가 영향을 받게 되지 않을까요? 마지막으로 하나만 더 해보겠습니다. 요즘 초미의 관심사입니다. 물가가 오르면 어떤 일이 벌어질까요? 글로벌 금융위기 이후 전 세계는 물가가 오르는 인플레이션을 거의 경험해보지 못했죠. 그런데 최근 물가가 빠른 속도로 오르면서 이른바 '인플레이션의 역습'이 시작된 겁니다. 10여 년 이상 물가가 오르지 않는, 오히려 물가 하락에 가까운 디플레이션Deflation 상황을 거치다가 40년 만에 가장 높은, 너무나 빠른 속도의 물가 상승을 목도하고 있죠. 이런 변화가 투자 환경에 영향을 크게 주지 않을까요?

저는 투자에 있어서 거시경제 환경을 보는 것은 필수라고 생각합니다. 그리고 특히 지금과 같이 수년 만에 나타나는 이례적인 거시경제 환경의 변화가 빠르게 진행되고 있을 때에는 더더욱 관심을 기울여야 한다고 봅니다. 앞서 이란과의 축구 경기를 예로 들었죠. 인플레이션이 사라졌던 시기의 투자는, 어찌 보면 매 경기를 홈구장에서 치른 것과 같다고 할 수 있습니다. 그런데 수년 만에 나타난 너무나 강한 인플레이션은 이런 메시지를 던져주고 있죠. 이제부터 모든 경기는 '어웨이 경기'라고요. 그만큼 난이도가 높아진다는 의미입니다.

이번 챕터를 통해서 매크로를 이해하는 것이 투자에 도움이 된다는 데 공감했다면 이제 실제 현상 분석으로 가봐야죠. 최근 이슈가 되고 있는 경제 환경, 매크로 거시경제 이벤트들에 대해 살펴보는 겁니다. 어떤 이슈들이 있을까요? 아마 많은 분이 떠올리는 것이 러시아-우크라이나 전쟁, 미국을 비롯한 여러 국가 중앙은행들의 금리 인상, 달러 초강세, 그리고 가장 많이 회자되는 인플레이션일 겁니다.

러시아-우크라이나 전쟁은 원자재 가격 상승발 인플레이션을 촉발하여 경제에 위협이 됩니다. 미국이 금리를 인상하는 이유도, 그로 인해 달러가 강세를 나타내는 이유도 물가가 빠르게 오르기 때문입니다. 이런 주요 이슈들이 결국은 인플레이션이라는 단어 하나로 모이는 느낌입니다. 그럼 지금의 화두, 인플레이션에 대한 고민을 함께 나누어보도록 하죠.

제2장

돌아온 인플레이션의 시대

02

인플레이션의 부활

O's toon

| 정상 vs 비정상 |

코로나 19 이전의 모습

2020년 3월

"중국 우한에서 원인 불명의 폐렴 환자발생" –OO신문

"코로나19 국내 첫 번째 확진자 확인" –OO일보

"WHO, '세계적 대유행' 팬데믹 선언"

"미국 연준, 역대급 돈 풀기로 대응" –OO뉴스

코로나 19 이후의 모습

응?! 마스크를 안 썼잖아!

흡!!

이 시국에 마스크도 안 쓰고
다니다니 말이 돼?

△△은행

특판 정기예금 연 3%!

흥!

코로나 이후로
물가가 많이 올랐는데…
3%는 좀…

코로나19 사태가 발생한 지 어느 새 2년여가 지났죠. 2020년 1월 말 중국에서 치명적인 바이러스가 돌고 있다는 이른바 '괴담'으로 시작했던 코로나19의 여파는 2022년인 지금까지도 사라지지 않았습니다. 오히려 델타에 오미크론 변이까지 나타나면서 장기화의 가능성을 점점 더 높여가고 있죠. 코로나19 바이러스로 인해 바뀐 것들이 몇 가지 있는데, 우리가 일상에서 가장 쉽게 느낄 수 있는 것은 바로 마스크입니다. 요즘 버스나 지하철 등의 대중교통을 이용할 때 모두가 마스크를 쓰고 있죠. 회사 어디에서나 모두가 마스크를 쓰고 일합니다. 어쩌다 공원을 산책할 때 저쪽에서 누군가 마스크를 벗은 채 조깅을 하고 있으면 깜짝 놀라죠. 실제 많은 사람들이 마치 정신 나간 사람을 보는 것처럼 그 사람을 쳐다보고 한마디씩 뒷말을 하곤 했습니다.

인플레이션은 정상일까?

'정상Normal'이라는 단어가 있죠. 코로나19 사태 이전에는 마스크를 쓴 사람이 드물었습니다. 모두가 마스크를 쓰지 않고 편하게 걷는 것이 정상이었다면 불과 2년 사이에 정상과 비정상이 바뀌었습니다. 마스크를 쓰는 사람은 정상, 그렇지 않은 사람은 비정상인 세상이 된 것이죠. 마스크와 같은 이런 변화는 글로벌 금융 경제에서도 나타나고 있습니다. 가장 대표적인 것이 바로 인플레이션, 즉 물가가 오르는 현상입니다. 이게 다소 생소하게 느껴지는 이유는 글로벌 금융위기가 있었던 2008년 이후 10여 년 이상 물가가 뚜렷하게 오르는 현상이 없었기 때문입니다. 그런데 한동안 집을 나갔던(?) 인플레이션이 돌아온 거죠. 그것도 그냥 돌아온 것이 아니라 너무나 강해져서 되돌아왔습니다. 그러니 인플레이션이라는 변화에 모두가 당황한 겁니다. 다음의 기사 제목을 천천히 읽어보죠.

— **미국 소비자물가 40년 만에 최대 상승··· 고물가에 빛바래는 바이든 1년 성과** 《경향신문》, 2022. 1. 13

— **40년 만에 7%대 뚫은 미국 물가··· 경제 '최악 시나리오' 현실화에 한 걸음 더** 《이투데이》, 2022. 1. 13

미국의 물가가 40년 만에 최대 폭으로 상승했다는 기사입니다. 오랜만에 돌아온 인플레이션이 40년 만에 가장 강한 수준으로 찾아온 거죠. 조금만 부연 설명하면, 40년 전에는 전 세계가 석유 파동으로 인한 거대한 인플레이션을 경험한 바 있습니다. 당시 수준의 강한 인플레이션을 진짜 오랜만에 목도하게 된 겁니다. 물가가 크게 오른 만큼 사람들의 생활도 팍팍해졌겠죠. 바이든 행정부에서는 과거와는 비교도 할 수 없을 정도로 강한 경기부양책을 쏟아냈음에도 불구하고, 미국인 대부분이 바이든의 정책에 불만을 쏟아내고 있다고 합니다. "돈을 주면 뭐하냐! 준 거 이상으로 물가를 끌어올려 놓았으면서"라는 게 불만의 핵심입니다. 그런데 이게 미국만의 문제일까요? 미국뿐만 아니라 전 세계가 함께 경기부양을 위한 돈 풀기에 나섰던 점, 그리고 미국이 압도적으로 풀어버린 유동성이 전 세계로 풀려 나오면서 원자재 가격을 밀어 올린 점, 이런 일련의 이슈들이 합쳐져서 전 세계 국가들의 인플레이션 압력을 높이고 있죠. 관련 기사 제목들 인용합니다.

— 영국 지난달 물가상승률 5.4%로 30년 만에 최고… 더 오를 듯 《연합뉴스》, 2022. 1. 19

— 중국도 인플레이션 심각, 생산자물가지수 26년래 최고 《뉴스1》, 2021. 11. 10

— 올해 소비자물가 2.5% 상승… 10년 만에 최고 《연합뉴스》, 2021. 12. 31

영국은 30년 만에 최고, 중국도 생산자물가 지수 기준으로 26년 만에 가장 높은 인플레이션을 만나고 있네요. 한국 역시 예외는 아닙니다. 10년 만에 가장 높은 수준의 소비자 물가 지수 앞에 한국 경제도 잔뜩 긴장하고 있는 모습이죠.

그렇다면 이렇게 고삐 풀린 망아지 같은 물가를 잡아야 하지 않을까요? 물가를 잡는 데는 여러 가지 방법이 있겠지만 대표적인 정책 중 하나로 중앙은행의 기준금리 인상을 생각해볼 수 있습니다.

직관적인 예를 위해 예금금리가 연 3퍼센트라고 가정하겠습니다. 얼마 전까지 예금금리가 1퍼센트대 정도로 낮았던 걸 생각하면 나름 매력적인 금리인가요? 그런데, 이런! 물가가 10퍼센트씩 오르고 있는 겁니다. 10퍼센트씩 물가가 오르는 인플레이션 상황에서 3퍼센트짜리 정기예금에 가입하는 건 바보 같은 행동이 되겠죠. 네, 예금으로 묶이던 돈까지 풀려 나오면서 물가 상승을 더욱 자극하게 됩니다.

이를 사전에 차단하기 위해서는 예금금리가 좀 높아져야 하지 않을까요? 네, 그래서 시장금리 자체를 높이는 방향으로 정책을 전환하게 되면서 각국 중앙은행들이 기준금리 인상을 검토하게 되겠죠. 금리 인상은 자산시장에도 영향을 주게 되니, 당연히 금리 인상 얘기가 집중적으로 회자되겠죠. 기사 인용합니다.

> — **글로벌 인플레 공포에… 전 세계 기준금리 인상 도미노**
>
> 《조선일보》, 2022. 1. 28
>
> — **맥쿼리, '올해 인플레가 투자자들의 가장 큰 걱정 될 것'**
>
> 《매일경제》, 2022. 1. 27

코로나19 사태 이후 2년여가 지난 지금, 우리는 인플레이션의 역습에 신음하고 있습니다. 물가가 오르는 인플레이션이 무엇인지, 그리고 이게 어떤 충격을 주는지부터 시작해서 어쩌다가 집 나갔던(?) 인플레이션이 이렇게 강해져서 돌아왔는지, 그리고 앞으로 어떻게 진행될지에 대해 이야기를 이어가보겠습니다.

03

인플레이션과 디플레이션

O's toon

| 일만 했던 바보 같은 개미 |

어느덧 겨울...
돈을 꽤 많이 모았네?!
열심히 일한 보람이 있다~
통장
엥? 몇 달 전만 해도
100만 원이었는데?!
OO 악기점
1000만원
베짱이한테
물어봐야지…
베짱아! 네 바이올린이
진짜 1000만 원이야?!
그러게 말이야~
난 아무것도 안 했는데
저절로 가격이 올랐더라고
100만원
1000만원
200만원
2000만원
말도 안 돼~!!
크
헉
대체 난 왜 일한 거지?
투잡 하지 말고
바이올린이나 살 걸…

우선 인플레이션이 무엇인지, 그리고 그 반대편에 있는 디플레이션이 무엇인지를 간단히 살펴보고 지나갈까 합니다. 인플레이션은 물가가 상승하는 현상을 말합니다. 반대로 디플레이션은 물가가 하락하는 현상을 말하죠. 그런데요, 인플레이션이나 디플레이션을 물가의 관점이 아닌 화폐의 관점에서 바라보면 얘기가 조금 달라집니다. 물가가 오른다는 얘기는 뒤집어 말하면 화폐가치가 하락한다는 얘기가 되죠. 책을 1만 원에 살 수 있었는데, 이제 2만 원에 사야 합니다. 이건 책이라는 물건의 가격이 올랐다는 의미도 되지만, 화폐의 가치가 떨어져서 1만 개의 원화가 아닌 2만 개의 원화를 주어야 한다는 말이기도 합니다. 화폐의 가치가 하락한 거죠. 네, 인플레이션은 '물가가 오른다'라는 의미도 되지만 '화폐가치가 하락한다'라는 의미로도 해석할 수 있습니다. 당연히 디플레이션은 '물가가 하락한다'는 의미도 되겠지만, 뒤집어 말하면 '화폐가치가 상승한다'라는 의미로 통할 수 있겠죠.

중앙은행은 화폐를 찍는 기관입니다. 중앙은행이 화폐를 공급하는 데 가장 크게 고민하는 것은 화폐를 너무 많이 공급해서 화폐가치가 크게 하락하는 현상이겠죠. 중앙은행이 화폐를 찍는 기관인 만큼 화폐의 가치를 보전하고 이를 위해 적정량의 화폐를 공급하려는 연구를 끊임없이 해야 할 겁니다. 그런데 거대한 인플레이션을 만났다고 가정해보죠. 거대한 인플레이션은 물가가 많이 올랐다는 의미도 되겠지만 뒤집어 말하면 중앙은행이 찍은 화폐가치가 크게 하락하고 있다는 의미도 되겠죠? 당연히 중앙은행이 이를 좌시하지 않을 겁니다. 그래서 각국 중앙은행의 1차적인 목표는 물가의 안정, 뒤집어 말하면 화폐가치의 안정이 되는 겁니다. 그래서 물가가 크게 상승하는 국면에는 금리를 인상하면서 대응에 나서게 되는 거죠. 금리를 인상하기 위해서는 시중에 풀려 있는 화폐, 즉 유동성을 중앙은행이 흡수해야 합니다. 유동성을 흡수하면 그만큼 시중에 풀려 있던 화폐가 줄어들어 화폐가치가 상승할 겁니다. 화폐가치의 상승은? 네, 물가의 하락으로 이어지게 되겠죠. 그래서 금리 인상은 물가의 급격한 상승, 즉 인플레이션을 잡는 데 효과적인 정책 중 하나가 됩니다.

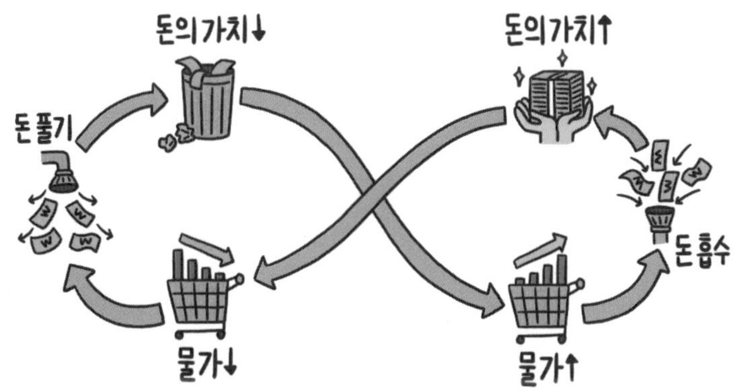

그런데 인플레이션을 제압하지 못해서 물가 상승세, 자산 가격 상승세가 너무나 심각해졌다고 가정해보죠. 그럼 어떤 문제가 생길까요? 우선 제품 가격이 너무 비싸고, 장바구니 물가가 너무 오르기에 사람들이 소비를 할 수가 없습니다. 인플레이션은 도둑과 같죠. 칼만 안 들었을 뿐 내 주머니에 들어 있는 돈의 실질적인 가치를 낮춰버리니까요. 월급이 100만 원인데 새우깡이 100만 원이 되면 어떤 일이 벌어질까요? 내 월급의 실질 구매력이 크게 위축되겠죠. 이게 자산시장을 자극하면 얘기가 더욱 심각해집니다.

개미와 베짱이 우화가 있습니다. 베짱이는 매일매일 바이올린을 켜면서 삶을 즐기고, 개미는 소처럼 일하면서 차곡차곡 돈을 모았습니다. 시간이 지나서 개미는 돈을 많이 모았죠. 베짱이는 당연히 돈이 없을 겁니다. 그럼 우리가 생각하는 그 우화의 결말이 떠오르게 될 텐데요. 엄청난 반전이 찾아오는 거죠. 거대한 인플레이션이 나타난 겁니다. 화폐가치가 큰 폭으로 하락하면서 물건의 가격이 크게 뛰어올랐습니다. 그랬더니 베짱이의 바이올린 가격이 하늘 끝까지 치솟아 오른 거죠. 결국 베짱이는 바이올린을 팔아서 개미들보다 훨씬 행복하게 살았다는 아름다운 결말이 나옵니다. 아…… 동심 파괴 동화인가요? 이렇듯 과도한 인플레이

션은 물가 자체를 끌어올리면서 소비를 위축시키는 단점도 있고, 과도한 물건 가격 상승과 과도한 화폐가치의 하락으로 인해 사람들의 노동 의욕을 떨어뜨리게 됩니다. 그럼 노동 생산이 크게 위축되면서 경제 전반의 성장이 위축되는 문제가 나타날 수 있겠죠.

중앙은행은 어떤 걸 좋아할까?

그럼 바로 이런 궁금증이 생기실 겁니다. '그럼 중앙은행은 디플레이션을 좋아하겠네'라는 생각이죠. 디플레이션은 물가가 하락한다는 얘기입니다. 뒤집으면 화폐가치가 오른다는 겁니다. '중앙은행은 자신들이 주조한 화폐가치가 상승하게 되면 좋은 것 아닐까?'라는 생각이 들 겁니다. 소비자들 입장에서도 디플레이션으로 인해 물가가 하락하게 되면 물건을 살 때 싸게 살 수 있어 부담이 크게 줄어들 수 있다는 장점이 생기죠. 여러모로 디플레이션은 일견 좋아 보일 수 있습니다. 그런데요, 물론 경중을 따지기는 쉽지 않지만 적어도 각국 중앙은행들은 디플레이션에 대해 인플레이션 이상의 경계감을 갖고 있답니다.

디플레이션은 물가가 하락하는 현상이죠. 물가가 하락하면 소비자들에게 더 좋은 영향을 줄 것 같지만 경제 전체 관점에서 보면 꼭 그렇지만은 않습니다. 물가가 하락하게 되면 사람들은 물가가 계속해서 하락할 것이라는 기대를 갖게 되죠. 물가가 하락할 것이라 믿으면 물건을 지금 사지 않습니다. 천천히 사겠죠. 문제는 시간이 지나서 물건 값이 꽤 하락해도 움직이지 않는다는 것입니다. 지금까지 많이 가격이 떨어졌어도 물가가 더 하락할 것 같으니 더 기다리면 된다는 생각을 하게 되는 거죠.

그럼 사회 전반의 소비가 사라집니다. 소비가 사라지면 기업들이 돈을 벌 수 없겠죠? 기업들의 마진이 줄어들게 되면서 제품 생산을 위한 투자를 줄이게 됩니다. 이 과정에서 자연스럽게 고용이 줄어들게 되고, 고용의 축소는 실업의 증가를 낳아서 사람들의 소득을 줄여버립니다. 그리고 소득이 줄어든 만큼 사람들의 소비는 보다 많이 줄어들게 되죠. 소비가 사라져 있는 상황에서 소득이 줄며 나타난 소비의 추가적인 위축은 물가를 더욱더 낮아지게 만들겠죠. 물가가 낮아지면 낮아질수록 물가가 더 낮아질 것이

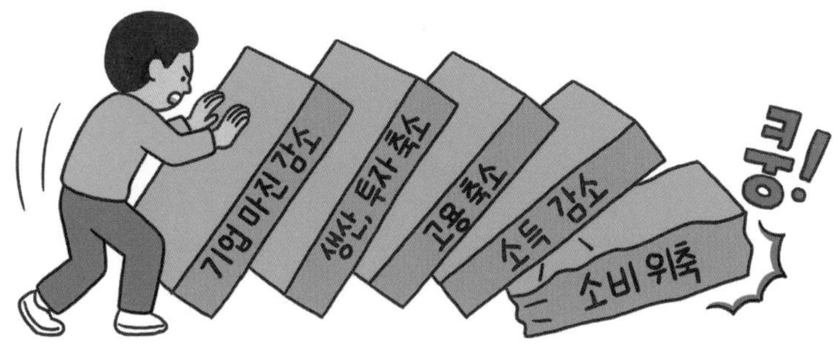

라는 기대를 갖게 되면서 소비 위축은 더욱더 깊은 늪에 빠져들게 됩니다. 이런 디플레이션의 악순환에 빠져서 아직까지도 헤어나지 못하고 있는 대표적인 국가가 바로 일본이죠.

중앙은행은 물가의 상승으로 인해 자신들이 발행한 화폐가치가 불안정해지는 것을 원하지 않습니다. 그리고 반대로 물가가 하락하면서 경제 성장 전반을 크게 위축시키는 것 역시 원하지 않죠. 미국의 중앙은행인 연방준비제도Federal Reserve System(이하 '연준')나 한국의 중앙은행인 한국은행 모두 목표가 연 2퍼센트 수준의 인플레이션입니다. 안정적인 수준의 인플레이션은 사람들에게 '물가가 조금씩 오르니까 여력이 되면 조금 더 물건을 사자'라는 기대 심리를 주기 때문에 안정적인 경제 성장을 만들어내는 데 도움을 준다고 할 수 있습니다. 이게 각국 중앙은행들이 연 2퍼센트 수준의 인플레이션을 선호하는, 즉 너무 강한 인플레이션, 그리고 반대편의 디플레이션을 경계하는 이유라고 할 수 있겠죠.

인플레이션과 디플레이션 모두 어느 한 방향으로 강하게 진행되면 화폐의 기능에도 상당한 문제가 생깁니다. 인플레이션의 경우 화폐가치가 급격하게 하락하면서 사람들이 화폐를 받지 않으려는 상황이 벌어지고, 디플레이션의 경우 화폐가치가 너무 빠르게 상승하면서 물건을 사지 않고 화폐를 보유하려는 경향을 보이게 되는 겁니다. 여기서 잠시 비트코인과 같은 암호화폐 얘기를 통해 설명을 해보죠.

하루에 10퍼센트씩 상승 또는 하락한다면?

암호화폐는 화폐인가 아닌가에 대한 논의가 상당히 많았던 것으로 기억합니다. 제가 암호화폐의 기술적인 부분들에 대한 이해가 부족하기에 조심스럽습니다만 적어도 단기적으로는 암호화폐가 실제 화폐로서의 지위를 얻기는 쉽지 않으리라 생각합니다. 가장 큰 이유는 암호화폐의 가치가 너무 크게 변동하기 때문이죠. 암호화폐의 가격은 특정 시기에 10퍼센트 이상씩 상승과 하락을

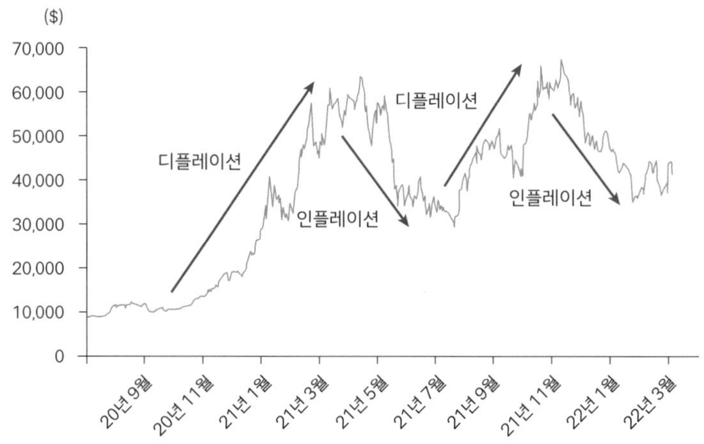

그래프 4 • **2020년 이후 비트코인 가격 추이**

비트코인당 1만 달러에서 6.5만 달러까지 뛰었다가 3만 달러 수준으로 하락하고는 다시금 급등·급락세를 보여주는 흐름입니다. 비트코인을 화폐로 본다면 비트코인 가격의 상승은 1만 달러에서 6.5만 달러까지 여섯 배 이상 오르는 초강력 디플레이션이 됩니다. 그리고 6.5만 달러에서 3만 달러 수준으로 코인 가격이 하락하는 구간은 단기에 50퍼센트가량 하락하는, 즉 단기에 50퍼센트 이상의 물가 상승세가 나타난다고 해석할 수 있겠죠.

반복하죠. 실제 비트코인은 2021년 연초 2만 달러 수준에서 큰 폭으로 뛰어올라 1 비트코인에 6만 5000달러를 넘기기도 했습니다. 하락할 때의 강도 역시 드라마틱해서 수일 만에 40~50퍼센트씩 하락하기도 합니다. 잠시 그래프 보고 가죠(그래프 4, 5).

그래프를 통해서도 확연히 느끼시겠지만 암호화폐들의 상승 및 하락 강도는 주식시장의 주가와 비교해도 손색이 없을 정도로, 아니 주식시장보다 더 큰 폭으로 나타나곤 합니다. 암호화폐의 대

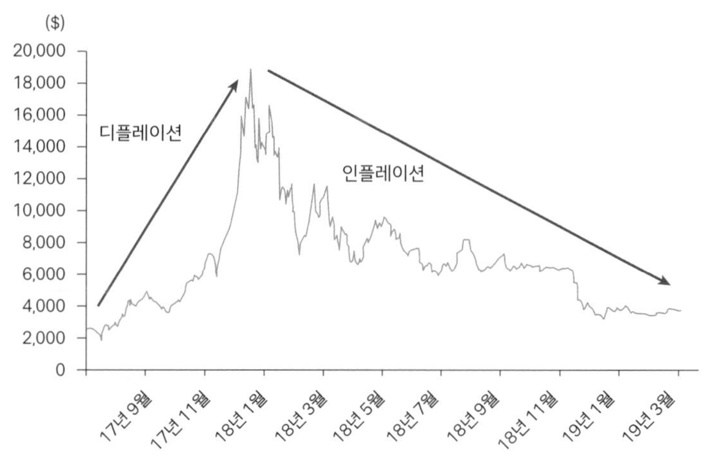

그래프 5 • **2017년 이후 비트코인 가격 추이**

비트코인이 주요 투자 대상으로 주목 받았던 2017년부터 2019년까지의 그래프를 봐도 비슷합니다. 2017년 하반기 2000~3000달러 수준이었던 코인 가격이 2만 달러까지 치솟았다가 다시금 4000달러 수준으로 무너져 내립니다. 그럼 80퍼센트 이상 코인 가격이 하락한 만큼의 화폐가치 하락, 즉 인플레이션이 나타났다고 할 수 있겠죠. 코인이 화폐라면 지금과는 비교할 수 없을 정도의 인플레이션 또는 디플레이션 변화가 현실화될 수 있습니다.

장격인 비트코인의 가격 변동성도 높지만 그 외의 암호화폐들이 보여주는 변동성은 정말 드라마틱한 수준입니다.

이제 본론으로 돌아와서 암호화폐가 진짜 화폐라면 무슨 일이 일어날지 잠시 생각해보죠. 암호화폐가 진짜 화폐라면 암호화폐가치가 하락하는 것을 우리는 인플레이션이라고 부를 수 있을 겁니다. 반대로 암호화폐 가치가 상승하는 것을 디플레이션이라고 부를 수 있겠죠. 암호화폐가 하루에 10퍼센트 하락하는 현상을 종종 목격하곤 합니다. 그럼 10퍼센트의 인플레이션이 하루 만에 일어나는 건가요? 현재 미국은 40년 만의 인플레이션으로 인해 신음하고 있는데요, 연 7퍼센트로 솟아오른 미국의 소비자물가지수가 이를 뒷받침합니다. 잠깐만요, 미국의 물가 상승이 연 7퍼센트인 것이 바이든 행정부의 가장 큰 리스크로 다가올 정도로 초미의 관심사가 되고 있습니다. 1년간 7퍼센트 상승해도 이 정도인데, 만약 1일 동안 10퍼센트 화폐가치가 하락하는 인플레이션이 찾아오면 어떤 일이 벌어지게 될까요?

아파트 가격이 크게 뛰어오를 때 이런 현상이 일어나곤 합니다. 아파트를 살 때에는 금액이 크다 보니 먼저 10퍼센트의 계약금을 지불합니다. 예를 들어 1억짜리 아파트를 사려고 합니다. 그럼 우선 집을 사기로 결정하고 1000만 원의 계약금을 지불합니다. 그리고 2개월 후에 남은 9000만 원을 지불하기로 했는데, 문제가 생겼습니다. 계약금을 지불하고 난 다음에 집값이 미친 듯이 뛰어

올라서 2억 원이 되어버린 겁니다. 그럼 집을 1억 원에 판 사람은 무슨 생각을 하게 될까요? 아직 잔금 9000만 원을 받지 않았으니 받았던 1000만 원의 계약금을 되돌려주고 지금이라도 그 계약을 취소하려고 할 겁니다. 일정 수준의 위약금을 지불하고 없었던 일로 하려고 하겠죠. 아파트 거래가 취소된 사례 자체가 중요한 게 아닙니다. 화폐의 가치가 너무 빠르게 하락하면서 아파트 가격이 크게 뛰어오르는 인플레이션이 나타나자 거래가 사라져버렸습니다.

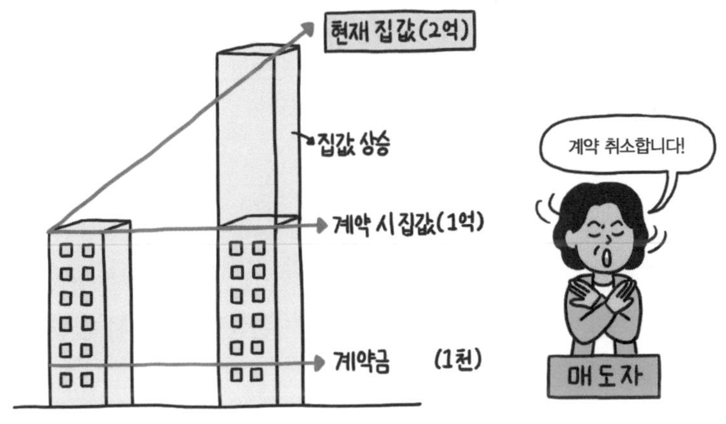

반대로 계약금을 치르고 난 이후 잔금을 지불하기 전에 아파트 가격이 큰 폭으로 하락했다고 가정해보죠. 불과 1개월 만에 아파트 가격이 5000만 원이 된 겁니다. 그럼 집을 사는 사람 입장에서는 남은 9000만 원을 지불하고 그 아파트를 사는 게 맞을까요?

저라면 5000만 원이 된 아파트를 사기 위해서 남은 9000만 원의 잔금을 치르지 않고 1000만 원 계약금 날렸다고 생각하고 계약을 포기하게 될 듯합니다. 아파트 가격이 크게 하락하는 극단적인 디플레이션 상황에서는 집을 구매하려는 사람이 계약을 포기하게 되는 겁니다.

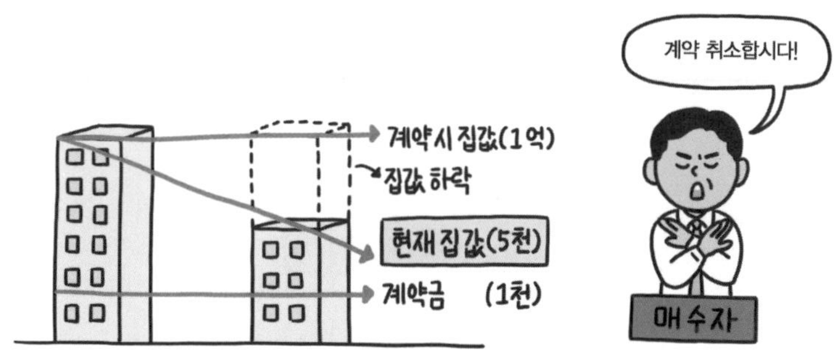

인플레이션, 디플레이션을 떠나서 화폐가치가 극단적으로 상승 혹은 하락을 하게 되면 사회 전반의 거래가 실종되는 문제가 생기겠죠. 화폐는 거래의 매개체입니다. 거래를 돕기 위해 존재하죠. 그런데 화폐의 가치가 불안정하니 거래 자체가 사라져버리는 부작용이 생기는 겁니다. 하루에도 10퍼센트씩 오르고 내리는 암호화폐의 가치가 안정되기 전까지는 화폐로서의 지위를 얻기 쉽지 않을 것이라 생각하는 이유입니다.

각국 중앙은행은 해당 국가의 화폐를 찍고 그 가치를 관리하는 역할을 합니다. 대부분의 중앙은행이 물가 안정을 최우선 목표로 하고 있는데요, 물가 안정은 뒤집어 생각하면 화폐가치의 안정이라고 할 수 있겠죠. 그렇기에 암호화폐가 화폐로서의 지위를 가질 수 있겠는가에 대해서 미국 연준과 유럽 중앙은행European Central Bank, ECB, 그리고 각종 국제기구에서 이런 입장을 표명하는 겁니다.

- 미 연준 부총재, '암호화폐, 가치저장수단, 거래 매개 모두 아냐'··· '실제 화폐 아냐' 《코인리더스》, 2021. 5. 26
- 라가르드 ECB 총재 '암호화폐는 투기 수단일 뿐, 대안으로 중앙은행 디지털 통화 필요' 《글로벌이코노믹》, 2021. 9. 17
- 국제자금세탁방지기구, '암호화폐는 화폐가 아니다' 《아시아타임즈》, 2018. 10. 21

'내재 가치가 없다, 마지막으로 거래를 매개하거나 지급 수단으로서 기능할 수 없다' 이런 주장들이 공통적으로 가리키는 것은 암호화폐는 화폐로 기능하기 어렵다는 겁니다. 그럼 화폐가 아니면 무엇일까요? 네, 투자 대상 자산이라고 볼 수 있겠죠. 주식이나 부동산을 화폐라고 하는 사람은 없을 겁니다. 또 원자재를 화폐라고 할 수는 없겠죠. 다만 우리는 이런 자산들에 투자를 하면서 무언가 수익을 기대할 수 있을 겁니다. 이런 입장을 미국 연준의 파월 의장이나 한국은행 이주열 총재 역시 표명한 바 있죠.

> — 파월, '암호화폐는 투기 자산… 금융 안정성 해칠 우려는 없어' 《연합인포맥스》, 2021. 12. 16
>
> — 이주열 '암호화폐는 법정 화폐 아닌 자산'… G20와 같은 입장 밝혀" 《서울경제》, 2018. 3. 21

암호화폐를 자산으로는 볼 수 있기에 사람들은 암호화폐에 투자를 할 수 있는 거겠죠. 금융시장에는 상당히 많은 자산이 존재합니다. 그리고 수많은 사람들이 그런 자산에 투자를 하곤 하죠. 신생 자산이 등장했다고 가정해보겠습니다. 암호화폐라는 자산인데, 이 자산은 과거 흐름을 알 수 있는 것도 아니고 어떤 특성을 갖고 있는지도 불명확합니다. 이렇게 정보가 제한된 상황에서도 소수의 개인들은 암호화폐에 과감하게 투자할 수 있겠지만 다수의 투자자들에게 돈을 모아서 안정적인 수익 창출을 하는 펀드들, 즉 기관투자자들이 검증되지 않은 자산에 투자를 할 수 있을까요? 암호화폐가 주목받았던 2013년이나 2017년 당시에도 암호화폐 투자의 중심엔 개인투자자들이 서곤 했습니다. 기관투자자들의 관심에서는 좀 멀리 있었죠. 그러다 시간이 흐르면서 기관투자자들에게도 암호화폐가 자산으로 인식되기 시작했습니다. 이제 기관투자자들이 하나둘씩 암호화폐 투자에 나서겠죠? 페이팔이 선두 주자가 되었고, 2020년 4분기부터 기관투자자들의 진입이 빠르게 가시화되기 시작했습니다. 기사를 잠깐 보겠습니다.

> 페이팔을 시작으로 기관투자자의 진입도 본격화됐다. AI코인에 따르면 미국 디지털자산 신탁펀드 투자사 그레이스케일은 지난 10월 14일부터 11월 11일까지 약 한 달 동안 8700만 달러의 비트코인을 순매수했다. 그레이스케일이 보유한 비트코인은 총 49만 9205개이다. 나스닥 상장사 마이크로스트레티지는 자산의 80퍼센트를 비트코인에 투자했는데, 현재까지 수익이 지난 3년간 영업이익보다 많은 것으로 전해졌다. 이 외 유명 투자자인 짐 사이먼스 르네상스테크놀로지 회장도 지난 3월부터 비트코인 투자를 시작한 것으로 알려졌다. 헤지펀드 투자자 중 하나인 드러켄밀러도 "비트코인을 보유 중"이라며 "금보다 높은 수익을 기대한다"고 밝힌 바 있다. 전통 금융기관인 JP모건 역시 잇따라 디지털자산 서비스를 출시하며 시장 영향력을 늘리고 있다. 자산운용사 피델리티도 커스터디 서비스를 제공 중이다.
>
> **《뉴스웨이》, 2020. 11. 18**

페이팔부터 시작해서, 그레이스케일, 르네상스테크놀로지, 드러켄밀러 등의 저명한 투자자들이 암호화폐 시장에 진입했다는 뉴스죠. 투자는 내가 산 자산을 누군가 뒤에서 더 비싼 가격에 사 줘야 합니다. 큰 손이라 할 수 있는 기관투자자들의 자금 유입은 암호화폐 가격 상승을 만들어냅니다. 그럼 당연히 선제적으로 암호화폐를 사들였던 기관투자자(펀드)의 성과가 두드러지겠죠? 경쟁 펀드들 역시 이런 흐름에 편승하면서 암호화폐를 사들이기 시작합니다. 이런 연쇄적인 흐름은 암호화폐 가격의 급등으로 이어졌죠. 그럼 당연히 암호화폐 시장이 과거보다 훨씬 커지지 않을까요? 시장이 커지는 만큼 더 많은 투자자들이 암호화폐 투자에 관여하게 되면, 금융감독 당국에서도 이런 암호화폐 시장을 더 이상 좌시할 수 없게 될 겁니다. 그럼 무언가 법적인 테두리 안에서, 제도적인 보호하에서 투자를 할 수 있는 규제 등이 마련되어야 하겠죠. 규제의 도입이 암호화폐 투자에는 걸림돌이 될 수 있고 이는 암호화폐 가격에 타격을 줄 수 있겠죠. 네, 암호화폐는 여전히 투자 대상 자산으로 인정받아가는 과정에 있다고 봅니다. 자산으로 인정받는 과정에서 자금의 유입이 일어나면서 가격이 오르고 금융 당국의 규제 도입이라는 불확실성이 가격을 잡아 내리는 일들이 종종 일어나게 되죠. 가격이 안정되지 못하고 위아래로 빠르게 흔들리는 것을 두고 '변동성이 높아진다'는 표현을 쓰곤 합니다. 네, 암호화폐 시장의 변동성이 높은 이유를 여기서 찾을 수 있겠죠.

암호화폐를 통해서 전달하고 싶은 이야기의 핵심은 인플레이션과 디플레이션, 어느 한쪽이라도 과도하게 진행되었을 때 경제 전체에 주는 부작용이 상당하다는 점입니다. 중앙은행이 연 2퍼센트 수준의 안정적인 인플레이션을 원하는 이유, 그리고 급격하게 강해지는 인플레이션을 막기 위해 중앙은행이 발 벗고 나서는 이유가 여기에 있습니다. 인플레이션과 디플레이션에 대한 개념에 대해 살펴보았으니 이제 본격적으로 최근 이슈화된 인플레이션 부활에 대해 살펴보도록 하죠.

04

인플레이션이 잠들어 있었던 이유

O's toon

｜세 개의 화살｜

재정 지출
경제 구조 개혁
무제한 돈 풀기
피-슝!
푹!
야호!
명중이다!!
푹!
푹!
디플레이션
또깍!
아이고…
따가워!
안되겠다
계속 공격하라!!
앗 따가워!
앗 따가워!
이렇게 쏴도
안 죽다니.
디플레이션이
무섭긴 무섭다…!

인플레이션이 글로벌 금융시장의 화두가 되는 이유는 두 가지라고 할 수 있습니다. 예상보다 훨씬 빠르고 강하게 물가가 뛴다는 점이 첫 번째고, 2008년 글로벌 금융위기 이후 10여 년 동안 실종되었던 인플레이션이 갑자기 돌아온 것에 당혹스러워하는 것이 두 번째입니다.

글로벌 금융위기 이후 전 세계 정부와 중앙은행은 일본식 디플레이션이 두려웠기 때문에 어떻게든 인플레이션을 끌어내려고 노력했었습니다. 연 2퍼센트 수준의 완만한 인플레이션을 만들어 내기 위해 강력한 돈 풀기 정책을 이어가면서 사력을 다했더랍니다. 그렇게 노력해도 쉽게 올라오지 않던 인플레이션이, 마치 요술 램프에 봉인되어 오랫동안 나오지 못하던 거인 '지니'가 갑자기 그 봉인을 풀고 튀어나온 것처럼 갑자기 확 올라온 것이죠. 그럼 여기서 두 가지 질문을 던질 수 있을 겁니다.

"인플레이션은 왜 잠들어 있었을까? 왜 그 오랜 시간 동안 봉인되어 있었을까……."

"왜 그 오랜 시간 얌전하던 인플레이션이 갑자기 튀어 오르게 되었을까?"

첫 번째 질문에 대한 답부터 해볼까요.

2008년 글로벌 금융위기 당시 나왔던 수사가 "100년 만의 금융위기"였습니다. 1929년 대공황 이후 이렇다 할 거대한 금융위기를 겪어본 적 없던 세계 경제에 정말 거대한 위기가 찾아온 겁니다. 그리고 글로벌 금융위기 이후 많은 전문가들은 향후 세계 경제는 일본식 디플레이션의 늪에 빠질 가능성이 매우 높다는 경고를 수시로 날렸답니다.

일본식 디플레이션이란 이런 겁니다. 1980년대 후반 일본 경제는 엄청난 과열 양상을 나타내고 있었습니다. 부동산 및 주식 투자 붐이 크게 일어났죠. 투자 붐이 일어나다 보면 당연히 빚을 내서 집이나 주식을 사는 일도 빈번히 일어나겠죠. 지금으로 따지면 '영끌족'이 일본에도 있었던 겁니다. 예를 들어 1억짜리 집을 사고 싶은데 현금이 1000만 원밖에 없습니다. 그러면 9000만 원을 대출받아서 집을 사는 겁니다. 만약 집값이 1억 2000만 원까지 오르면 1000만 원 투자해서 3000만 원을 만든 것이니 세 배의 수익을 내게 되니까요.

이렇게 오르면 참 흐뭇하겠지만, 반대로 하락하면 오를 때 느낀 기쁨 이상의 충격을 받게 됩니다. 1억 원짜리 집이 9000만 원이 되었다고 가정해보죠. 집값이 하락해도 대출은 9000만 원으로 고정되어 있으니까 1000만 원을 순식간에 날려버리게 되는 겁니다. 그런데 여기서 그치지 않죠. 집값이 8000만 원, 7000만 원으로 점점 내려가면 앉은 자리에서 빚만 크게 늘어나는 상황을 맞게 되겠죠.

1990년대 초반부터 시작된 일본의 부동산 버블 붕괴로 인해 엄청난 빚을 내서 부동산에 투자했던 일본 사람들이 절망스러운 현실을 맞이하게 됩니다. 이들은 워낙 빚이 많기에 소비를 쉽게 늘리지 못하죠. 소비가 사라지게 되면 당연히 제품의 수요가 없어지고, 그만큼 물가가 하락할 겁니다. 제품의 원가가 오르더라도 그 비용을 제품의 가격을 올리는 방식으로 소비자에게 전가하기가 쉽지 않죠. 사람들의 소비력이 워낙에 낮아져 있는데 여기서 판매 가격까지 올리면 더더욱 사려고 하지 않을 테니까요. 거대한 부채 버블 붕괴와 함께 찾아온 디플레이션으로 인한 충격에 일본 경제는 2020년대까지 30년 이상 이른바 '일본식 디플레이션'으로 고생하고 있죠.

이왕 말이 나왔으니 일본 이야기를 조금만 더 해보겠습니다. 30년 이상 디플레이션으로 고생하게 되면 디플레이션이 당연한 현상으로 자리매김하게 됩니다. 앞서 언급한 것처럼 일본 기업들이 원자재 가격 상승 등으로 제품 원가 부담이 커져서 판매가격을 좀 올려보려고 해도 엄두가 나지 않겠죠. 하나 더, 일본 경제는 노령화의 늪에도 함께 빠져들고 있습니다. 노령화와 함께 성장의 동력이 차츰 약해져가기에 일본 경제에서 과거와 같은 강한 역동성을 찾아보기는 쉽지 않겠죠. 그래서인지 지금 전 세계적으로 인플레이션이 강하게 나타나는 국면에서도 일본만큼은 상대적으로 그런 징후가 약하게 관찰되고 있습니다.

구로다 하루히코는 일본 중앙은행인 일본은행Bank of Japan, BOJ의 총재입니다. 구로다 총재가 스스로 현재 일본의 물가가 크게 오를 가능성은 매우 낮다고 발언했죠. 일본 정부나 중앙은행도 이를 알고 있기에 정말 강한 정책을 통해 디플레이션 탈출을 시도해왔고, 지금도 그렇게 하고 있습니다.

아베 신조의 이름을 기억하나요? 2013년 아베 신조가 일본의 총리가 되면서 '아베노믹스'를 시행했습니다. 이 정책은 '세 개의 화살'이라는 별칭으로도 불립니다. 이런 옛날이야기가 있습니다. 어느 날 아버지가 자식들을 불러서 화살 하나를 꺾어보라니까 모두들 쉽게 꺾었는데 세 개의 화살을 한꺼번에 꺾어보라니까 좀처럼 부러뜨리지 못했다는 이야기입니다. 화살 하나는 약하지만 세 개가 뭉쳤을 때는 강하다는 의미를 담은 동화죠. 아베 신조는 여기에 초점을 맞췄습니다.

'무제한 돈 풀기'라는 중앙은행의 통화 정책은 한 개의 화살에 해당됩니다. 이것만으로는 너무 깊게 빠져버린 디플레이션의 늪에서 일본 경제를 끌어올리기에 역부족이라는 거죠. 그래서 세 개의 화살을 이야기합니다. 무제한 돈 풀기뿐만 아니라 '강력한 정부의 재정 지출', 그리고 '경제 구조 개혁'이라는 세 개의 화살을 순차적으로 날리면서 일본 경제의 강한 성장을 추동하겠다는 거죠. 그리고 목표를 명확하게 했는데, 일본 경제가 연 2퍼센트의 마일드한 인플레이션을 경험하는 그때까지 이 정책을 이어가겠다고 천명했습니다. 하지만 이 정도 부양책의 시행에도 불구하고 일본 경제는 그 늪에서 여전히 빠져나오지 못하고 있습니다.

디플레이션은 부채를 더 무겁게 만든다

인플레이션은 물가의 상승이라는 말도 되지만 화폐가치의 하락이라는 의미도 된다고 했습니다. 그럼 이런 의문이 듭니다. '그렇게 돈을 많이 뿌렸다면 화폐의 공급이 늘어나게 되면서 화폐의 가치는 하락했을 것이고, 화폐가치의 하락은 필연적으로 인플레이션을 불러야 할 것인데 왜 세 개의 화살까지 동원해서 화폐의 공급을 늘렸음에도 일본은 저렇게 고전을 했는가' 하는 것입니다. 다 맞는 말인데 문제는 바로 부채 디플레이션입니다. 이렇게 생각해보죠. 부채는 화폐 표시 자산입니다. 디플레이션은 물가가 하락하면서 반대로 화폐가치가 상승하는 현상이라고 했죠? 그럼 디플레이션 상황에서 화폐 표시 자산인 부채의 실질 부담은 어떻게 될까요?

자, 잠시 외계어가 들린 것 같죠. 이렇게 설명해보겠습니다. 아파트를 1억에 샀다고 가정합니다. 빚이 7000만 원이고, 내 돈은 3000만 원입니다. 그런데 아파트 가치가 하락하는 자산 가격 디플레이션이 나타납니다. 그래서 아파트 가격이 5000만 원이 되었다고 해보죠. 아파트 가격이 5000만 원이 되어도 빚은 7000만 원으로 고정되어 있습니다. 예전에는 자산 가치 1억에 빚이 7000만 원이었지만, 지금은 자산 가치 5000만 원에 빚이 7000만 원인 거죠. 똑같은 7000만 원의 빚이지만 자산 가치가 하락하면서 그 빚의 실질적인 부담이 훨씬 커진 느낌, 공감되나요? 네, 자산 디플레이션을 비롯하여 경제 전반에 화폐가치가 오르는 디플레이션 압력이 높아지게 되면 화폐 표시 자산인 부채의 실질적인 부담이 증가하게 됩니다.

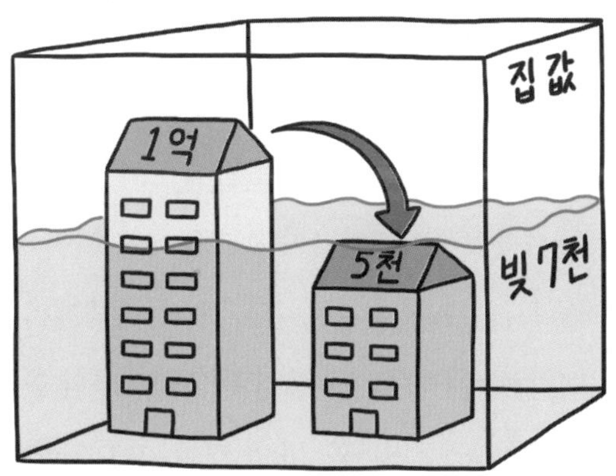

디플레이션으로 인해 부채의 실질 부담이 증가한 상태죠. 그런데 그런 디플레이션이 상당 기간 길게 이어지는 겁니다. 디플레이션의 골이 너무 깊게 파인 거죠. 그리고 30년 이상 이어진 불황으로 인해 기업들은 자신감을 잃어버립니다. 조금 경기가 좋아지는 상황이 찾아와도 기업들은 투자를 쉽게 늘리지 못합니다. 장기 불황 속에서 잠시 경기가 좋아져도 "이건 일시적인 거야. 함부로 투자를 늘리면 안 돼!"라면서 스스로 성장의 기회를 닫아버리는 겁니다. 그럼 디플레이션이라는 구덩이가 더욱 깊어지지 않을까요?

홍길동의 집 앞에 싱크홀이 하나 생겼습니다. 홍길동이 전문가를 불러서 이 싱크홀을 메워달라고 부탁하죠. 그런데 1주일 동안 공사를 해도 싱크홀이 메워지지 않고 그대로인 겁니다. 그래서 홍길동이 전문가에게 도대체 왜 진전이 없냐고 묻습니다. 그랬더니 전문가가 이런 말을 해요. "아무래도 이 싱크홀은 웬만해선 메울 수 없을 것 같은데요." 그러면서 한번 보라는 듯이 싱크홀로 작은 돌을 하나 던져 넣는 겁니다. 그런데 그 돌이 땅에 닿는 소리가 전혀 안 들리는 겁니다. 워낙에 싱크홀이 깊어서 웬만한 흙 메우기로는 어림도 없다는 얘기입니다. 부채 디플레이션으로 인한 충격, 그리고 이로 인해 나타난 장기 디플레이션의 충격은 그만큼 세계 경제에 디플레이션이라는 아주 깊이 파인 싱크홀을 만들어버린 것입니다. 이걸 메우기 위해 충분히 돈을 뿌려봤지만 역부족이었던 거죠. 이게 일본의 상황입니다.

차오르지 않는 디플레이션의 늪

일본 얘기를 한참 했는데, 이제 다시 원래의 질문으로 돌아오겠습니다. 2008년 글로벌 금융위기 당시 전 세계, 특히 미국 역시 서브프라임 모기지 대출 등을 중심으로 부채를 크게 늘리면서 부동산을 비롯한 다양한 금융자산에 대한 투자를 크게 늘렸었답니다. 그러다가 그 자산시장 전반이 붕괴되었죠. 빚을 내서 그런 금융자산에 투자했던 금융기관들이 동시에 부도의 위험에 내몰리게 됩니다.

이게 금융위기였던 겁니다. 그럼 부채 디플레이션의 압력이 상당 기간 작용했겠죠. 그리고 일본의 사례를 보면 이런 상황에서 빠르게 벗어나기 위해 각국 정부와 중앙은행은 적극적인 돈 풀기를 해왔습니다. 그렇지만 전 세계 경제도 일본처럼 디플레이션의 골이 너무 깊었던 겁니다. 미국은 2009년에 1차 양적완화, 2010년에 2차 양적완화, 2012년에 3차 양적완화를 시행했죠. 다음의 그래프를 보면서 더 설명하겠습니다(그래프 6).

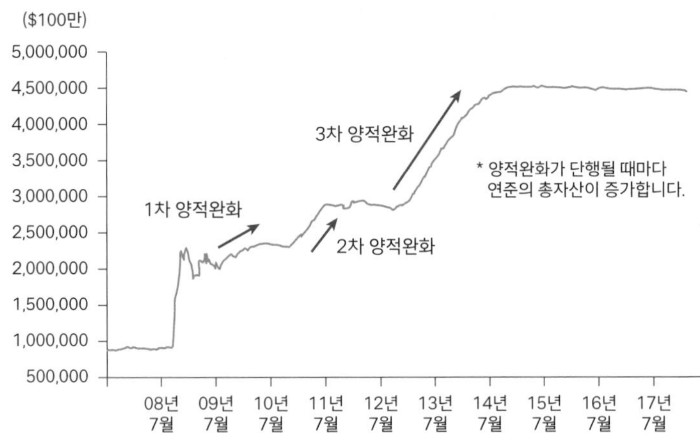

그래프 6 • **연방준비제도의 총자산 (2007~2017년)**

이해하기 쉽게 연준이 돈을 찍은 만큼 장기국채가 연준이라는 은행의 금고에 쌓인다고 생각해보죠. 양적완화로 국채를 많이 사들이면 연준의 총자산이 증가하게 되겠죠. 금융위기 이후 세 차례에 걸친 양적완화를 통해 국채를 마구 사들이면서 2017년, 5조 달러 수준까지 총자산이 늘었습니다. 뒤집어 말하면 국채를 사들인 만큼의 돈이 찍혀 나갔다는 겁니다.

연준은 돈을 풀 때 그냥 돈을 찍어서 푸는 것이 아니라 국채를 담보로 해서 돈을 찍습니다. 이런 생각을 해보죠. 갑자기 홍길동이 등장해서 종이쪽지에 100만 원이라고 쓴 다음에 100만 원어치 물건을 사려고 합니다. 누구도 이 종이쪽지를 인정해주지 않겠죠. 그런데 홍길동이 쪽지에 '차용증'이라고 씁니다. 그러면서 본인의 집을 담보로 하겠다는 문구를 적어놓습니다.

물론 지금도 미심쩍기는 하지만 그냥 막 100만 원이라고 적어준 종이쪽지보다는 믿음이 더 가지 않나요? 화폐도 마찬가지입니다. 그냥 돈을 찍는 것보다는 무언가를 담보로 해서 돈을 찍는 게 좋겠죠. 과거에는 금을 담보로 해서 돈을 찍었는데, 이게 금본위제도입니다. 국가가 찍을 수 있는 돈의 총량이 해당 국가가 보유하고 있는 금 보유량만큼으로 제한되는 거죠. 지금은 금이 아니라 국채를 담보로 돈을 찍습니다. 국채 시장에서 거래되는 국채를 살 때, 사들이고자 하는 국채의 양만큼 돈을 찍어내는 거죠. 그럼 그 국채를 담보로 시중에 돈을 풀어주는 효과가 생깁니다.

중앙은행이 돈을 풀어줬습니다. 그리고 그 대가로 국채를 사왔죠. 그렇게 사온 국채를 어딘가에는 쌓아두어야 할 겁니다. 네, 바로 연준의 금고에 쌓아둡니다. 앞서 본 그래프는 연준의 대차대

조표, 즉 그 금고에 어떻게 국채가 쌓여 있는지를 보여주는 거죠. 2008년, 2009년, 2010년, 그리고 2012년에 국채가 크게 쌓이는 것을 볼 수 있습니다. 이게 소위 말하는 중앙은행의 돈 풀기, 즉 '양적완화'가 되겠죠. 그럼 그 효과가 나타나야 하지 않을까요? 돈을 푼 양만큼 미국의 물가가 올라와야 할 텐데요. 잠시 물가 그래프를 살펴보죠.

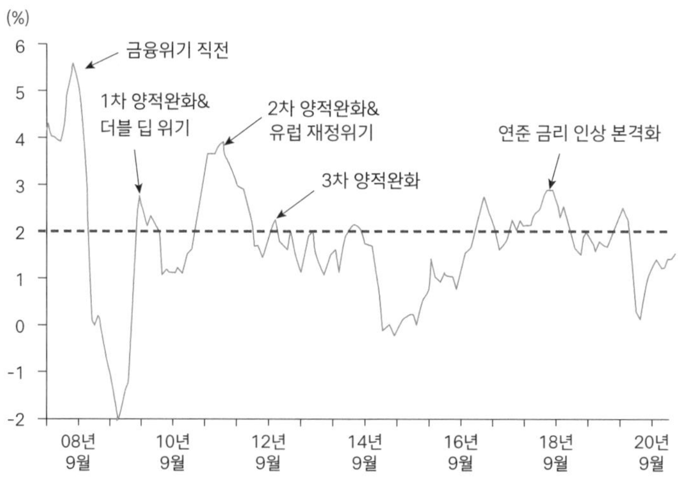

그래프 7 • **미국 소비자물가 지수 (2008~2020년)**

소비자물가 지수는 전년 이맘 때 대비 물가가 몇 퍼센트나 올랐는지를 나타내는 지표입니다. 2008년 9월 금융위기 직전 미국 소비자물가 지수는 거의 전년 대비 6퍼센트 상승했죠. 이후 금융위기의 충격 때문에 큰 폭으로 하락한 이후 1, 2, 3차에 걸친 양적완화 등의 부양책에 따라 오르내림을 반복했습니다. 그러나 이런 강도 높은 부양에도 불구하고, 금융위기가 종료된 이후 2011년 4퍼센트 수준까지 반등한 적이 있었을 뿐 대부분 연준이 목표로 하고 있는 연 2퍼센트보다 낮은 수준에 머무르는 모습입니다.

그래프를 보면 금융위기 이후 뚜렷한 물가 상승세를 확인하기는 어렵습니다. 돈 풀기를 적극적으로 했음에도 불구하고 돈을 풀 때에는 물가가 올라오는 것처럼 보이다가 주저앉고, 또 돈을 풀 때에는 물가가 오르는 듯 보이다가 또 주저앉기를 반복한 겁니다. 디플레이션의 늪에 빠져버린 인플레이션은 웬만큼 깨우려고 노력을 해도 쉽게 빠져나오지 못했습니다.

이렇게 호리병 속에 봉인된 '지니', 즉 인플레이션이 왜 금융위기 이후 나올 수 없었는지 설명을 해봤습니다. 사실 이 외에도 디플레이션을 오랜 기간 이어지게 했던 여러 가지 요인들이 있지만 과감히 생략하고, 지금의 인플레이션과 맞닿아 있는 부분을 중점적으로 설명했습니다. 그럼 꼬리에 꼬리를 무는 질문이 가능하겠죠? '지금은 어떻게 이렇게 인플레이션이 강해졌는가, 그렇게 돈을 풀어도 올라오지 않았던 인플레이션이 어떻게 부활한 것인가'라는 질문입니다. 다음 챕터에서 이 질문에 대한 답을 해보겠습니다.

05

선 넘은 과도한 부양책

O's toon

| 풀고 풀고, 또 풀고 |

많이 주니까 좋긴 좋아!
덕분에 숨통이 트이네!
저기요~

진짜요?
추가 부양금,
한 번 더 드립니다!
1400달러!

이렇게
많아…?
그래도 힘드시면
더 드릴 수도 있어요!

실업 수당
현금 지원
보육 지원금
아직도 끝난 게 아닙니다!
경제가 안정될 때까지
계속 드릴 거예요~

코로나19 사태는 그야말로 사상 초유의 충격이었죠. 글로벌 금융위기 이후 경기부양에 나서면서 이미 당시에도 전 세계적으로 부채가 많았는데, 부채가 많은 상황에서 코로나19로 인해 세계 경제의 가동이 멈춰버렸던 겁니다. 경제 활동을 통해 돈을 벌어야 부채에 대한 이자를 낼 수 있겠죠. 그런데 예상치 못한 사태로 인해 경제 활동을 할 수 없으면 수많은 기업이나 가계가 앉은 자리에서 파산할 수밖에 없습니다. 무수한 기업과 가계가 파산을 하게 되면 여기에 돈을 빌려준 은행을 비롯한 금융기관들과 주식 및 채권 투자자들 역시 함께 무너지게 되겠죠. 코로나19로 인한 실물경제의 위기가 거대한 금융위기로 이어지게 된 겁니다. 2020년 3월 글로벌 금융시장은 그야말로 혼돈, 그 자체였습니다.

이에 전 세계 정부와 중앙은행이 나서게 되죠. 특히 미국의 중앙은행인 연준은 이를 악물고 대응에 나서게 됩니다. 연준이 의사는 아니니 바이러스를 치료할 수는 없지만 적어도 파산을 막도록 시간을 끌어줄 수는 있죠. 경제 주체들이 부채로 인해 파산하지 않도록 무제한적 유동성 공급을 함으로써 실물경제와 금융시장에 주는 충격을 최소화하기 위해 사력을 다했답니다. 앞서 양적완화는 중앙은행이 국채를 사들이면서 그 대가로 돈을 찍어 공급해주는 것이라 했죠. 연준은 무제한적인 양적완화 프로그램을 통해서 돈을 공급했습니다. '무제한'이라는 단어가 들어간 만큼 풀린 돈의 양도, 그리고 사들인 국채의 양도 금융위기 이후의 1~3차 양적완화를 크게 뛰어넘는 수준이었답니다. 잠시 그래프를 보면서 정리를 해보죠.

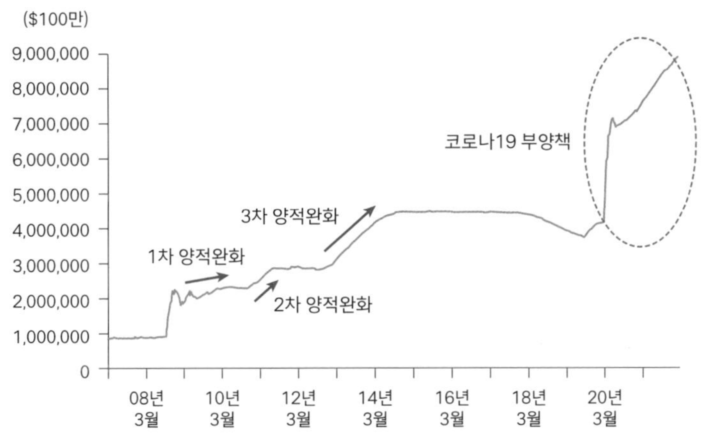

그래프 8 • **연방준비제도의 총자산 (2007~2022년)**

코로나19 사태가 본격화되었던 2020년 3월 이후 대규모 양적완화가 단행되면서 연준 총자산은 보다 큰 폭으로 확대되었습니다. <그래프 6>에서는 4.8조 달러까지 늘어났고, 2021년을 지나면서 8.8조 달러까지 증가했습니다. 보다 단기간에 상당한 자금을 시중에 퍼부었음을 알 수 있습니다. 그만큼 역대급 부양책이었습니다.

어디서 많이 보던 그래프 아닌가요? 네, 앞서 보셨던 연준의 자산 추이입니다. 〈그래프 6〉에 코로나19 사태 이후부터 2021년 말까지의 상황을 추가로 그려 넣은 겁니다. 앞에서 세 차례에 걸친 연준의 돈 풀기, 즉 양적완화로 인해 상당한 국채를 사들였던 것을 알 수 있었죠. 그런데요, 코로나19 이후까지 놓고 보니까 앞에서는 엄청나 보였던 1~3차 양적완화가 그리 커 보이지 않는 느낌입니다. 오히려 2020년 초반 이후 규모가 훨씬 크고 쌓이는 속도도 빨랐다는 생각이 팍 드네요. 네, 맞습니다. 앞서 말한 것처럼 코로나19라는 초유의 사태를 맞아 연준은 기존보다 훨씬 더 강한 부양책을 단행했죠. 코로나19 직전 4.8조 달러 수준이었던 연준의 대차대조표가 2021년 말 8.8조 달러까지 크게 늘어나게 됩니다. 그만큼 국채를 더 많이 사들였다는, 그리고 그 국채를 사들이는 과정에서 그만큼의 현금을 찍어서 시중에 공급했다는 얘기입니다.

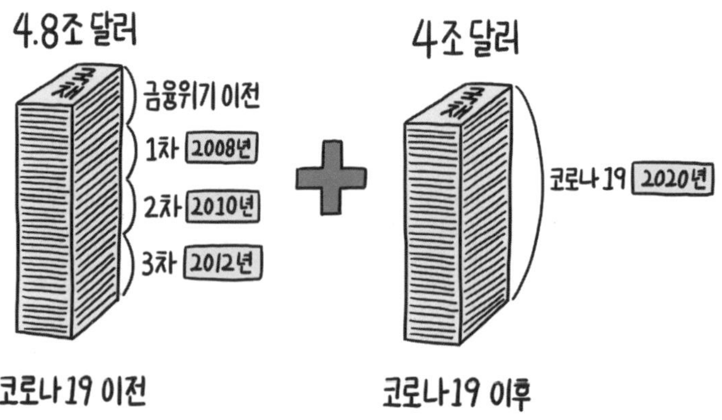

그리고 하나 더, 이런 무제한 양적완화는 연준만 진행한 것이 아닙니다. 유럽 중앙은행ECB, 일본 중앙은행BOJ, 영국 중앙은행BOE, 캐나다 중앙은행BOC, 호주 및 뉴질랜드 중앙은행에 이르기까지 규모에서는 차이가 있지만 과거보다 훨씬 거대한 규모로 자금 지원에 나섰습니다.

자, 여기까지 정리하겠습니다. 코로나19 사태 이후 위기 극복을 위해 각국 중앙은행들은 과거 대비 훨씬 짧은 기간에 훨씬 많은 규모로 유동성의 공급을 해왔다는 점을 기억하고 넘어가겠습니다.

트럼프, 바이든 정부가 뿌린 돈

중앙은행이 국채를 사들이면서 유동성을 공급하는 정책을 통화정책이라고 합니다. 금리를 올리고 내리고, 시장에 유동성을 풀고 줄이고 하는 역할을 하는 겁니다. 다만 중앙은행은, 특정인이나 기관을 찍어서 그곳에만 돈을 주지는 못합니다. 금리 인상, 금리 인하를 할 때 홍길동에게는 0.25퍼센트 인상하고, 성춘향에게는 0.5퍼센트 인상하고, 조금 더 고생한 이 도령에게는 인상하지 않고…… 이렇게는 하지 못한다는 거죠. 결국 0.25퍼센트 인상이 단행되면 모두에게 0.25퍼센트의 금리가 올라가는 구조가 됩니다. 즉, 유동성 공급에 있어서 차등을 두지 못한다는 얘기죠.

그런데 당연히 코로나19 사태의 파고 속에서 보다 크게 신음하는 경제 주체들이 존재할 겁니다. 이들은 코로나19로 인해 사회 취약 계층이 될 수 있는 만큼 보다 많은 지원을 통한 케어가 필요할 수 있겠죠. 거대 대기업들도 코로나19의 충격을 받았겠지만 그보다는 일반 서민들이 느끼는 충격이 클 겁니다. 그래서 미국 행정부가 나서서 별도의 경기부양책을 준비하게 되죠. 중앙은행이 나서서 통화 공급 등을 통해 경기를 부양하는 정책을 통화정책이라고 하고, 정부가 나서서 적극적으로 개인들에게 보조금을 주는 행위 등을 재정정책이라고 부릅니다.

2020년 2월 시작된 코로나19 사태 당시 미국 대통령은 트럼프였죠. 트럼프 행정부 때부터 2조 달러 이상의 재정 부양을 통해

실물경기가 위축되는 것을 막아왔습니다. 연준은 무제한 양적완화, 트럼프 행정부는 2조 달러의 재정자금 지원을 통해 경기부양을 실시했습니다. 잠시 언론 보도를 보겠습니다.

> 도널드 트럼프 미국 행정부가 신종 코로나19바이러스 감염증(코로나19) 대응을 위해 마련한 2조 2000억 달러(약 2700조 원) 규모 경기부양 패키지 법안이 27일(현지시간) 입법절차를 마무리하고 발효됐다. CNN과 로이터통신에 따르면 트럼프 대통령은 이날 백악관 집무실에서 이 법안에 서명했다.
>
> 트럼프 대통령은 트위터를 통해 "방금 미국 역사상 가장 큰 규모의 경기부양 패키지에 서명했다"며 "이 법안은 2조 2000억 달러로 가족, 근로자, 기업 등에 긴급히 필요한 지원을 제공할 것"이라고 밝혔다.
>
> ◇ 美 역대 최대규모 경기부양책…현금 살포: 'CARES Act'로 불리는 이번 법안은 코로나19로 어려움을 겪는 개인·기업 등을 지원하기 위한 지원책을 담고 있다. 단일 지원책으로는 미 역사상 최대 규모다.
>
> 이 법안은 지난 25일 상원을 만장일치로 통과한 데 이어 이날 하원 문턱까지 넘었다. 여기에는 △개인과 가족에 대한 현금

지급에 2500억 달러 △실험보험 혜택 확대에 2500억 달러 △주·지방정부 지원에 1500억 달러 △병원 지원에 1300억 달러 등이 책정됐다.

또한 항공업계 같은 코로나19 피해 직격탄을 입은 기업 구제를 위해 5000억 달러 규모 유동성 기금을 설립하고, 중소기업 지원엔 3770억 달러를 투입한다. 미 국민에게는 달러로 현금이 살포된다. 성인은 소득에 따라 최대 1200달러(약 147만 원)를 받게 된다. 부부는 2400달러(295만 원)를 받고, 자녀 한 명당 500달러(61만 원)가 추가된다.

연소득이 9만 9000달러(약 1억 2000만 원)가 넘는 시민은 수혜 대상에서 제외된다. **《뉴스1》, 2020. 3. 28**

2020년 3월 28일이면 코로나19 사태로 인해 금융시장이 큰 충격에서 헤어나지 못하던 당시의 뉴스겠네요. 트럼프 행정부는 당시 2조 2억 달러의 부양책을 발표했고, 미국 국민들에게 1인당 1200달러씩의 자금을 지원해주면서 소비의 위축을 막았던 바 있습니다. 이때의 지원 규모가 큰 것은 사실이지만 코로나19 사태 역시 지금까지 2년 정도 이어지고 있죠. 당연히 추가 부양책이 있었을 겁니다. 기사 하나 더 볼까요.

— 모든 미국인에게 600달러씩··· 美 9000억 달러 부양책 합의

지난 4월 이후 코로나19 대비 경기부양책을 놓고 첨예하게 대립했던 미국 여야가 마침내 9000억 달러(약 989조 원) 규모의 5차 경기부양책에 합의했다. 지난달 선거에서 하원과 백악관을 장악한 민주당은 내년에 조 바이든 정부가 들어서면 추가 부양책을 내놓겠다고 예고했다. (중략) 이번 부양책에는 미국민들에게 1인당 600달러(약 66만 원)를 지급하는 2차 재난지원금 예산이 들어갔다. 미 정부는 지난 3월, 1차 경기부양책을 내놓으며 1인당 1200달러를 지급했으나 이번에는 액수가 절반으로 줄었다. 여야는 코로나19 관련 주간 실업수당 지급(600달러)을 내년 3월 14일까지 11주 더 연장하고 같은 기간 실업수당을 300달러 더 지급하기로 했다. 부양책에는 1500억 달러 규모의 항공산업 고용 보전 예산, 2800억 달러 수준의 임금 보전 프로그램 예산 등이 포함됐으며 학교 운영과 어린이 관련 예산에도 각각 820억 달러, 100억 달러가 배정됐다.

《파이낸셜뉴스》, 2020. 12. 21

앞서 2020년 3월에 발표된 부양책으로 전 국민에게 1인당 1200달러 수준의 현금이 지급되었고, 전체적으로는 2조 2000억 달

러의 국고를 풀어 경기 충격 방어에 나섰던 바 있죠. 2020년 말로 접어들면서 이런 부양책의 효과가 희석되기 시작하자 트럼프 행정부에서 추가 부양에 나섰습니다. 그게 지금 기사에 나온 9000억 달러의 부양책입니다. 기존의 2조 2000억 달러 부양책(개인에게는 1200달러 지급)보다는 규모가 작지만 그래도 9000억 달러면 한국 원화로 1000조 원이 넘는 돈입니다. 2020년 12월에도 이렇게 부양 자금을 쏟아냈고 경기부양책은 여기서 그치지 않았습니다. 트럼프 행정부 이후 들어선 바이든 행정부에서는 취임 직후 바로 추가 부양책을 발표했습니다.

> — **바이든, 1.9조 달러 경기부양책 발표… 1인당 1400달러 지급**
> 《SBSBiz》, 2021. 1. 15

2021년 3월 11일에 1조 9000억 달러의 추가 부양책이 통과되었고, 바로 미 국민 개개인에게 1400달러의 현금이 지급되었다고 합니다. 그럼 2020년 3월에 1200달러씩, 2020년 12월에 600달러씩, 그리고 2021년 3월에는 1400달러씩을 세 차례에 거쳐 지급한 것이죠. 산술적으로도 합치면 1인당 3200달러니까, 한국 원화로 약 350만 원이 넘는 돈이 되네요. 이외에도 실업 수당, 혹은 자녀 보육 관련으로 현금을 지급해준 경우들도 있어 코로나19 이후 미국 행정부가 지출한 자금 지원은 그야말로 천문학적인 수준이었다고 할 수 있겠죠. 그리고 이걸로 끝이 아닙니다. 잠깐 기사 보고 넘어가죠.

> — **2천조 원 부양안 밀어붙인 백악관, 3천 300조 원 인프라 패키지 준비**
>
> 《연합뉴스》, 2021. 3. 23

네. 1조 9000억 달러가 끝이 아니었네요. 2021년 3월 당시 바이든 행정부에서는 인프라 재건을 위해 3조 달러를, 그리고 사회복지를 위해서 추가로 1조 달러 이상을 지출할 것을 천명하면서 총 4조 달러 이상의 추가 부양을 예고했답니다. 물론 4조 달러 추가 부양은 이후에 너무 과한 것 아니냐는 반발에 부딪히면서 계획대로 추진하지 못했지만 전례 없는 강한 부양책을 실시했다는 것 하나만큼은 확실한 것 같습니다.

서머스의 조언

전례를 찾아보기 힘든 거대한 부양책이 무제한 양적완화와 맞물리면서 한꺼번에 쏟아지게 되었죠. 부양책 역시 인프라 투자

등을 통해 일자리를 창출하고, 그 일자리에서 노동자들이 일을 해서 급여를 받아 소비를 하는 간접적인 방식이 아닙니다. 그냥 직접적으로 현금을 미국 개개인의 통장에 꽂아준 것이죠. 한 번에 통장에 돈을 꽂아주면 사람들은 바로 다음 날부터 소비에 나설 수 있습니다. 그럼 당연히 미국 사람들의 소비가 크게 폭발하지 않을까요? 실제로 그러했는지 그래프를 보면서 확인해보죠.

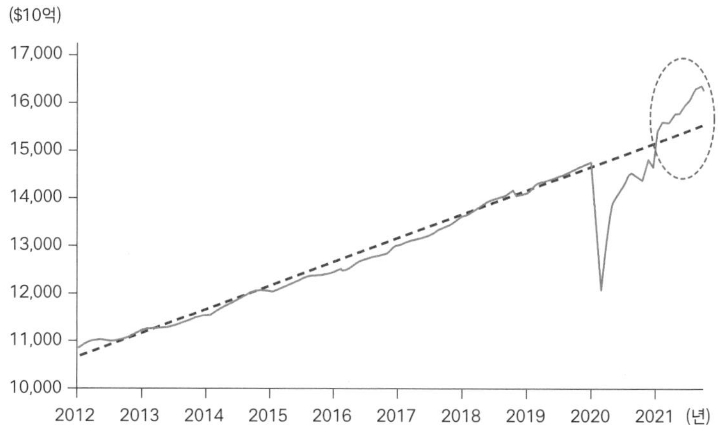

그래프 9 • **미국 개인소비지출 추이 (2012~2022년)**

개인적으로 이 책 전체에서 가장 중요한 그래프 중 하나라고 생각합니다. 일정 레벨로 꾸준히 소비가 증가하게 되면 소비 증가 추이가 예측 가능하기에 공급 쪽도 이런 소비의 증가에 발맞추어 늘어날 수 있을 겁니다. 그러나 코로나19로 인한 큰 폭의 수요 급락과 이후 역대급 부양책에 힘입은 소비 폭발, 그리고 과거의 추세에서 크게 벗어난 수요의 폭발은 상대적인 공급 부족을 촉발해 물가 상승으로 이어질 수 있죠.

〈그래프 9〉에서 주황색 선은 2012년 이후 미 국민 개인의 소비 지출 금액을 나타낸 개인소비지출Personal Consumption Expenditures, PCE입니다. 소비 금액이 미국의 경제 규모가 성장하면서 점점 더 커지고 있는데, 2020년 초 이후를 자세히 살펴보죠. 코로나19 사태 당시 미국의 개인소비지출이 크게 추락했다가 큰 폭으로 반등했고 2021년 들어서 한 번 더 강한 점프를 하는 것을 알 수 있습니다. 2012년 이후의 추세선(보라색 점선)을 그어보면 코로나19 사태 없이 기존처럼 점진적으로 소비 지출이 늘어나면 어느 정도 수준일까를 알 수 있는데, 적어도 2021년 이후 미국 소비 지출은 기존 추세보다 훨씬 더 크게 증가했음을 알 수 있습니다. 그만큼 미국의 소비 지출이 뜨겁다는 의미가 되겠죠.

미국의 소비가 큰 폭으로 증가하면 물가 상승 압력이 높아지지 않을까요? 지금이야 '물가가 올랐으니 인플레이션 압력이 높아질 게 뻔하네'라는 생각을 할 수 있지만, 2021년 초에는 인플레이션이 이렇게 크게 문제가 될 것이라 생각하지 못했습니다. 그렇지만 일부 석학들은 치명적인 메시지를 날리면서 인플레이션 이슈가 심상치 않음을 경고했습니다.

2021년 초 바이든 행정부의 1조 9000억 달러의 추가 부양책이 준비되고 있을 때 과거 미국 재무장관이었던 로런스 서머스Lawrence Summers는 이건 너무 과한 것 같다는 얘기를 했죠. 이미 많은 돈을 퍼부었는데 여기에다가 2차 대전 때와 비슷한 수준의 대규모 자금을 또다시 퍼부으면 돈의 가치가 떨어지는 인플레이션 현상이 강해질 수 있다고 경고했습니다. 적절한 수준의 경기부양을 해야 한다고 언급한 겁니다. 기사를 통해 서머스의 코멘트를 조금 더 보겠습니다.

> 서머스는 5일(현지시간) 워싱턴포스트에 기고한 글에서 "바이든 대통령이 내놓은 1조 9000억 달러(약 2100조 원) 규모 코로나19 구제안은 미국 역사상 가장 대담한 거시경제 안정화 정책"이라면서 "하지만 대담한 조치는 그만큼 신중한 리스크 검토가 필요하다"고 말했다.
>
> 버락 오바마 행정부에서 국가경제위원회NEC 위원장도 맡았던 서머스에 따르면 1조 9000억 달러는 지나치게 큰 규모다. 미국 정부가 금융위기발發 경기 침체를 극복하기 위해 시행했던 부양책은 GDP 갭(잠재성장률과 실질성장률 차이)의 절반을 채우는 데 그쳤지만, 이번 부양책은 GDP 갭을 세 차례 메꿀 정도로 크다. **《연합인포맥스》, 2021. 2. 8**

첫 문단은 그리 어렵지 않습니다. 미국 역사상 가장 대담한 조치가 나왔다는 얘기입니다. 그런데 두 번째 문단부터 참 빡빡해지죠. 'GDP 갭'이라는 이상한 단어가 등장합니다. 당황하지 마시고, GDP 갭이라는 개념 자체보다는 서머스의 의도가 무엇인지를 이해하는 데 초점을 맞추는 게 중요합니다. GDP 갭은 사전적으로 '실질 GDP성장률에서 잠재 GDP성장률을 차감한 것'을 말하는데, 이 기사에서 서머스는 정의와 반대로 잠재 GDP에서 실질 GDP를 차감한 것으로 설명하고 있네요. 사실 이해하는 데 큰 지장은 없으니 서머스의 얘기를 따라가 보도록 하죠. GDP 갭 역시 기사 내용처럼 잠재 성장률과 실질 성장률의 차이로 상정하고 설명을 해보겠습니다. 조금 난이도가 있으니까 천천히, 그리고 꼼꼼히 읽어보기를 당부하면서 시작합니다.

정책이 선을 넘으면 생기는 일

우선 GDP라는 단어가 나옵니다. GDP는 'Gross Domestic Product', 즉 국내총생산을 의미합니다. 무언가 가치를 갖춘 생산물을 만들어냈으니 생산 활동을 통해 경제 성장을 만들어냈다는 얘기겠죠. GDP 뒤에 '성장률'이라는 단어가 더 붙어 나오죠? 국내 총 생산량이 얼마나 더 늘어났는지, 그 비율을 나타낸 것이 'GDP 성장률'이 됩니다. 다 생략하고, 쉽게 GDP 성장률이라는 단어를 (경제)성장이라는 단어로 바꾸면 됩니다. 이해하는 데 전혀 지장 없습니다. 그럼 실질 GDP 성장률은 실질 성장률, 잠재 GDP 성장률은 잠재 성장률 정도로 이해하고 지나가면 되겠죠. 여기까지는 잘 따라왔는데 갑자기 막막하죠. 실질은 뭐고 잠재는 뭐냐, 이 벽에 부딪히게 됩니다. 그래도 꿋꿋이 밀고 가보죠.

실질 성장률은 특정 국가 경제가 실질적으로 만들어낸 성장률을 말합니다. 약간 동어 반복 느낌이죠? 이제 잠재 성장률의 개념 이해가 중요합니다. 잠재 성장률은 특정 국가 경제가 최대한으로 성장할 수 있는 잠재력을 말합니다. 이게 좀 어려운데, 사람의 키로 비유를 해보겠습니다. 홍길동이라는 친구가 지금 15살입니다. 추가로 키가 좀 클 수 있겠죠. 현재 170센티입니다. 더 커서 185센티가 되면 좋은데요, 아무리 잘 커도 홍길동은 180센티

를 넘기 힘들다고 합니다. 홍길동이 자랄 수 있는 잠재력은 180센티에서 막힌다는 의미가 됩니다. 그럼 잠재 성장을 감안하면 최대 180센티까지, 10센티 더 자랄 수 있다는 얘기겠죠.

여기서 두 가지 상황을 가정해보겠습니다. 우선 홍길동의 가정 사정이 조금 어려운 겁니다. 여유가 없어서 종종 끼니를 건너 뛰었습니다. 제대로 먹질 못하니 원래 180센티까지 클 수 있는 아이가 177센티까지 밖에 크지 못했습니다. 잠재적으로는 10센티 더 클 수 있었지만 음식은 7센티 크는 정도밖에 섭취하지 못한 겁니다. 부모는 이런 생각이 듭니다. '아, 좀 더 먹였으면 좋았을 텐데……. 그땐 어렵더라도 돈 아끼지 말고 먹여줘야 하는 건데…….'

여기서 잠깐 어려운 개념 가져옵니다. 더 클 수 있는 최대 잠재력, 즉 10센티는 잠재 성장률입니다. 그런데 실제로 경제가 7센티밖에 성장을 하지 못했죠. 3센티 정도 더 아름다운 성장을 할 수 있었는데 너무나 아쉬운 거죠. 이럴 때에는 경기부양책을 과감히 써서 숨어 있는 3센티를 끌어올리는 게 정말 필요할 겁니다. 잠재 성장률(10센티)이 실질 성장률(7센티)보다 더 큽니다. 그럼 잠재 성장률에서 실질 성장률을 차감한 GDP 갭은 10센티 빼기 7센티니까 플러스 3센티인가요? 더 강한 경기부양책으로 추가 성장을 했으면 좋았을 텐데 아쉽네요.

자, 이제 두 번째 상황을 가정합니다. 홍길동의 집 사정이 좋습니다. 그리고 집에서는 홍길동이 180센티를 넘어 185센티까지 될 수 있기를 진심으로 바라고 있죠. 이제 홍길동에게 전폭적인 지원을 해줍니다. 정말 홍길동이 소화하기 어려울 정도의 식단을 준비해서 풍성한 식사를 할 수 있게 해주는 거죠. 거의 15센티가 클 정도의 식단을 실제로 제공해줬습니다. 그럼 키가 185센티가 되었을까요? 홍길동의 잠재력은 180센티입니다. 현재 170센티에서 10센티 더 클 수 있는 거죠. 10센티만큼 더 클 수 있는 잠재력이 있는데, 거기에 15센티 클 정도의 식사를 제공한 겁니다. 그럼 키가 185센티까지 솟을 수 있을까요? 아쉽지만 180센티의 한계에 막히게 될 겁니다. 그럼 남은 5센티 크기를 기대하면서 퍼부은 식단은? 네, 이건 살로 가겠죠. 몸무게가 늘어나게 될 겁니다.

그럼 이걸 경제의 영역으로 가져옵니다. 잠재 성장률은 10센티고, 실질 성장률은 15센티입니다. 그럼 GDP 갭은? 네, 10센티 빼기 15센티가 되니 마이너스 5센티가 되겠죠. 과식을 한 겁니다. 과식을 하게 되면 살이 찝니다. 경제로 보면 필요 이상의 수요가 폭발을 하면서, 해당 국가 경제가 생산할 수 있는 잠재 생산량의 한계를 크게 넘는 수요가 폭발합니다. 인플레이션을 만들게 되는 겁니다. 네, 저렇게 잠재 성장률을 크게 넘는 실질 성장률은 필연적으로 인플레이션을 낳게 됩니다.

자, 실질 성장률과 잠재 성장률 그리고 GDP 갭이라는 단어를 배웠으니 이제 앞의 인용문이 이해가 되겠요? 문제가 되었던 두 번째 문단만 다시 한번 꼼꼼히 읽어보죠.

> 버락 오바마 행정부에서 국가경제위원회NEC 위원장도 맡았던 서머스에 따르면 1조 9000억 달러는 지나치게 큰 규모다. 미국 정부가 금융위기발發 경기침체를 극복하기 위해 시행했던 부양책은 GDP 갭(잠재성장률과 실질성장률 차이)의 절반을 채우는 데 그쳤지만, 이번 부양책은 GDP 갭을 세 차례 메꿀 정도로 크다. **《연합인포맥스》, 2021. 2. 8**

바이든 행정부의 1조 9000억 달러는 지나치게 큰 규모라고 말하고 있죠. 그럼 아마도 실질 성장률, 다시 말해서 먹는 식단의 규모가 홍길동의 잠재력보다 훨씬 큰 규모일 수 있겠네요.

조금 더 이어가보면, 기사에서 과거 금융위기 당시의 얘기를 해주고 있습니다. 오바마 행정부 당시의 경기부양책은 GDP 갭의 절반 정도라고 하네요. 이해하기 쉽게 잠재 성장률이 10센티, 실질 성장률이 5센티라고 해볼까요? 그럼 GDP 갭이 플러스 5센티이니까, 더 클 수 있게 더 많이 먹을 필요가 있겠죠. 경제로 따지면 강한 부양책이 필요하다는 의미가 됩니다. 오바마 행정부 당시에는 (경기부양책을 통해) GDP 갭의 절반을 채우는 데 그쳤다고 했습니다. 필요로 하는 5센티의 절반 수준, 즉 2.5센티 클 정도의 경기부양책을 제공했다고 얘기하는 겁니다.

보다 중요한 건 뒤의 문장에 나옵니다. 최근의 부양책은 GDP

갭을 세 차례 메꿀 정도로 크다는 얘기가 나오네요. 네, 5센티를 메워야 하는데, 이걸 세 번 메울 정도라면 15센티 클 정도의 경기부양책을 퍼붓고 있다는 얘기가 되나요? 그럼 GDP 갭은 5센티인데 바이든 행정부가 각성해서 15센티를 크게 할 정도의 과감하고 대담한 경기부양책을 질렀다는 겁니다. 그럼 5센티가 더 커지면서 홍길동이 클 수 있는 최대 신장이 되겠죠. 그렇게 하고도 10센티가 남는 겁니다. 이건 어떻게 될까요? 네, 살로 가겠죠. 이만큼 키가 크는 게 아니라 살이 찌게 될 겁니다. 경제 체제로 따지면 인플레이션이 되겠죠. 서머스는 상당한 수준의 인플레이션을 경고하고 있는 겁니다.

'금융위기 당시에 경기부양책을 과감히 썼는데 물가가 오르지 않았다. 그런데 왜 지금의 경기부양책으로는 물가가 오른다는 얘기냐?'라는 질문에 서머스는 이렇게 답하죠. 금융위기 당시에는 크다고 생각했지만 조금 부족한 수준이었고, 지금은 당시와 비

교할 수 없을 정도로 큰 규모의 부양책이 시행되는 것이라고요. 이게 인플레이션을 만들 수 있음을 경고하고 있는 겁니다. 이 기사가 지난 2021년 2월에 보도된 것이니까, 물가가 크게 오르기 전부터 서머스 같은 석학들은 인플레이션에 대한 경계심을 강하게 나타냈던 겁니다. 그런 인플레이션은 과도한 부양책에 의해 만들어진다는 거였죠.

앞의 챕터에서 크레바스 비유를 했던 것 기억나죠? 집 마당 앞의 싱크홀이 알고 보니 크레바스 깊이였기에 웬만큼 흙을 퍼부어서는 이걸 메울 방법이 없었습니다. 그런데, 그 상황에서 아주 대담해지는 거죠. '저 앞의 산을 전부 깎아서 퍼부어주세요. 수단과 방법을 가리지 말고 메워주세요'라고 주문하는 겁니다. 앞산을 다 깎아서 흙을 퍼부으니 어느 새 그 크레바스가 차버린 겁니다. 차고 넘치면서 크레바스가 메워지고 집 앞마당에는 싱크홀이 아니라 작은 동산이 하나 생겨난 것이죠. 그런데 여전히 멈추지 않고 그 작은 동산에 흙을 더 퍼부으려고 하는 겁니다. 과도한 부양책, 인플레이션 부활의 핵심입니다.

옐런의 조언

그럼 이런 서머스의 주장에 대해 경기부양책을 쓰는 주체,

즉 미국 백악관과 재무부는 어떤 스탠스를 보였을까요? 현재 미국 재무장관인 재닛 옐런Janet Yellen은 이렇게 답합니다.

> 이 같은 서머스 전 장관의 우려에 현 재무장관인 재닛 옐런은 걱정할 필요가 없다는 취지로 반응했다. 그는 7일 CNN방송에 출연해 "인플레이션 우려는 팬데믹에 충분한 지원을 하지 못한 데서 비롯된 경제적 손실에 비하면 작은 것"이라며 "미국은 인플레이션 우려에 대응할 도구가 있다"고 말했다.
>
> 그는 "우리가 이렇게 길고 느린 회복 과정에서 고통을 겪어야 할 이유가 전혀 없다. 이 경기부양책은 내년에 우리를 '완전 고용'으로 이끌어줄 것"이라며 부양책을 옹호했다.
>
> **《동아일보》, 2021. 2. 8**

어려운 얘기는 거의 없죠? 그냥 한 문장으로 표현하면 옐런 재무장관은 서머스에게 '걱정도 팔자네요'라는 답을 하고 있는 겁니다. '그런 걱정 마시고 미국 경제의 강한 성장을 견인하기 위해 강한 부양책을 받아들입시다!'라는 얘기입니다. 그리고 2021년 4~5월로 접어들면서 미국의 물가가 가파르게 상승하는 상황을 맞이하게 된 거죠.

파월의 생각

경기부양책을 쓰는 주체 중 하나인 미국 정부가 인플레이션 경고에 어떤 반응을 보이는지 확인해보았습니다. 미국 행정부는 재정정책을 쓰죠. 경기부양책 중 다른 하나는 통화정책이고, 미국 중앙은행인 연준이 통화정책을 쓰는 주체입니다. 그리고 연준은 앞서 말한 것처럼 물가 안정을 이끌어야 하는 사명을 갖고 있는 기관이죠. 그럼 이렇게 강한 부양책과 함께 빠르게 올라오는 물가 상승세에 연준은 당연히 기준금리를 인상하면서 인플레이션을 적극적으로 억제해야 할 겁니다. 그런데 실제로는 어떤 반응을 보였을까요? 연준의 의장인 제롬 파월Jerome Powell의 발언을 들어봅니다.

> 제롬 파월 연준 의장이 물가 상승이 나타날 수 있지만 일회성(One time effect)에 그칠 것이라고 밝혔다. 파월 의장은 이날 월스트리트저널WSJ과의 화상 대담에서 "경제활동 재개에 따른 기저효과에 물가 상승 압력이 있을 수 있다"며 이같이 밝혔다. 그는 "1960년대와 1970년대의 하이 인플레이션에 대해 잘 알고 있지만 지금의 상황은 다르다"며 "일시적인 인플레이션에 대해서 우리는 인내심을 가질 것"이라고 설명했다.
>
> **《서울경제》, 2021. 3. 5**

우선 연준은 물가가 급등하기 시작했던 2021년 3월에 (물가를 잡기 위한) 금리 인상이 없다는 것을 확인해준 바 있습니다. '엥? 물가가 이렇게 빠르고 크게 오르는데 왜 금리 인상을 안 하지?'라는 의구심을 잠재우기 위해 이같이 말한 겁니다. '지금의 강한 물가 상승은 일회성에 지나지 않는다. 크게 걱정할 것 없다'라고 답을 해주고 있죠. 그리고 인용문의 마지막 문장을 읽어보면 일시적으로 올라오는 인플레이션을 잡기 위해 바로 금리 인상에 나서기보다는 인내심을 가지고 지켜보겠다고 말합니다. 좀 더 천천히 보고 생각해보자며 인플레이션에 대한 경계심을 내려놓은 겁니다. 그런데 4월로 접어들면서 물가 상승세는 보다 가팔라지기 시작합니다. 이에 대해 파월 의장은 다음과 같이 답을 했죠.

— 파월 연준 의장 "미 경제 좋아져도 올해는 금리 인상 안 해" 《뉴스1》, 2021. 4. 12

— 파월 "인플레이션 일시적… 장기적 2%로 떨어질 것" 《연합뉴스》, 2021. 6. 22

물가 상승세가 보다 강해지던 2021년 4월과 6월의 기사 제목입니다. 계속해서 '지금의 물가 상승세는 일시적인 것이다'라고 말하면서 금리 인상 등의 긴축은 크게 고려하지 않고 있음을 확인해준 겁니다.

연준은 물가의 안정을 중요시하는 곳입니다. 그런 곳이 물가가 급등하는 징후가 뚜렷한데 왜 일시적이라는 단어까지 동원하면서 다소 안이한 태도를 보인 것일까요? 이유 여하를 떠나서 이런 상황인 것 같습니다.

국경선에는 경계 초소가 있습니다. 그 초소가 존재하는 이유는 국경선을 넘어서 쳐들어오는 적을 사전에 확인해서 선제적으로 적의 전면적 침입을 제어하기 위함입니다. 인플레이션이라는 적이 국경선 너머에 존재하는 거죠. 그리고 그 적을 경계하는 경계 초소를 '연준'이라고 합니다. 그리고 그 초소 안에서 경계 근무를 하는 병사의 이름이 '파월'이라고 가정해보죠. 전 세계에서 유일하게 국경선 밖의 인플레이션을 경계하는 역할을 맡은 파월이 이렇게 말하는 겁니다. "안 쳐들어와요. 걱정 말아요! 마음 푹 놓아도 돼요!" 그리고 국경선 너머를 보는 것이 아니라 뒤돌아 앉아서 이어폰 꽂고 노래를 듣고 있는 겁니다. 너무나 안이한 이런 모습, 이런 모습 덕분에 10년 이상 잠들어 있던 인플레이션이라는 지니가 호리병 속에서 나오게 된 것 아닐까요?

네, 길게 적어봤습니다. '갑자기 왜 이렇게 물가가 오를까?'에 대한 첫 번째 답은 '너무나 강한 경기부양책'과 '물가의 파수꾼이라고 할 수 있는 연준의 안이함', 이 두 가지였습니다. 이 외에 물가가 강하게 오르고 있는 핵심적인 이유는 차차 알아보기로 하죠.

이번 챕터의 마지막 부분을 읽으면서 이런 생각을 하셨을 겁니다. '연준은 왜 저렇게 안이했던 것일까? 미국 재무부 역시 왜 저렇게 낙관적인 태도로 일관했을까?' 네, 다음 챕터에서는 이 질문에 대한 답을 해볼까 합니다.

06

연준이 생각하는 인플레이션

O's toon

| 괴물의 실체 |

2011년
움직이면 쏜다!
탕!
으악~!

2015년
긴장도
50
움직이지 마!
크아아앙

2018년
긴장도
10
역시 너무
싱거운데…
크아앙
삘쭘

미국 연준은 성장을 극대화하는 것과 물가를 안정시키는 것, 두 가지 미션을 갖고 있죠. 이 두 가지 미션을 달성하기 위해 금리 인상과 인하, 양적완화 등 자신들이 활용할 수 있는 모든 수단을 활용합니다. 미션이 두 가지이기는 하지만 성장과 물가는 일반적으로 비슷한 방향으로 움직이기 때문에 통화정책을 수행하는 데에 있어서 큰 문제는 없습니다. 잠깐 생각해볼까요. 국가 경제에 강한 성장이 나온다고 가정합니다. 그럼 사람들의 소득이 늘어나게 되고, 소비가 늘게 되고, 이로 인해 수요가 증가하기에 물가가 상승하게 되겠죠. 네, 성장이 강해지면 물가가 오르게 됩니다. 성장과 물가가 같은 방향으로 움직이는 거죠.

그런데 너무 올라버린 물가로 인해 국가 경제가 부담을 느끼게 되면 어떨까요. 그럼 성장이 둔화될 수 있겠죠? 성장 둔화로 인해 개인 소득이 감소하고, 개인 소득의 감소가 소비의 감소를 낳고, 소비 감소는 수요의 위축과 함께 물가 하락을 야기합니다. 네, 성장이 둔화되면 물가도 하락하는 그림이죠. 성장이 강할 때에는 물가도 오르고, 성장이 약할 때에는 물가도 하락하는 겁니다.

성장 둔화에서 벗어나기 위해서는 경기부양이 필수겠죠. 경기부양을 위해 연준은 기준금리를 인하하고, 돈을 풀어주는 정책을 써야 할 겁니다. 문제는 돈 풀기를 하게 되면 화폐의 공급이 크게 늘어나면서 물가 상승을 촉발할 수 있다는 점이겠죠. 그런데 성장세가 약한 만큼 물가도 저물가 수준에서 헤어나지 못하고 있으니 큰 부담 없이 경기부양을 위해 과감한 돈 풀기를 할 수 있는 겁니다. 성장과 물가가 함께 저조한 수준이기 때문에 통화정책을 사용하는 데에 있어서 큰 부담은 없는 거죠. 반대의 케이스도 마찬가지입니다. 성장이 강하고 물가가 오르는 상황이 이어지면, 연준이 나서서 과열된 경기를 억제하고 물가 상승세를 사전에 제압하기 위해서 금리를 인상합니다. 그럼 과열 양상을 보이던 성장이 다소 주춤해질 것이고, 상승 일변도를 그리던 인플레이션 역시 함께 고개를 숙일 수 있겠죠. 그럼 아무 걱정 없이 물가 제압을 위해, 그리고 과열된 경기를 제어하기 위해 연준이 금리 인상 등 이른바 '긴축'에 나설 수 있는 겁니다.

이런 이야기들은 일반적인 케이스라고 할 수 있는데, 가끔씩 이례적인 일이 벌어지곤 하죠. 1970년대가 그런 시기였습니다. 성장은 둔화되는데 물가가 미친 듯이 오르는 겁니다. 그럼 연준은 어디에 초점을 맞추어서 정책을 쓰면 될까요? 성장이 둔화되니 금리를 낮추어야 하고, 물가가 마구 오르니 금리를 올려야 합니다. 그럼 금리를 올리면서 내려야 하나요? 모순된 상황이죠. 1970년대의 심각했던 인플레이션을 잡기 위해 연준은 1980년대 초반에 20퍼센트 가까이까지 기준금리를 올리면서 시중에서 자금을 빨아들였습니다. 성장이 약한 상황에서 이런 강한 긴축을 하다 보니 가뜩이나 약했던 성장이 보다 크게 주저앉았습니다. 그래도 어쩔 수 없죠. 인플레이션이라는 강적을 제압하지 않으면 계속해서 머무르면서 경제 전반을 짓누르게 될 것이니까요. 당시의 아픈 기억 때문에 연준은 인플레이션을 심각한 강적으로 규정했답니다. 그래서 인플레이션이 제대로 고개를 들기 전에 강한 긴축으로 기세를 꺾어야 한다는 원칙까지 세워두었죠.

그런데 1980년대에 너무나 강한 긴축으로 인플레이션을 제압하고 난 이후, 2008년이 될 때까지 그렇게 심각한 인플레이션이 찾아오지 않았습니다. 그러다가 2008년 금융위기 직전에 거대한 인플레이션을 만나게 되죠. 당시의 얘기부터 이어가봅니다.

2008년에 나타난 인플레이션

2000년대 초반 글로벌 경제 성장을 이끌던 핵심 동력은 중국의 투자였습니다. 중국은 투자 성장을 위해서 전 세계의 원자재를 사들이기 시작했죠. 중국을 중심으로 신흥국들의 제조업이 강한 모습을 보이면서 원자재에 대한 수요가 급증했고, 낮은 수준에서 유지되던 국제유가WTI를 비롯한 국제 원자재 가격이 큰 폭으로 상승하기 시작했죠. 1970년대 이후 원자재 가격이 제대로 상승했던 시기였습니다. 잠시 당시의 그래프를 볼까요.

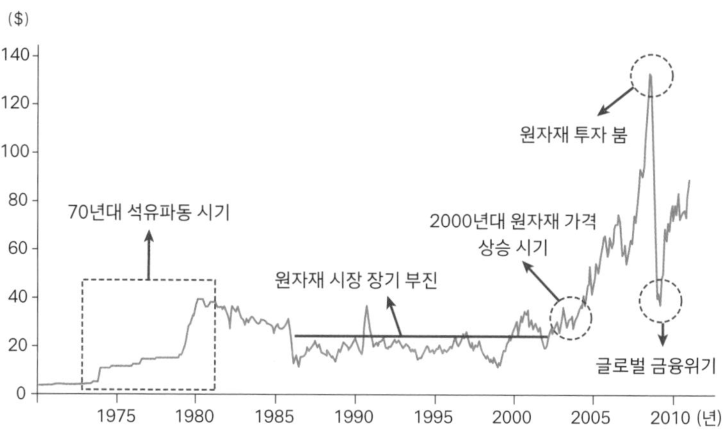

그래프 10 • **국제유가 장기 추이 (1970~2010년)**

1970년대 석유파동 및 인플레이션 압력 때문에 큰 폭으로 상승(배럴당 2달러→40달러)했던 국제유가는 한동안 암흑기를 거치게 되죠. 1985년 말 급락한 이후 국제유가는 2000년대 초까지 배럴당 30달러 선을 쉽게 넘지 못했습니다. 그러나 2000년대 들어 중국의 강력한 투자 성장과 2차 걸프전, 달러 약세 등이 국제유가 상승을 견인하면서 석유파동 당시의 수준보다 훨씬 높은 수준으로 상승합니다.

국제유가만 해도 1980년대 큰 폭으로 하락한 이후 그 수준으로 되돌아오는 데 상당한 시간이 걸렸죠. 2000년대 초반이 되어서야 고개를 들었고 이후 빠른 상승세를 보였답니다. 그리고 당시에는 미국의 금융이 크게 발달하면서 엄청난 글로벌 유동성이 흘러나오기 시작했죠. 유동성은 어딘가 성장이 나오는 곳으로 쏠리기 마련입니다. 그럼 당연히 수요가 빠르게 증가하고 있는, 가격이 오를 것으로 기대되는 원자재시장으로 몰려갔겠죠. 중국을 중심으로 한 원자재 수요의 증가와 유동성 급증에 따른 글로벌 유동성의 빠른 유입이 맞물리면서 국제 원자재 가격은 거칠 것 없는 상승세를 보였습니다.

2007년 말이 되면서 글로벌 금융시장 분위기가 다소 이상해지기 시작했죠. 글로벌 금융위기의 서막이 열리면서 금융기관의 부실이 계속해서 늘어나기 시작했습니다. 금융시장의 분위기가 악화되었고, 이는 글로벌 성장에도 악영향을 미칠 수 있기에 연준은 2007년 9월부터 기준금리를 인하하면서 대응하기 시작했죠. 2008년 3월 베어스턴스라는 세계 5위 규모의 투자은행이 파산할 때까지 연준은 기준금리를 큰 폭으로 낮추면서 경기 둔화를 막는데 안간힘을 다했답니다.

연준의 금리 인하는 시중 유동성의 증가를 가져왔습니다. 그리고 그 유동성은 어딘가 수익이 나는 곳에 가서 고여야 하는데, 이제 잘나가던 금융기관들도 힘겨워졌으니 금융 이외의 다른 투자 대상을 찾아야 했습니다. 이런 상황에서도 원자재시장은 계속해서 강한 흐름을 이어가고 있었죠. 이에 풀린 자금들이 원자재시장으로 더욱더 몰려들기 시작했답니다. 그리고 국제유가는 서부

텍사스유 기준으로 배럴당 145달러까지 오르면서 사상 최고치를 기록했습니다.

사상 최고치로 상승한 국제유가를 따라 전 세계 원자재 가격 역시 큰 폭으로 상승세를 보였고, 농산물 가격까지 급등하면서 애그플레이션Agflation(농산물 가격 상승에 따라 나타나는 인플레이션)이라는 단어까지 등장하게 되었죠.

원자재 가격 급등의 여파로 글로벌 경제 전반에 인플레이션 압력이 강하게 나타나기 시작했습니다. 인플레이션 압력이 높아지면 어떤 대응을 해야 할까요? 네, 실물경기 둔화 흐름이 강했음에

도 불구하고 연준은 인플레이션이 워낙에 강적이라는 인식이 있었기에 물가를 잡는 데 초점을 맞추면서 경기부양을 위한 추가적인 기준금리 인하를 멈추었습니다. 실제 금융기관이 파산하고 주택가격이 급락하고 있던 미국은 기준금리 인하를 멈추는 등 소극적인 대응에 그쳤지만 유럽 중앙은행이나 한국은행은 기준금리 인상을 단행했죠. 2008년 8월 한국은행은 물가 안정을 위해 5.25퍼센트로 0.25퍼센트만큼 추가로 기준금리 인상을 단행합니다.

그런데 시기를 잘 보면, 2008년 8월이죠? 참고로 금융위기의 서막을 알렸던 세계 4위 투자은행인 리먼브라더스의 파산은 2008년 9월 15일이었습니다. 금융위기 직전에 유럽 중앙은행과 한국은행 등은 기준금리를 인상했고, 미국은 금리 인하를 멈추었습니다. 그럼 중앙은행의 유동성 지원까지 없어졌으니 금융시장이나 당시 실물경제가 느끼는 부담은 더 컸을 겁니다. 성장 둔화에 대한 우려가 커지는 상황에서 물가가 너무 높이 올라버립니다. 그럼 이렇게 높아진 물가가 약해지고 있는 성장의 뒤통수를 강하게 후려칠 수 있겠죠. 네, 가뜩이나 어려운 실물경제와 금융시장이 유동성 긴축과 물가 급등이라는 겹악재에 시달렸던 겁니다. 그리고 견디지 못한 실물경제가 리먼브라더스의 파산과 함께 급격히 무너져 내리기 시작했죠.

2008년 9월 금융위기가 본격화되자 실물경제가 급격히 냉각되기 시작했답니다. 그럼 원자재에 대한 수요는 어떻게 될까요?

원자재 가격은 하늘 높이 떠 있는데 밑에서 수요가 되어주던 실물경제가 무너져버렸죠. 기반이 없어졌으니 하늘에 떠 있던 원자재 가격이 급추락하지 않았을까요? 2008년 당시의 국제유가를 보면, 배럴당 145달러까지 상승했던 국제유가가 금융위기 직후 배럴당 33달러까지 주저앉아버립니다. 배럴당 100달러 이상의 유가를 가리킬 때에는 인플레이션 압력을 느꼈던 실물경제가 이번에는 배럴당 33달러로 초라하게 주저앉은 국제유가를 보면서 디플레이션 압력을 강하게 느끼게 됩니다.

저에게도 당시 기억이 참 생생합니다. '2008년 8월까지는 인플레이션만 잡으면 소원이 없겠다. 인플레를 잡아야 중앙은행들이 금리를 내려서 경기부양에 적극 가담하게 되는데 인플레가 참

문제다' 이런 생각을 계속했습니다. 그러다가 리먼브라더스의 파산과 함께 금융위기 구간에 들어서자 대공황 이후 처음으로 만나는 디플레이션과의 전쟁을 고민해야 했죠. 디플레이션이란 괴물은 저에게 대공황을 다룬 책에서만 만나던 존재였습니다. 그게 아니면 일본 버블 붕괴의 사례를 들으면서 '일본에는 저런 이상한 괴물이 살고 있다'는 전설을 들어봤을 뿐이었죠. 그냥 이런 느낌입니다. 적이 항상 동부 전선으로만 쳐들어 오길래 동부 전선에 전력을 집중하고 있었는데 100년 만에 서부 전선에서 괴물이 튀어나온 상황. 정말 너무나 당황스러웠습니다.

당시 디플레이션을 잡기 위해 연준은 과감하게 기준금리를 0퍼센트로 잡아 내리고 사상 초유의 양적완화를 통한 돈 풀기에 돌입했습니다. 와, 이 글을 쓰면서도 당시 기억이 생생하게 나네요. 저의 넋두리가 중요한 게 아니죠. 당시 상황은, 적어도 중앙은행에게는 인플레이션을 신경 쓰다가 글로벌 성장이 무너지면서 디플레이션에게 일격을 당했던 아픈 기억으로 남아 있을 겁니다. 그리고 그런 비슷한 일이 2011년에도 있었죠. 잠시 기사 몇 개 인용해 보겠습니다.

— **미국 소비자물가 13년 만에 최고치** 《경향신문》, 2021. 7. 1

— 中, 8월 생산자물가 9.5% 상승 '13년래 최고'… 글로벌 인플레 가속화 《서울경제》, 2021. 9. 9

— 구리 가격 한때 1만 달러 돌파… 역대 최고가 근접

국제 구리 가격이 29일(현지시간) 한때 t당 1만 달러를 돌파했다고 블룸버그통신 등이 보도했다.

이에 따르면 런던금속거래소LME에서 3개월물 구리 가격은 이날 한때 전날 종가보다 1.3퍼센트 오르면서 10년여 만의 최고가인 t당 1만 8달러까지 상승했다.

역대 최고가는 지난 2011년 2월 기록한 1만 190달러다.

《연합뉴스》, 2021. 4. 30

기사 세 개를 인용했는데, 앞의 두 개는 미국 소비자물가 지수와 중국의 생산자물가 지수가 13년 만에 최고치를 기록했다는 내용입니다. 참고로 소비자물가 지수는 물건을 직접 사들이는 소비자들이 체감하는 물가를 숫자로 나타낸 거죠. 생산자물가 지수는 제품 생산 시에 제품을 생산하는 생산자들에게 적용되는 물가인데, 각종 원료 가격을 나타낸다고 보면 됩니다. 미국, 중국을 비롯한 대부분의 국가들이 2008년 당시 상당한 인플레이션을 경험했고, 2021년 하반기가 되면서 당시 수준으로 올라섰다는 기사입

니다. 그리고 마지막 기사를 보면 국제 원자재의 대표 격인 국제 구리 가격이 2011년 2월 이후 최고치를 기록했다는 내용을 확인할 수 있죠. '와, 최근에 원자재 가격이 참 많이 올랐구나' 하는 생각을 하게 만들죠. 그런데 생각을 조금 바꾸어볼까요. '구리 가격이 참 많이 올랐구나'라는 얘기보다는 '왜 구리 가격이 2011년 2월 이후 10년이 지난 지금에서야 이렇게 높아졌을까?' 하는 얘기로 바꾸어보는 거죠. 그럼 이런 질문이 나올 겁니다.

'지난 10년 동안 국제 구리 가격을 비롯한 원자재 가격은 대체 왜 안 오른 거지?'

2010년 원자재 고공 행진

2010년 11월로 가죠. 2010년 11월 3일 미국은 2차 양적완화에 돌입하면서 다시금 돈 풀기에 나섭니다. 당시 미국을 비롯한 글로벌 실물경제 전반이 부진했기에 이렇게 풀어놓은 돈이 선뜻 갈 곳을 찾기가 어려웠답니다. 그런데 당시에도 8퍼센트 이상의 강한 성장을 이어가는 국가가 있었죠. 네, 바로 중국입니다. 중국은 정부 주도로 강한 투자 성장 드라이브를 걸었고, 이에 제조업 설비를 크게 늘리고 있었죠. 제조업 설비가 늘어나는 만큼 당연히 무언가 제조업 제품을 만들기 위해 원자재가 많이 필요했겠죠. 중국발 원자재 수요가 크게 늘어나는 시기였던 겁니다. 하나 더, 혹시 '아랍의 봄'이라고 들어봤나요? 아랍 지역에 민주화 바람이 불면서 당시 이집트의 무바라크나 리비아의 카다피 등 독재자들이 물러나는 일이 있었습니다. 아랍 권역 전반의 정정 불안이 심해지면서 국제유가를 비롯한 원자재 가격이 다시금 큰 폭으로 상승하기 시작했습니다. 2차 양적완화로 인해 풀린 돈들과 아랍의 봄이 만들어 낸 원자재 가격 상승이었죠.

큰 폭으로 상승한 국제 원자재 가격의 영향으로 글로벌 인플레이션 압력이 다시금 높아지기 시작했습니다. 전 세계 국가들의 물가가 오르게 되면서 유럽 중앙은행과 한국은행 등도 금리 인상 카드를 쓸 수밖에 없었답니다. 물가를 조기에 제압하자는 의미였죠.

성장 둔화 우려가 강해지지만, 높아지는 물가를 잡기 위해 중앙은행이 긴축에 나설 수밖에 없던 어려운 상황이었습니다. 실제 한국은행은 2011년 3.25퍼센트까지 기준금리 인상을 단행했

고, 유럽 중앙은행 역시 유럽 재정위기로 인한 불안감이 커져가고 있었음에도 기준금리 인상에 동참했습니다.

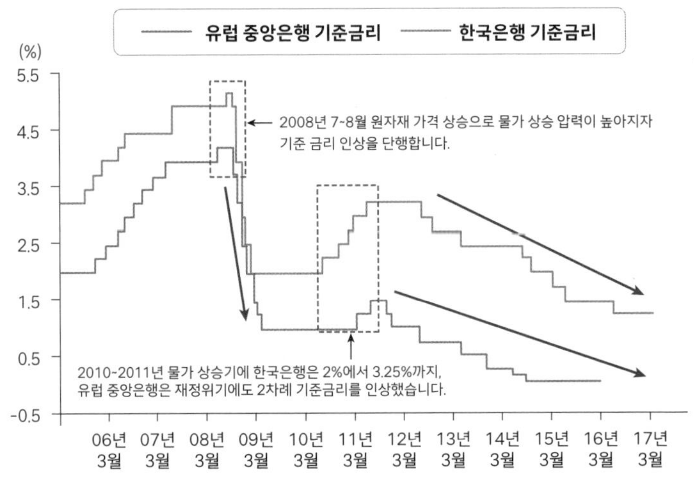

그래프 11 • **한국은행, 유럽 중앙은행 기준금리 추이 (2005년 3월~2017년 3월)**

2008년 9월은 글로벌 금융위기, 2011년 8월은 유럽 재정위기 시기였습니다. 두 개의 위기 모두 글로벌 금융시장의 성장에 큰 충격을 안겨준 이벤트였죠. 그럼에도 해당 이벤트 직전 높아지는 물가를 견제하기 위해 한국은행과 유럽 중앙은행은 기준금리 인상을 단행했습니다. 이후 성장의 둔화가 가시화되자 빠르게 금리 인하로 돌아서는 것을 확인할 수 있습니다.

성장이 둔화되고 물가 상승 압력이 높아지며 부담이 더욱 커지고 있는 상황에서 중앙은행의 긴축까지 성큼 닥쳐옵니다. 실물 경기와 금융시장이 흔들리지 않았을까요? 그러면서 2011년 8월, 당시 가장 약한 고리라고 할 수 있었던 유로존의 그리스가 먼저 무너지면서 유럽 재정 위기가 본격적으로 시작되었죠. 실물경기의 수요가 빠르게 식어가는데 원자재 가격은 하늘에 떠 있습니다. 국제 원자재 가격은 당시 고점을 기록한 이후 완만한 하락세를 보였고, 다시 올라오는 데까지 10년의 시간이 걸리게 됩니다. 주요 원자재 가격 그래프를 보면서 그 흐름을 체크해보죠.

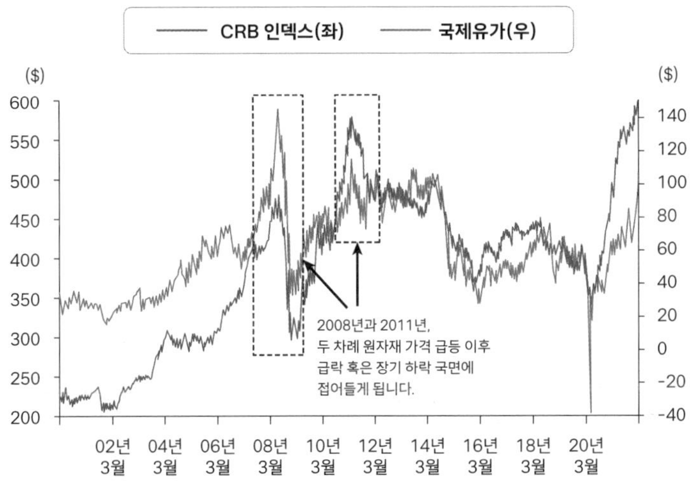

그래프 12 • **국제 원자재가 · 유가 추이 (2000년 이후)**

2008년, 2011년 글로벌 금융위기 전후 원자재시장으로의 자금 쏠림이 상당히 심했죠. 파란 선인 CRB 인덱스는 글로벌 원자재 가격을 종합적으로 나타낸 지수입니다. 2021년 하반기로 접어들면서 원자재 가격이 급등하기 이전까지 10년 이상 당시의 고점 레벨에 접근하지 못하는 모습이었죠. 국제유가 역시 2008년 중반에 배럴당 145달러를 기록한 이후 상당 기간 낮은 수준을 유지하고 있습니다. 핵심은 원자재 가격이 고점을 형성한 이후라고 보면 되는데, 2008년과 2011년의 고점 형성 후 원자재 가격이 큰 폭으로 하락한 이후 쉽게 회복하지 못하고 있음을 알 수 있죠. 원자재 가격의 과도한 상승이 실물경기에도 부정적 영향을 주기에 너무 높은 원자재 가격이 수요를 무너뜨리고, 이렇게 무너진 수요가 하늘 높이 떠 있는 원자재 가격을 끌어내리는 현상이 나타났던 겁니다.

이렇게 원자재 가격이 무너져 내린 이후 전 세계는 이른바 '저성장·저물가'의 늪에 꽤 오랜 기간 동안 빠져버렸습니다. 네, 2008년과 2011년 두 차례에 걸쳐 인플레이션 압력이 강해졌던 시기에 중앙은행들은 긴축의 칼날을 빼들었는데, 인플레이션의 강도는 과거와는 전혀 달랐죠. 마치 눈사람에 손을 댄 것처럼 눈사람이 빠르게 녹아버리면서 바로 디플레이션이라는 괴물이 나타나버린 겁니다. 원자재 가격 상승에 기인한 너무나 강한 인플레이션, 이걸 잡기 위해 과거와 같이 이를 악물고 들어가려 했더니 눈사람처럼 녹아버리는 모습을 두 차례나 목격했죠. 이런 흐름은 그다음으로 물가가 빠르게 올라왔던 2015년에도 이어지게 됩니다.

2015년 미국 금리 인상의 부작용

2015년 초부터 미국의 소비자물가 지수는 빠른 반등세를 나타냈죠. 당시 전 세계에서 유일하게 글로벌 금융위기의 파고에서 벗어나 금리 인상을 준비하고 있던 게 미국이었습니다. 미국은 성장세도 강하게 나타나고 물가 상승세도 예사롭지 않았거든요. 신흥국은 여전히 고전하고 있는 상황이었지만, 미국 경제의 회복에 초점을 맞추면서 연준이 기준금리 인상을 준비합니다. 미국 기준금리 인상은 미국 달러화 보유 시 더 많은 이자를 보상해줄 것임을 의미하죠. 달러 보유 시 더 많은 이자 보상은 달러에 대한 수요를 늘어나게 합니다. 달러 수요의 급증은 달러 강세를 촉발했겠죠. 그리고 이런 달러 강세는 신흥국 전반에 강한 부담으로 작용하게 됩니다.

신흥국들은 대부분 국내 자체에 보유하고 있는 자본이 많지 않습니다. 무언가 설비 투자를 늘려서 기계 설비를 갖추어야 제품을 생산해서 수출이라도 해볼 수 있을 텐데, 그런 설비를 사올 수 있는 돈이 없는 거죠. 그럼 이 돈을 마련하기 위해서 해외에서 돈을 빌려와야 할 겁니다. 해외에서 빌리는 돈은 결국 달러겠죠. 이렇게 빌려온 달러로 해외의 기계 설비를 사기도 하지만 상당 부분은 자국 통화로 환전해서 임금을 주거나 자체 설비 투자에 쓰게 될 겁니다. 그런데 갑자기 미국이 금리를 인상한다고 합니다. 신흥국이 수출을 하는 상황에서 가장 물건을 많이 사주는 글로벌 수요의 핵심인 미국이 금리를 인상하면 강했던 미국의 수요가 살짝 수그러들 수 있겠죠. 그럼 신흥국의 수출 성장에는 빨간 불이 들어오게 될 겁니다. 그럼 신흥국의 성장이 둔화될 수 있다는 얘기인데, 신흥국이 불안하게 되면 이들 국가에 돈을 빌려준 선진국의 은행들도 불안하기 때문에 대출을 연장해주지 않고 상환을 요구하게 되죠. 신흥국들은 당장 대출을 갚아야 하니 달러를 구해야 하는데 문제는 달러 강세 상황이라는 겁니다. 달러 가치가 크게 상승했으니 달러 채무를 갚기 위해 더 많은 자국 통화를 지불해야 빌려온 만큼의 달러를 사서 대출을 갚을 수 있겠죠. '달러 강세'라고 쓰고, '신흥국의 달러 부채 부담 증가'라고 읽으면 됩니다.

신흥국의 성장이 둔화됩니다. 그리고 달러가 강해지면서 미국의 수입 물가가 낮아지죠. 그리고 2011년 이후 나타난 저성장으로 인해 원자재 가격도 하락 일변도를 그립니다. 그럼 강하게 올라오던 물가 상승세가 주춤해지겠죠. 네, 미국 연준이 금리 인상을 예고하면서 나타난 달러 강세로 인해 물가 상승세가 주춤해진 겁니다. 주춤해지는 물가 상승세를 보면서, 그리고 위기에 접어들기 시작하는 신흥국들을 보면서 미국 연준은 금리 인상 속도를 최대한 늦추게 되죠. 인플레이션이 강하게 나타날 때 금리 인상을 준비하다가 깜짝 놀랐던 2015~2016년의 기억입니다.

2018년 미국 금리 인상 또 포기

마지막으로 2018~2019년 얘기를 해보죠. 2017년 이후 글로벌 경기가 빠른 회복 흐름을 보였고 미국 경제 역시 아주 탄탄한 성장세를 보였습니다. 그리고 과열 양상을 보이는 미국의 성장을 살짝 눌러주기 위해서, 그리고 재차 빠르게 올라오는 인플레이션의 기운을 사전에 제어하기 위해서 미국 연준은 기준금리 인상 속도를 올리기 시작했죠. 2015년에 한 차례, 그리고 2016년에 한 차례에 그쳤던 금리 인상이 2017년에는 세 차례, 그리고 2018년에는 네 차례로 늘어나게 됩니다.

그런데 문제는 2018년에 금리 인상을 네 차례 단행하면서 신흥국의 경제가 견디지 못하고 흔들리기 시작했습니다. 거기다 트럼프 당시 미국 대통령의 미·중 무역 전쟁 역시 중국을 비롯한 실물경제를 뒤흔드는 데 결정적인 영향을 미쳤죠. 신흥국 경제가 흔들리면서 미국 경제에도 부정적 영향을 미치게 됩니다. 그리고 미국의 성장세가 불안한 상황에서 과도한 금리 인상이 이어지면서 미국 금융시장 역시 휘청거리는 모습을 나타내자, 그리고 빠른 속도로 고개를 들던 미국의 인플레이션 역시 바로 고개를 숙여버리자 미국 연준은 금리 인상을 포기하고 금리 인하로 급선회합니다.

연준의 학습효과

인플레이션을 잡기 위해 호기로운 시도를 했던 연준이지만 2018년 네 차례 금리 인상을 끝으로 추가적인 금리 인상에서는 멀어질 수밖에 없었습니다. 2008년, 2011년, 2015년, 그리고 2018년의 인플레이션을 보면서 연준은 무슨 생각을 했을까요? 네, '과거의 강력하고 끈질겼던 그 인플레이션이 아니다'라는 생각을 했을 겁니다. 전반적인 경제의 체질이 약해졌기에 그에 기반해서 올라오는 인플레이션 역시 과거보다 훨씬 약한 체력을 갖고 있다는 생각을 했죠. '과거 인플레이션과 치열한 각축전을 벌였던 1980년대의 매뉴얼을 갖고 지금의 인플레이션을 상대하는 것은 다소 과도한 인플레이션 대응이다. 오히려 인플레이션 잡으려다가 경제 성장까지 훼손시켜버리는 우를 범할 수 있다'는 교훈을 얻었던 겁니다.

그러다가 코로나19 사태 이후 강하게 올라오는 인플레이션을 만났죠. 코로나19 바이러스는 아직 완전히 해결되지 않은 상태입니다. 성장의 불확실성이 남아 있는 상황에서 빠르게 올라오는 인플레이션을 잡기 위해 긴축으로 빠르게 선회했다가 혹시 2008년, 2011년, 2015년, 2018년과 비슷한 상황을 만날 수 있지 않을까요? 그래서 조금 더 신중하게 볼 필요가 있었겠죠. 그래서 '일시적 인플레이션'이라는 논리로 크게 치솟는 인플레이션에 대한 경계를 강하게 할 필요가 없음을 정당화했던 겁니다.

2000년 이후 미국의 소비자물가 지수 흐름으로 제가 언급한 기간들에 물가가 어떻게 움직이는지를 살펴보죠. 미국 연준의 기준금리 인상 및 인하 흐름도 함께 보면 이해에 도움이 될 겁니다.

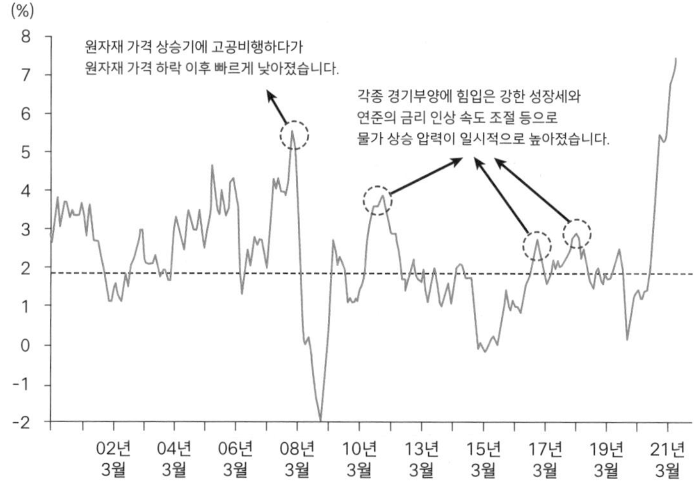

그래프 13 • 미국 소비자물가 지수 추이 (2000년 이후)

원자재 가격 급등기에 미국의 소비자물가 지수 역시 높은 수준을 기록했습니다. 그러나 이후 원자재 가격이 급락하고 실물경기 둔화 기조가 심화되자 소비자물가 지수 역시 빠르게 하락하고 있죠. 2016년 트럼프 당선 이후 과감한 재정 지출 기대감이, 그리고 2018년에는 반도체를 중심으로 한 IT섹터의 강한 성장이 일정 수준 물가 상승세를 만들었습니다. 그러나 연준의 긴축 우려가 나타나게 되면 곧바로 고개를 숙이는 모습입니다.

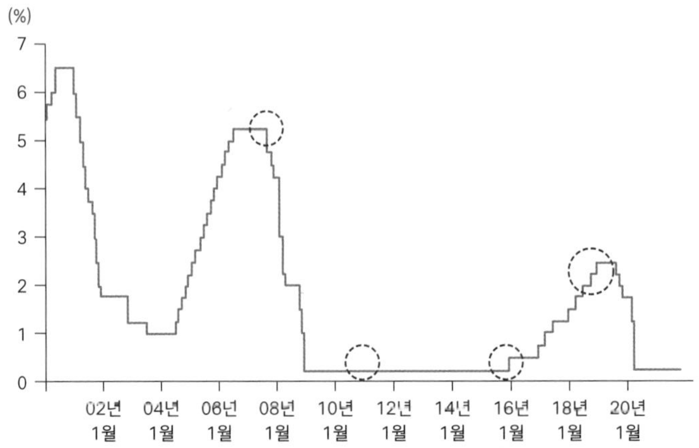

그래프 14 • **미국 기준금리 추이 (2000년 이후)**

2008년, 2011년, 2015~2016년, 2018년 특정 시점 기준금리에 표시를 해두었습니다. 모두 앞서 본 것처럼 소비자물가 지수가 고개를 들던 때였죠. 물가가 고개를 들 때에는 인상 카드를 고려하곤 했습니다. 그러나 이런 연준의 긴축 액션에 대한 우려로 인해 원자재 가격의 하락, 소비 둔화 등으로 물가 상승세가 둔화되면 바로 기준금리를 낮추거나 인상 계획을 포기하곤 했죠. 2011년 원자재 가격 급락 이후 연준은 금리 인상을 포기했고, 첫 금리 인상이 있었던 2015년 12월에는 추가 금리 인상을 크게 늦추었답니다. 2018년 4분기 금리 인상 이후 물가 상승세가 뚜렷이 둔화되려하자 2019년에는 빠르게 기준금리를 낮추게 됩니다.

이제 정리합니다. 미국 연준은 두 가지 미션을 갖고 있습니다. 탄탄한 성장을 만들어내는 것이 하나고, 물가를 안정시키는 것이 다른 하나입니다. 2021년 상반기 미국 연준은 모순적인 상황에 직면했죠. 성장은 탄탄한 듯하지만 경기부양책에 의존한 면이 강하고, 코로나19 바이러스에 대한 불안감은 여전히 남아 있는 상황이었습니다. 성장에 대한 불확실성이 강한데 물가가 빠르게 치솟는 거죠. 성장을 보면 돈을 더 풀어주면서 경기부양을 해주는 것이 맞고, 물가를 보면 지금이라도 빨리 금리를 인상하는 것이 맞습니다. 그럼 금리를 올리면서 낮추나요? 이런 난센스가 불가능하기에 연준도 선택을 할 수밖에 없었겠죠. 금융위기 이후 2008년, 2011년, 2015년, 2018년의 경험을 토대로 연준은 강하게 올라오는 인플레이션이 일시적이라고 판단합니다. 일시적이라는 단어는 실제 인플레이션이 아닌 가짜 인플레이션인 만큼 너무 진지하게 대응할 필요가 없다는 의미겠죠. 네, 바로 성장에 초점을 맞추면서 경기부양에 '올인'한 겁니다.

지금까지 물가 상승을 너무 쉽게 봤던 연준, 그런 안이한 태도를 취했던 이유에 대해서 살펴봤습니다. 연준의 속내를 살피느라 잠시 논점에서 이탈했지만, 이제 다시 본론으로 돌아와서 인플레이션이 봉인에서 풀려 강하게 튀어 오르고 있는 이유를 좀 더 살펴보겠습니다. 다음 챕터로 넘어가시죠.

07

공급망 인플레이션

O's toon

| 마지막 회 |

NEWS
정부, 강력한 경기부양 예고

이것은 분명한 기회다!
××볼펜사장님

돈 날릴 기회…
휘
엥
××볼펜
신제품
출시

없어서 못 팔 줄
알았더니…
지원금으로
볼펜 사야지
나도
나도 나도

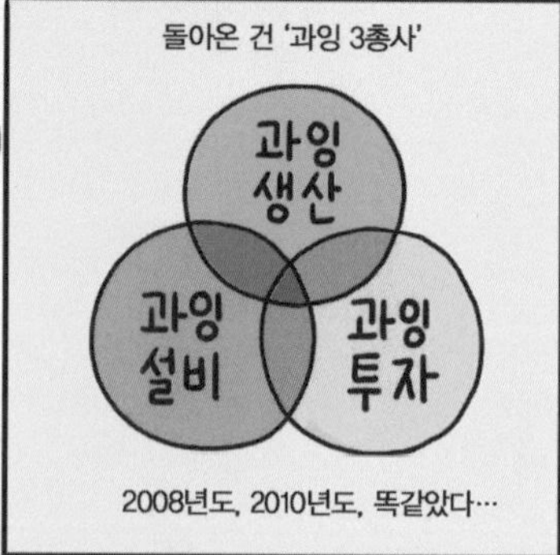
돌아온 건 '과잉 3총사'
과잉
생산
과잉
설비
과잉
투자
2008년도, 2010년도, 똑같았다…

마음 속은 이미 전쟁 중

그 동안의 부진을 한방에 털고 승승장구!
생산 라인 늘린다!

VS

또 이러다 말겠지! 그만 좀 속자!
안 늘린다

앞서 그렇게 살아나지 않던 인플레이션이 코로나19 이후의 급격한 경기 둔화 충격을 막기 위해 나선 전 세계 중앙은행(특히 연준)과 미국 행정부의 강력한 경기부양책으로 인해 깨어났다는 말을 했습니다. 그리고 이런 거대한 부양책이 인플레이션을 깨울 수 있다는 개연성이 높았음에도 불구하고 인플레이션 파수꾼인 연준은 매우 안이한 태도로 일관했죠. '절대로 적은 쳐들어오지 않을 거야'라는 안이함이 1970년대 이후 가장 강한 인플레이션으로 이어진 겁니다.

그런데 부양책만으로 이런 인플레이션이 만들어졌다고 하기에는 다소 부족한 점이 있습니다. 각종 경기부양책은 결국 수요를 자극하는 정책입니다. 사람들에게 현금을 주면서 물건을 사라고 얘기하는 거죠. 통화정책으로 돈을 뿌리게 되면 돈의 공급이 늘어나면서 돈의 값인 금리가 내려가게 됩니다. 낮아진 금리는 소비를 하기에 더 없이 좋은 환경을 만들게 되죠. 네, 재정 및 통화 정책이 소비를 크게 자극해서 물건의 수요가 많아진 겁니다. 이렇게 물가가 올라가는 측면을 설명할 수 있죠. 그런데 물건의 가격은 수요뿐 아니라 공급에 의해서도 영향을 받게 됩니다. 수요가 강하다고 해도 공급이 워낙에 탄탄하다면 물가가 오를 일이 없겠죠? 공급이 수요를 따라가지 못할 때, 수요가 과거보다 훨씬 강한데 공급이 강해진 수요를 커버해주지 못할 때 물가는 크게 상승하게 되는 겁니다. 코로나19 사태 이후 강하게 올라오고 있는 인플레이션은 공급 요인, 이른바 '공급망 이슈'에 영향을 받은 게 크죠. 이번 챕터에서는 물가가 이렇게 크게 상승한 이유로 공급 사이드의 원인을 말해보고자 합니다.

수요는 많은데 왜 팔 물건이 없을까?

공급망의 이슈라는 것은, 얼핏 보면 일시적인 문제로 보일 수가 있습니다. 수요와 공급이 있다고 가정을 해봅니다. 글로벌 금융위기 이후에는 전 세계가 저성장의 늪에서 신음했었죠. 저성장 기조 속에서 사람들은 물건을 풍요롭게 살 수 없었답니다. 중국을 중심으로 한 신흥국들의 과잉 생산으로 인해 공급은 넘치는데 수요는 부족한 상황이 이어졌죠. 수요보다 공급이 많다면 제품의 가격은 낮은 수준을 유지할 것이고, 이로 인해 전반적인 물가는 하향 압력을 받게 됩니다. 그래서 코로나19 사태 이전에는 디플레이션 압력이 컸다는 얘기를 하는 겁니다.

이제 코로나19 사태 이후를 그려봅니다. 코로나19 사태는 그렇게 부족했던 수요를 더욱더 위축시키는 결과를 낳게 되었죠. 수요의 부족으로 인해 기업들이 장사를 할 수 없다면, 가뜩이나 부채도 많은데 기업들이 매출을 늘릴 수 없다면 빚을 갚을 수 없기에 파산할 수밖에 없겠죠. 이를 해결하기 위해 연준과 미국 행정부는 강한 경기부양책을 도입하게 된 겁니다. 그리고 수요를 크게 자극하는 정책을 쓴 거죠. 금리를 낮추었고, 개인들에게 상당한 수준의 현금을 계좌에 직접 입금해주면서 소비를 할 수 있는 여력을 확보해줍니다. 계좌에 현금이 들어오게 되면 사람들은 바로 그날부터 계좌에서 돈을 찾아 소비에 나설 수 있겠죠. 워낙 많은 금액이 한꺼번에 많은 사람들에게 입금된 만큼 그 소비의 폭발은 상당한 수준이었을 겁니다. 그럼 수요가 늘어난 만큼 공급도 바로 폭발적으로 올라올 수 있을까요? 이게 쉽지 않습니다.

공급 사이드를 잠깐 생각해보면, 우선 코로나19 사태 당시 공장들이 '셧다운' 되었습니다. 그리고 많은 생산 노동자들이 일자리를 잃었죠. 그리고 코로나19로 인한 경기 침체 때문에 경기가 장기 침체에 접어들고 수요가 쪼그라들 것이라는 전망이 워낙에 강해지니 제품을 생산하기 위한 원자재의 구입 등을 모두 취소했을 겁니다. 그런데 갑자기 수요가 폭발합니다. 현금을 받은 사람들은 바로 소비에 나서면서 수요가 폭발할 텐데, 공장은 바로 공급에 나설 수가 없죠. 우선 한동안 생산을 하지 않아 녹슬어 있던 기계를 정비해야 하고, 제품을 생산하기 위한 원자재를 구해야 할 겁니다. 그리고 생산 라인이 멈추면서 해고했던 노동자들을 다시 고용해야겠죠. 그리고 단순히 고용만 해서 해결되는 것이 아니라 일정 수준의 교육 훈련을 통해 숙련도를 높여야 할 겁니다. 그래야 만족하는 수준의 제품이 생산될 수 있겠죠. 그리고 판매망도 갖춰야 하고 이 제품들을 배송해주는 유통망 역시 함께 갖춰져야 할 겁니다.

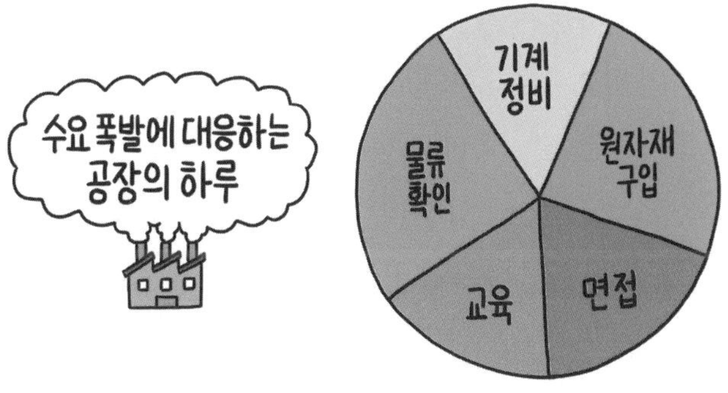

그런데요, 아래의 기사 제목들을 보면 느낌이 오시겠지만 그 어느 하나 만만한 게 없습니다. 기사 인용합니다.

— 크리스마스 선물 내년에 받을 수도… 美 덮친 '컨테이너 겟돈'
《머니투데이》, 2021. 10. 12
— 美 바다에 떠 있는 상품만 28조 원 규모… '공급망 대란 내년까지'
《뉴시스》, 2021. 10. 26

— 오미크론 번지는데… 美 의료품 공급, '물류 대란'에 최장 37일 지연 《헤럴드경제》, 2021. 12. 27

해외 완성 제품을 배에 싣고서 미국으로 운송해 들어올 때 컨테이너를 사용하죠. 그런 컨테이너 운임 비용이 크게 올랐고, 그렇게 오른 비용에도 불구하고 제대로 컨테이너 운송이 어렵다는 점을 부각시킨 단어가 바로 첫 인용 기사에서 볼 수 있는 '컨테이너겟돈'입니다. 2021년 10월 기사인데, 내용은 10월에 크리스마스 선물을 주문해도 내년에나 받을 수 있을 것 같다는 내용입니다. 그만큼 운송 대란이 심각하다는 의미겠죠.

두 번째 기사에서는 미국의 주요 항구에서 수입물품을 내리지 못하고 바다에 떠서 대기하는 상품 규모만 상당하는 내용과 함께 이를 '공급망 대란'이라는 단어로 표현하고 있습니다. 대부분의 제조업도 어려운 상황이지만 전염병으로 인해 큰 타격을 받고 있는 의료 업계에 물류 대란은 생명과 연관되는 치명적인 이슈가 되겠죠.

이런 심각한 공급망의 문제도 있지만 인력난 역시 상당합니다. 다음의 기사 제목들을 통해서 사람들이 일자리로 복귀하지 않고 있음을 확연히 알 수 있을 겁니다.

— 미 기업들 인력난 심화… 4월 구인 930만 명 '역대 최다'

《연합뉴스》, 2021. 6. 9

— 인텔 등 미 반도체 업체들 인력난에 대학생까지 고용

《파이낸셜뉴스》, 2021. 10. 5

— 코로나19 발 조기 은퇴붐에 미국 인력난 가중

《연합뉴스》, 2021. 11. 1

— 그 많던 노동자는 어디에… 美 사상 최악 인력난 왜?

《이데일리》, 2021. 10. 15

— 유럽 기업, 코로나19 인력난에 '면접비 1000유로 드릴게요'

《한국경제》, 2022. 1. 26

코로나19로 해고되었던 인력들이 쉽게 복귀를 하지 않죠. 경기부양책은 코로나19로 인해 침체에 빠졌던 수요를 되살리는 데에는 도움을 주었을지 모르지만 공급망의 개선과 인력들의 복귀에는 큰 도움을 주지 못하는 듯한 모습입니다.

사람을 고용해서 생산을 하고 유통을 시키는 과정 하나하나마다 만만치 않은 상황이라는 내용이 나옵니다. 그럼 수요가 폭발하는 속도에 비해 공급이 올라오는 속도가 훨씬 느릴 겁니다. 수요는 하늘로 튀어올라 있고, 공급은 아직 바닥에 머물러 있으면

공급이 올라오는 그 순간까지 제품의 가격은 고공 행진을 하게 되겠죠. 그게 바로 공급망 인플레이션의 핵심이 됩니다.

델타와 오미크론, 변종 바이러스가 만들어낸 공급망 교란

이렇게 공급망이 흔들리게 된 이유가 뭘까요? 정말 많은 이유들이 있을 텐데, 크게 몇 가지만 다루어봅니다. 우선 미국 중앙은행인 연준이 이에 대해 언급했던 이유가 있습니다. 바이러스가 그 핵심이라고 할 수 있죠.

바이러스가 창궐합니다. 그리고 이 바이러스가 전염이 워낙 빠르고, 생명에 치명적인 영향을 줄 수 있다는 얘기까지 나옵니다. 백신을 맞는 것도 부담스러운데, 백신을 맞았더라도 새로운 변이가 나타나면서 돌파 감염의 위험도도 상당하다고 합니다. 바이러스의 창궐은 사람의 생명과도 맞닿아 있는 이슈가 되겠죠. 지난 2021년 초부터 백신이 발표되고 전 세계적으로 백신 접종이 빠르게 진행되면서 바이러스가 어느 정도는 사라질 것이라는 부푼 기대를 갖고 있었는데, 그 이후 우리는 델타 변이와 오미크론 변이를 만나게 됩니다. 그리고 오미크론 변이는 2022년까지 이어지면서 미국을 비롯한 전 세계의 확진자 수를 사상 최대치로 몰고 갔습니다.

잠시 다른 이야기를 해볼까요. 백신 접종이 시작된 2021년 초에는 저를 포함한 많은 분들이 이제 조만간 마스크를 벗을 수 있겠다는 기대를 했습니다. 당장은 어두운 터널의 가운데에 있어서 힘들지만 저 멀리 빛이 보이는 거죠. 네, 터널의 끝이 보이기에 기대감을 키우고 힘을 낼 수 있게 해줬던 겁니다. 그런데 그 상황에서 등장한 델타 변이는 그야말로 찬물을 끼얹었죠. 그리고 델타 변이도 한 풀 꺾이면서 이제 거의 끝났다고 생각했던 2021년 4분기에는 오미크론이라는 새로운 변이가 등장한 겁니다. 그리고 확진자 수가 빠르게 늘면서 국내 확진자 수도 순식간에 1만 명을 돌파해버렸죠. 끝났다 싶었는데 델타가 나오고, 이것도 해결되었다 싶었는데 오미크론이 나오니 사람들의 자신감이 상당히 떨어지는 것만큼은 사실이었습니다. 우리는 과연 마스크를 벗을 수 있을까요? 적어도 이 책을 쓰고 있는 2022년 초에는 마스크 벗기까지 아직 더 시간이 필요한 듯 보입니다. 아마 오미크론 변이로 인한 확진자의 급증을 마주한 사람들 역시 비슷한 좌절감을 느꼈던 것 같습니다.

그럼 바이러스의 전파력이 이렇게나 강한 상황에서 사람들이 일자리에 빠르게 복귀할 수 있을까요? 네, 사람들이 일자리로 빠르게 복귀하지 않자 노동력의 부족 현상이 심해집니다. 사람은 필요한데 사람을 구할 수 없으니 임금Wage이 빠르게 상승하지 않을까요? 임금은 하방경직성이 매우 강한 자산입니다. 글로벌 금융위기 등으로 인해 주가나 국제유가, 혹은 부동산 가격은 순식간에 큰 폭으로 하락할 수 있습니다. 그렇지만 임금은 그렇지 않죠. 한번 올라가면 좀처럼 내려오기 어려운 것이 임금입니다. 그래서 고용주들이 임금을 쉽게 올려주려 하지 않는 거겠죠. 한번 올라가면 낮출 수가 없으니까요. 그럼 국제유가가 올라서 물가가 올라가는 것과, 임금이 올라서 물가가 올라가는 것은 차원이 다른 얘기가 될 겁니다. 기름값은 오를 수도 있지만 큰 폭으로 하락할 수 있죠. 원자재 가격 상승발 인플레이션일 경우는 원자재 가격이 다시 하락하면 근본적인 문제의 해결이 가능할 겁니다. 반면 임금 상승발 인플레이션이라면? 네, 쉽게 해결되기 어려운 이슈입니다.

델타와 오미크론 변이는 임금에만 영향을 준 것이 아니죠. 글로벌 공급망에 상당한 영향을 주었답니다. 2021년 중반, 미국을 중심으로 선진국의 백신 보급이 빠르게 진행되고 있을 때 백신 보급 불균형에 대한 비판 여론이 있었죠. 백신을 선진국 중심으로만 맞게 되면 경제력이 약한 신흥국들은 상대적으로 코로나19의 충격에 보다 심각하게 노출될 수 있다는 주장입니다. 신흥국에도 빠른 코로나19 백신 보급이 있어야 코로나19 사태에서 빠르게 헤어날 수 있다는 거죠. 백신 보급률이 낮은 신흥국의 경우 바이러스가 보다 장기적으로, 그리고 광범위하게 퍼지게 되고 그 과정에서 새로운 변종을 만들어냅니다. 그리고 그렇게 만들어진 새로운 변종은 다시금 선진국에도 상륙하면서 글로벌 국가들의 성장에 악영향을 미치게 되는 거죠. 델타와 오미크론이 대표적인 케이스라고 할 수 있을 겁니다.

백신 보급률이 낮으면 변종 바이러스가 생겨나는 것뿐 아니라 신흥국 경제에 매우 큰 충격을 준다는 점에서 큰 문제가 될 수 있습니다. 잠시 기사를 살펴볼까요.

— 델타 발 동남아 줄줄이 셧다운… 국내 '반도체, MLCC' 초비상 《서울경제》, 2021. 8. 3
— 베트남 락다운으로 삼성전자 타격… 호치민 공장 가동률 30%로 떨어져 《뉴스핌》, 2021. 8. 23
— '베트남 셧다운 여파 내년까지'… 의류, 신발 공급난 길어진다 《서울경제》, 2021. 11. 16

2021년 하반기 델타 변이로 인해 동남아시아 국가들이 큰 타격을 받았죠. 동남아시아 국가의 타격은 제품 생산 전반에 큰 영향을 미치게 됩니다. 전 세계의 글로벌화가 진행되면서 공급망Supply chain이라는 것이 만들어졌죠. 각각의 공정별로 혹은 제품에 들어가는 부품별로 가장 낮은 비용에 가장 좋은 품질로 생산해 내는 지역에서 생산 및 부품 조달을 하게 되는 겁니다. 그런데 만약 특정 지역에서 코로나19 사태로 인해 생산 활동이 멈추게 된다면, 적어도 그 공정은 혹은 그 지역에서 만들어야 하는 부품의 조달은 어려워지겠죠. 부품 하나, 혹은 중요한 공정 하나가 빠지게 되면 결국 완제품을 만들어내는 것이 불가능합니다. 글로벌 공급망이라는 것이 효율성은 높지만 어느 한 지역에서 문제가 생겼을 때 전체적인 생산 일정이 큰 차질을 빚는다는 것이 문제입니다. 델타 및 오미크론의 확산, 그리고 백신의 불균형적인 보급이 글로벌 공급망에는 상당한 악영향을 주고 있죠. 그리고 그 여파는 당분간 이어지면서 공급 사이드의 인플레이션 압력을 키우는 요인으로 작용할 것으로 보입니다.

참고로 백신 보급의 불균형이 신흥국 경제뿐 아니라 글로벌 인플레이션 압력을 높이는 쪽으로 작용하는 만큼 신흥국에도 백신을 보급하고자 하는 국제 사회의 움직임이 나타나고 있습니다. 관련 기사 하나 체크해봅니다.

— '개도국 등에 코로나19 백신 지원'… G20 보건장관들, '로마 협정' 채택

G20(주요 20개국) 보건장관들이 개발도상국이나 저개발국에 신종 코로나19바이러스 감염증(코로나19) 예방 백신의 지원을 늘리자는 데 합의했다. 이는 코로나19 백신이 부족한 가난한

국가들의 상황을 방치할 경우 새로운 변이 바이러스의 출현과 확산을 막을 수 없다는 우려 때문이다.

로이터통신에 따르면 이들은 지난 5~6일 이틀간 이탈리아 로마에서 열린 'G20 보건장관회의'에서 저개발국가 백신 지원 합의를 포함한 '로마 협정'을 채택했다. 이 협정은 11페이지 분량으로, 코로나19로 심각한 타격을 입은 빈국에 대한 보건·경제적 지원을 강화하고, 더 많은 백신을 지원해준다는 정치적 합의가 담겨 있다.

올해 G20 정상회의 의장국인 이탈리아의 로베르토 스페란자 보건장관은 회의 종료 후 기자회견에서 "백신 불평등 수준이 매우 심각하다"면서 "만약 우리가 현재 코로나19 백신이 부족한 가난한 국가들을 그대로 방치한다면 새로운 변이 바이러스 확산을 막지 못할 것"이라고 지적했다.

그러면서 "세계 어떤 나라도 코로나19 백신 접종에서 뒤처져서는 안 된다는 것이 우리의 강력한 메시지"라고 강조했다. 또한 다음 달 예정된 G20 재무·보건장관 합동 회의에서 이번 로마 협정에 구체적으로 언급되지 않은 빈국에 대한 경제·금융적 기여 방안에 대해 논의할 것이라고 덧붙였다.

《세계일보》, 2021. 9. 7

지난 2021년 9월 7일 델타 변이로 인해 전 세계, 특히 신흥국이 매우 힘겨워할 때 나왔던 로마 협정 관련 기사입니다. 인도주의적 관점에서 신흥국의 보건에 대해 걱정을 하는 면도 있겠지만 신흥국에서 커져버린 변이 바이러스가 다시금 선진국에도 충격을 줄 수 있다는 점 역시 함께 강조하고 있죠. 선진국만 벗어나고 신흥국은 계속해서 어려운 상황에 놓이는 상황이 이어져서는 코로나19 바이러스 사태에 대한 완전한 해결이 어렵습니다. G20 차원에서 백신 보급이 폭넓게 신흥국까지 이어지게 되면 시차를 두고 변이 바이러스 이슈가 완화될 수 있고, 이는 공급망 문제 해결에도 도움을 줄 수 있으리라 생각합니다.

이렇게 델타와 오미크론이 만들어낸 공급망 이슈가 공급 사이드 인플레이션 부활의 주요 원인 중 하나라는 점을 살펴보았습니다. 이제 다음 원인을 살펴보죠.

기업 투자의 부진

공급 사이드의 물가 상승은 폭발적으로 수요가 늘어나는 만큼 공급이 따라가지 못해서 생기는 인플레이션입니다. 이걸 해결하기 위해서는 수요가 다시 정상적인 수준(?)으로 위축이 되거나 혹은 수요가 큰 폭으로 증가하는 것을 감당할 수 있을 만큼 폭발적인 공급의 증가가 따라줘야겠죠. 이렇게만 되면 단기적으로는 수요가 공급을 크게 앞서면서 물가 상승 압력이 강해지겠지만, 시차를 두고 공급이 크게 증가하면 올라버린 물가를 잡아 내리게 될 겁니다. 코로나19 사태 이후 미국 행정부에서는 강력한 재정 정책을 통해 개인들에게 상당한 수준의 현금을 지급했고 연준은 무제한 양적완화를 통해 실물경제에 상당히 낮은 저금리 여건을 조성해주었죠. 이로 인해 수요가 폭발적으로 증가하게 되면서 역설적으로 과거 이어져왔던 소비의 성장세보다 코로나19 이후의 소비 성장이 훨씬 더 강해지게 된 겁니다. 앞서 본 그래프인데, 미국의 개인소비지출 총액이 어떻게 증가해왔는지를 보여주는 그래프입니다. 앞서는 2012년 이후의 흐름을 살펴봤는데요, 이번에는 2000년 초부터 최근까지 장기 흐름을 체크해보죠.

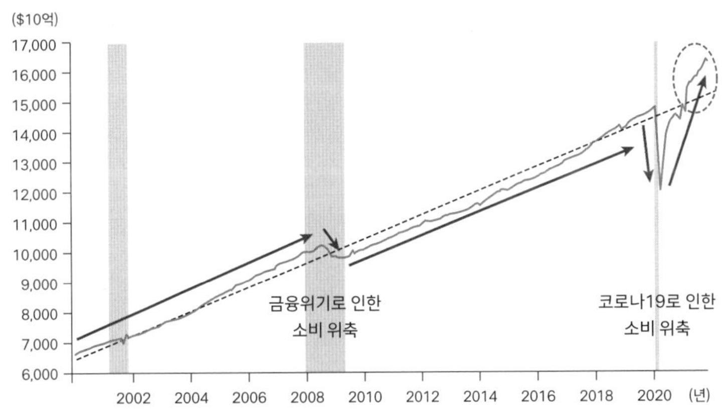

그래프 15 • **미국 소비지출 추이 (2000년 이후)**

금융위기 이전이었던 2000년부터의 미국 소비 흐름을 다시 한번 살펴보겠습니다. 2000년대 들어서도 금융위기 이전까지의 소비는 탄탄한 편이었습니다. 그러나 금융위기 때 한 계단 낮아진 이후, 보다 낮은 기울기로 소비가 증가하고 있음을 알 수 있죠. 코로나19 사태로 인해 크게 주저앉은 미국의 소비 추세는 강력한 부양책에 힘입어 매우 높은 수준으로 올라섰습니다. 2000년부터의 꾸준한 추세를 훨씬 넘어서는 레벨의 소비가 이루어진 것이죠. 그리고 소비 폭발 속도는 금융위기 이전보다도 훨씬 강했습니다.

그래프 중간중간에 두꺼운 회색 선이 있는데, 경기 침체 시기를 이렇게 회색 기둥으로 표시하곤 합니다. 그래프 중간에 보면 2008~2009년 사이에 두꺼운 회색 선이 그어져 있죠. 글로벌 금융위기 당시를 보여줍니다. 2020년 3월에도 두께는 얇지만 회색 선이 하나 보이죠? 네, 코로나19 사태로 인한 경기 침체를 의미합니다. 금융위기를 거치면서 개인들의 소비가 크게 줄었던 것을 확인할 수 있죠. 이후 꾸준히 증가하다가 2020년 3월에 큰 폭으로 주저앉는 모습입니다.

이 그래프를 살펴본 이유는, 코로나19 이후의 소비 증가가 얼마나 가파른 속도로 이루어졌는지를 보여주기 위함입니다. 검은색 점선을 통해 보면 2000년부터 글로벌 금융위기가 있던 2008년까지의 소비 증가 추세와 2010년부터 코로나19 사태 직전까지의 소비 증가 추세는 외견상으로는 비슷해 보이죠. 그런데 코로나19 이후의 소비 증가 추세선의 기울기는 다른 시기의 추세선보다 훨씬 가파릅니다. 네, 소비의 크기가 증가한 것도 중요하지만 소비의 증가 속도 역시 기존과는 비교할 수 없을 정도로 빨랐던 겁니다. 소비가 폭발적으로 늘어난 만큼, 즉 미국의 수요가 크게 증가한 만큼 기존보다 훨씬 많은 양의 공급이 보다 빠른 속도로 쏟아져 나와야 하는데 그게 쉽지 않았던 거죠.

'그래도 시차를 두고 기업들이 공급을 늘리면 되지 않을까' 라는 생각을 할 수 있는데, 연준 역시 비슷한 생각을 했었답니다. 시간의 문제일 뿐이지 폭발적 수요를 공급이 금방 따라가줄 것이라고요. 그런데 이게 생각처럼 되지 않은 게 문제였습니다. 왜 그런지 사례를 들어서 설명해보죠.

홍길동은 볼펜 생산업자입니다. 꽤 오랜 기간 동안 볼펜을 생산해왔죠. 그런데 2008년도 글로벌 금융위기 이후에는 만성적인 불황이 찾아오면서 볼펜에 대한 수요가 크게 줄었습니다. 중간중간 뉴스에서 강한 경기부양책 얘기가 나올 때에는 잠시 볼펜을 사려는 수요가 크게 늘어나다가 쪼그라들고, 경기부양을 재개한다는 얘기가 또 나오면 수요가 크게 늘어나다가 다시금 쪼그라들고를 반복했던 거죠. 홍길동은 이것 때문에 몇 차례 홍역을 치루었는데, 단기적인 경기부양책에 힘입어 수요가 늘어날 때 생산 라인을 확대하면서 따라갔기 때문입니다. 네, 기업 투자를 늘려서 생산 라인을 확충하고 볼펜 생산을 크게 늘린 거죠. 그런데 경기부양책의 약발이 떨어질 때마다 수요가 줄어듭니다. 볼펜 생산은 늘렸는데, 볼펜의 수요는 원위치로 돌아오면 이미 생산해버린 볼

펜들은 이른바 '과잉 생산'의 산물이 되겠죠. 그리고 늘려버린 생산 라인은 '과잉 설비'가 되는 것이고요. 이런 상황에서 돈을 빌려서 투자를 했으니 '과잉 투자'가 되어버린 겁니다. 이렇게 몇 차례 홍역을 치르면서 홍길동은 수차례 좌절을 경험했습니다.

그러던 어느 날 홍길동이 생산하던 볼펜이 큰 인기를 끌기 시작한 겁니다. 대박 드라마의 주인공이 그 볼펜을 심벌처럼 갖고 다니는 거죠. 드라마의 성공과 맞물려 너도 나도 그 볼펜을 사고자 합니다. 홍길동에게 전화가 옵니다. 빨리 생산 라인을 늘려서 볼펜 공급을 확대하라고요. 그렇게 해서 볼펜을 많이 팔면 돈을 많이 벌게 되니, 그동안의 부진을 한 방에 만회할 수 있는 기회라는 얘기까지 들었습니다. 자, 여러분이 홍길동이라면 어떻게 할까

요? 그동안 홍길동은 배운 게 있습니다. 일시적으로 수요가 폭발하는 것에 따라서 엄하게 투자를 늘리면 낭패를 본다. 이게 핵심이죠. 이번 수요 폭발은 다를까요? 어떻게 하면 좋을지 답이 나오지 않아 홍길동은 친구 이 도령에게 전화를 해서 물어봅니다. 어떻게 하면 좋겠냐고요. 이 도령이 여기서 이런 명언을 남기죠.

"그 드라마, 다음 주에 끝나!"

자, 이제 다시 한번 여쭤보겠습니다. 여러분이 홍길동이라면 어떤 선택을 하겠습니까? 다음 주에 끝날 대박 드라마, 그걸 알면서도 지금 생산을 늘리는 것이 맞을까요? 그런데 혹시 모르죠. 드라마가 끝나도 볼펜의 인기는 계속될 수도 있는 거잖아요? 누구도 답을 줄 수 없는 불확실한 상황입니다. 여기서는 보통 홍길동이 겪어왔던 과거의 경험이 의사 결정에 영향을 주곤 합니다. 네, 워낙 오랜 시간 동안 불경기를 겪으면서, 수차례 일시적인 수요 폭발을 따라 생산 라인을 늘리다가 고생했던 트라우마가 있는 만큼 과감하게 생산을 늘리긴 쉽지 않을 겁니다.

갑자기 왜 홍길동 얘기를 했을까요? 홍길동이 느끼는 수요의 폭발이 어쩌면 지금의 글로벌 제조업 기업들이 느끼는 수요의 폭발과 비슷한 것 아닌가 하는 생각을 했기 때문입니다. 글로벌 금융위기 이후 만성적인 수요 부족으로 인해 글로벌 제조업은 상당히 어려운 시기를 보냈었죠. 중간중간 경기부양책에 힘입어 제조업 수요가 개선되는 시기는 있었지만 전반적으로는 저성장 기조에서 쉽게 벗어나지 못했습니다.

그런 경험을 2008년부터 10여 년 겪게 되면 과연 지금, 코로나19 이후의 수요 폭발에 대해 과감하고 신속한 생산 라인 확대로 대응할 수 있을까요? 여전히 코로나19로 인한 불확실성이 남아 있고, 단기적인 경기부양책이 워낙 강하게 쏟아진 만큼 추가 부양책이 나오지 않는다면 지금의 수요 폭발도 일시적일 수 있다는 생각을 하게 되겠죠. 그리고 무엇보다 사람 구하기가 어렵고, 원자재 사오는 데도 과거보다 더욱 많은 비용을 지불해야 합니다. 과감한 생산 라인 증가를 자극하기에는 기업들이 겪어온 과거가, 그리고 생산을 위한 노동력과 원료 수급 등의 주변 여건이 우호적이지만은 않습니다.

다시 돌아갑니다. 수요와 공급이 있습니다. 기존에는 수요가 약하다가 코로나19 사태 직후 수요가 폭발적으로 늘어났죠. 그럼 약간의 시차를 두고 공급이 빠르게 따라가야 합니다. 그런데 이게 단순히 시간의 문제일까요? 어쩌면 트라우마로 인해 공급이 빠르게 따라가지 못할 수도 있고, 필요한 만큼 설비 투자가 늘어나지 않을 수도 있을 겁니다. 네, 수요가 늘어난 속도와 수량을 공급이 빠르게, 그리고 충분하게 커버하는 데 시간이 생각보다 많이 소요될 수 있죠. 이렇게 되면 수요 폭발과 공급 부족으로 인한 인플레이션 압력이 생각보다 더 오랜 기간 이어질 수 있습니다.

기업 투자의 부진을 두 번째 공급 사이드의 물가 상승 원인으로 설명해봤습니다.

경기부양책 따라 자산 가격 급등

코로나19 사태 이후 미국 중앙은행인 연준은 무제한 양적완화를 통해 이른바 적극적인 돈 풀기를 했습니다. 이렇게 풀린 돈은 실물경제보다는 자산시장으로 흘러들었고 주식 및 부동산을 비롯한 대부분의 자산 가격은 큰 폭으로 상승했습니다. 일반적으로 주가는 경기가 좋을 때 오르곤 하죠. 그런데 경기가 좋지 않아도 연준이 돈을 풀어주기 때문에, 무제한 양적완화를 통해 자산시장에 자금을 공급해주기 때문에 주가가 상승했던 겁니다. 그럼 경기가 좋아도 주가는 오르고, 경기가 좋지 않아도 주가는 오르네요. 그럼 주가는 언제 떨어지는 걸까요? 계속해서 오를 수 있는 것 아닌가요? 적어도 연준이 힘겨울 때마다 계속해서 돈을 풀어준다면 말입니다. 글로벌 금융위기 이후 10년이 넘는 기간 동안 연준은 상당 기간 금리를 0%(제로금리)로 유지해왔고, 수차례 양적완화를 통해 돈 풀기를 지속해왔습니다.

글로벌 금융위기 당시인 2008년 0퍼센트로 내려온 이후 미국의 금리가 인상된 기간은 그리 길지 않습니다. 대부분 제로금리 수준, 혹은 높아봐야 2퍼센트밖에 오르지 못하는, 과거보다는 훨씬 낮은 수준의 금리를 나타냈었죠. 그리고 연준의 총자산은 꾸준히 증가했습니다. 연준이 장기국채를 사들이면서 그 대가로 시중에 유동성을 풀어준 거죠. 이렇게 적극적인 유동성 공급을 해준 이유는 무엇이었을까요? 간단합니다. 저성장에서 빠져나오기 위한 몸부림이었죠. 저성장에서 빠져나오기 위해서는 소비가 늘어나야 합니다. 그리고 그런 소비에 부홍해서 기업들이 투자를 늘려야 하고, 투자가 늘어나면서 고용이 확대되고 임금이 오르면서 개인의 소득이 늘어나고, 이렇게 늘어난 소득으로 소비를 늘리고, 늘어난 소비에 부홍해서 기업들이 투자를 늘리고, 고용이 확대되고, 임금이 오르고, 개인의 소득이 늘어나고……. 여기까지 하겠습니다.

글로벌 금융위기 이후 경제 성장세가 워낙에 연약했기에 글로벌 금융시장이 크게 흔들리게 된다면 당연히 실물경기의 침체 가능성 역시 상당히 높아지게 되겠죠. 연준은 금융시장의 부진으로 인해 성장 둔화 압력이 높아지는 것을 좌시하지 않았답니다. 자산시장이 흔들릴 때에는 언제든지 적극적인 양적완화 등의 유동성 공급 정책으로 대응에 나섰죠. 2008년 금융위기로 인해 금융시장이 녹아내릴 때 제로금리와 함께 사상 최초로 양적완화를 도입했죠. 2010년 그리스 위기로 주식시장이 흔들릴 때에는 2차 양적완화를, 유럽 재정위기로 신음하던 2012년에는 3차 양적완화 카드를 썼습니다. 2015년 금리 인상을 예고하면서 금융시장이 흔들리자 금리 인상을 상당 기간 미루는 결정을 내렸었고, 2019년에는 수차례 금리 인상으로 금융시장이 무너지자 금리 인하를 발표하면서 금융시장의 불안감을 진압하는 데 최선을 다했죠.

이런 흐름은 코로나19 사태 직후 더욱 강해졌습니다. 코로나19 사태로 인해 전 세계 자산시장이 급락세를 보이자 연준은 무제한 양적완화를 통해 자산 가격을 끌어올립니다. 그리고 자산 가격이 코로나19 이전 레벨을 회복했음에도 계속해서 돈 풀기를 이어갔죠. 그럼 투자자들은 어떤 생각을 갖게 될까요? 네, '연준은 주식시장이 무너지는 것을 원하지 않는다'라는 사실을 금융위기 이후의 경험을 통해서 배우게 된 겁니다. 오히려 주가가 하락할 때에는 연준이 도와줄 것이기에 일부러 주식을 사는 이른바 'Buy the Dip(밀리면 사라)' 투자가 쉽게 돈을 버는 방법이라는 인식을 갖게 되었죠. 이렇게 되면 일정 수준 주가가 하락하면 시장 참여자들은 자동적으로 '연준이 조만간 도와주러 오겠군!'이라는 생각을 하면서 연준의 부양책이 시작되기 전부터 주식을 사들이기 시작하는 겁니다. 그럼 주가가 큰 폭으로 하락할 일은 없는 거죠. 그리고 장기간 주식시장에서 코로나19 사태와 같은 이례적인 상황을 제외하면 큰 폭의 급락이 나오지 않았던 만큼 주식시장에 일정 기간 이상 투자하면 손해 볼 일 없다는 인식이 강해지게 됩니다. 그리고 앞서 말한 것처럼 '떨어지면 싸게 살 수 있는 좋은 기회'라는 일종의 법칙도 생겨나게 된 거죠.

퇴사하는 직장인 - 주식, 코인에 몰빵

홍길동은 미국인이자 회사원입니다. 고액 연봉은 아니지만 그래도 상당 기간 회사에서 근무를 했기 때문에 회사 생활에 익숙해져 있죠. 그런데 어느 날 홍길동이 회사를 그만두겠다고 말합니다. 무슨 일을 하려고 회사를 그만두려 하느냐라는 질문에 홍길동은 회사를 그만두고 주식 투자를 하겠다고 말하죠. 물론 조언을 해주는 사람마다 다른 얘기가 나올 수는 있습니다만, '일반적으로는 주식 투자를 전업으로 하는 것은 위험하다'라는 조언을 하는 사람들이 대부분일 겁니다. 왜 이런 조언을 해주는 걸까요?

네, 월급은 매월 꼬박 꼬박 안정적으로 들어오는 데 반해 주가는 큰 폭으로 상승할 가능성도 있지만 크게 무너질 가능성도 있습니다. 그래서 주식 초보인 홍길동에게 전업 투자를 권하기 어려울 겁니다.

그런데 홍길동이 이런 반론을 합니다. "연준이 주가 하락을 막아줄 거야!" 아주 중요한 발언입니다. 주식 투자가 불안한 이유는 주가가 언제 어느 정도로 하락할지 알 수가 없기 때문이죠. 그런데 연준이 지켜주기에 주식 투자로 손해볼 일은 없다고 말하는 겁니다. 실제 미국 대표 500개 주식 종목을 모아놓은 S&P500 지수의 지난 10여 년 동안의 흐름은 상승 일변도였죠. 꾸준히 안정적으로, 그리고 코로나19 이후에 강하게 상승한 만큼 주식에 투자를 해놓으면 월급 이상의 수익을 편하게 낼 수 있다는 생각을 한 겁니다. 그래서 홍길동은 말하죠. 미국 대형주에 장기 투자하는 주식 전업 투자자가 되겠다고요. 막무가내라기보다는 무언가 생각이 있는 것처럼 보이는 홍길동의 반론에 잠시 무슨 답을 해줘야 할지 잊어버리게 되네요.

실제로 홍길동만 이런 생각을 하는 것이 아니라는 점이 더 큰 문제입니다. 홍길동이 보유한 주식만 오른 것이 아니죠. 수많은 미국인들이 보유한 주식과 부동산의 가격이 크게 상승했습니다. 부동산 가격이 부쩍 오르고, 연금 계좌에 넣어둔 주식의 가격이 크게 상승해서 볼 때마다 흐뭇하다면 굳이 낮은 임금을 받으면서 직장 생활을 하고 싶을까요? 네, 강한 자산 가격 부양책의 영향으로 자산 가격은 큰 폭으로 상승세를 보였고, 그 여파로 사람들은 노동 시장을 떠나게 됩니다. 그런 상황에서 수요가 폭발하게 되면 노동력 부족 현상은 더욱더 심화되겠죠. 사람 구하기가 어려워지는 만큼 임금은 빠른 속도로 상승할 겁니다. 그러나 임금 상승률이 높더라도 자산 가격의 상승률이 훨씬 더 빠르고 크다면 사람들은 좀처럼 일자리로 복귀하지 않으려 하겠죠.

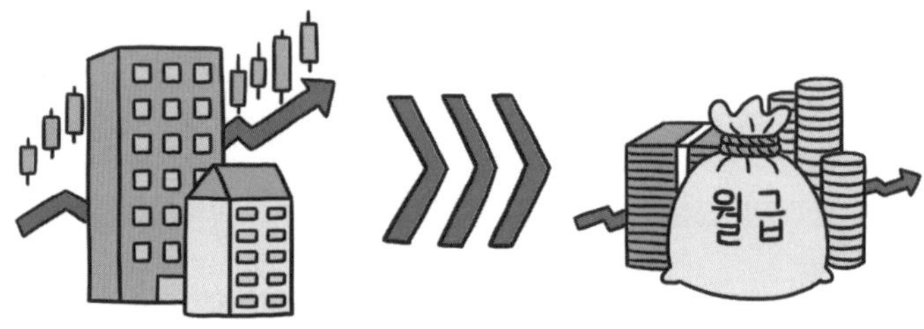

최근 미국 경제에서 가장 큰 이슈 중 하나가 자발적으로 퇴사를 하는 사람들이 너무 많았다는 겁니다. 바이러스로 인한 보건상의 이슈도 있겠지만 자산 가격의 상승으로 이미 상당 수준의 수익을 달성한 사람들, 그리고 회사를 그만두고 전업 투자를 통해 직장 생활을 하며 받는 급여보다 더 높은 수익을 기대하며 떠나는 사람들이 섞이면서 이른바 '대퇴사 현상The Great Resignation'이 보다 심화된 듯합니다. 홍길동의 케이스와 그에 대한 부연 설명을 바탕으로 다음의 기사들을 꼼꼼히 읽어볼까요.

지난해 미국에서 거대한 퇴사 행렬이 이어진 가운데, 올해도 당분간 근로자들의 이탈 현상이 계속될 것이라는 조사 결과가 나왔다. 3일(현지시간) 폭스 비즈니스에 따르면, 글로벌 금융회사 피델리티 인베스트먼트가 2021년 말 전 연령대의 취업자를 대상으로 연례 재무 조사를 시행한 결과, 응답자 중 39퍼센트가 올해 새로운 일자리를 얻을 계획을 하는 것으로 나타났다. (중략) 미 노동부에 따르면, 지난해 초부터 10월까지 약 3900만 명이 퇴사해 집계가 시작된 2000년 이후 최고치를 기록했다. 21년 만에 가장 많은 이들이 스스로 회사를 떠난 것이다. 신종 코로나19바이러스 감염증(코로나19) 확산 이후 연방 정부의 역대급 돈 풀기로 주식, 부동산 등 자산 가격이 폭등하면서 노동 의욕이 떨어진 것도 역대급 퇴사 행렬의 주요 원인으로 꼽힌다. 이번 연구 결과에서도 미국인의 72퍼센트는 올해 재정적으로 더 나아질 것으로 확신하는 것으로 나타났다. 이 같은 높은 응답률은 지난해 연간 조사에서의 결과와 같은 수치다. **《연합인포맥스》, 2022. 1. 4**

미국에서 2000년 이후 가장 많은 사람들이 퇴사를 했다는 뉴스죠. 2000년은 미국 IT버블이 정점에 달했던 해였습니다. 자산 가격의 상승으로 기존 직장의 급여에 대한 만족도가 낮아지면서 나타난 현상이라고 할 수 있을 겁니다. 인용된 기사의 마지막 문단을 보면, 실제로 자산 가격의 급등으로 인해 노동 의욕이 떨어졌다는 얘기가 나오죠. 재정 상태가 자산 가격 상승으로 인해 양호해졌다면 굳이 오미크론 바이러스를 무릅쓰고 낮은 임금을 받기 위해 직장 생활을 이어갈 이유가 없을 겁니다. 가격 급등을 보다 직접적으로 설명해주는 자산이 있죠.

미국 리서치 업체 시빅사이언스가 발표한 통계 조사 결과를 보면 암호화폐 가격이 상승해서 직장을 떠난 사람들이 상당하다고 나옵니다. 그리고 저소득층이 암호화폐 투자에 관심을 보이면서 보다 많이 직장을 떠났다는 결과도 있습니다. 급여 소득 대비 암호화폐 수익률이 월등히 높다면 상대적으로 근로 의욕이 줄어들 수 있겠죠. 앞서 했던 홍길동의 이야기가 현실에서 일어나지 않는 소설 같은 얘기는 아니라는 의미가 아닐까요? 네, 자산 가격의 상승은 근로 의욕의 감소와 연계되면서 노동력의 공급을 줄이게 됩니다.

자, 다시 연준의 경기부양책으로 돌아옵니다. 연준의 경기부양책, 특히 양적완화는 자산 가격의 상승을 이끌어내죠. 자산 가격이 상승하면서 개인들은 소비를 늘리게 됩니다. 경기가 좋지 않아도 보유한 자산 가격이 오르면 나름 소비를 늘릴 수 있는 자신감이 생겨나겠죠. 그럼 소비가 증가하면서 기업들이 생산을 늘리

고자 합니다. 그리고 그 일환으로 고용을 늘리고자 하는데 일을 하려는 사람들이 사라져버리는 거죠. 그럼 임금이 폭등하게 되면서 물가가 오르는, 인플레이션이라는 괴물을 자극하는 뜻하지 않은 결과를 만들어버리게 되는 거죠.

제가 의학 쪽은 문외한이지만 굳이 비유를 하자면 연준의 양적완화는 '진통제'와 같은 처방이라고 생각합니다. 진통제는 정말 아플 때 그 순간을 참고 견디기 위해 필요한 것이지 근본을 치료하는 약은 아니죠. 그런 진통제를 10년 이상 계속해서 복용하고 있는 겁니다. 그럼 수많은 부작용들을 만들어내지 않을까요? 공급 사이드의 인플레이션이 촉발된 요인으로 저는 바이러스로 인한 보건의 이슈, 수요 폭발에 대한 기업들의 소극적인 대응, 마지막으로 과도한 통화 완화 정책의 부작용을 꼽아봤습니다.

여기까지 정리하겠습니다. 수요 측면에서 강력한 경기부양책과 연준의 안이함이 역대급 수요의 폭발을 만들어냈다면, 공급 측면에서는 바이러스와 저성장의 트라우마로 인해 낮아진 기업들의 생산력, 그리고 연준의 정책으로 급격하게 상승한 자산 가격이 노동력의 부족을, 그리고 임금의 상승을 만들어내고 있습니다. 수요의 폭증과 공급 부족, 임금의 상승. 이 세 가지가 버무려진 결과가 지금 보는 것과 같은 40년 만의 가장 빠르고 높은 인플레이션입니다.

인플레이션이라는 지니가 호리병에서 왜 탈출했는지에 대한 이야기를 쉴 새 없이 이어왔네요. 지금까지 인플레이션 현상에 대

한 원인을 깊이 있게 파악해봤습니다. 다음 챕터에서는 이렇게 일방적으로 튀어 오른 인플레이션에 대해 인플레이션의 유일한 파수꾼이라는 연준이 어떤 반격을 하게 될지, 그리고 그런 대응에 따라 인플레이션이 어떻게 흘러갈지 이어가겠습니다. 살짝 힌트를 드릴게요. 결자해지라고 하죠? 이렇게 강한 인플레이션을 만들어낸 책임의 상당 부분이 연준에 있는 만큼 이들의 행보가 인플레이션 문제 해결의 실마리가 되어주리라 생각합니다.

08

연준과 공급망의 변화

O's toon

ㅣ선택의 기로ㅣ

날 죽이면 성장도 죽는다!
휙!
물가
경제 성장
오들 오들
잠...잠깐!
연준

선택의 기로에 선 연준
연준
물가를 봐준다
물가를 잡는다
"봐줄 테니 성장을 놔줘!"
더 큰 인플레이션
역시 별거 없군…
안녕 난 또 올라간다~
"더 이상은 봐주지 않아!"
진짜 쐈어…!
헐~
경제 성장
물가

연준은 성장 극대화와 물가 안정의 두 가지 미션을 갖고 있습니다. 평상시에는 크게 문제가 되지 않습니다. 성장이 강할 때에는 물가도 상승하는 인플레이션 현상이 강해지곤 하기 때문입니다. 그럼 성장 과열도 식힐 겸, 그리고 물가 안정도 꾀할 겸 금리를 인상하거나 풀어놓은 유동성을 회수하는 정책을 쓸 수가 있습니다. 성장이 둔화되는 국면에서도 마찬가지죠. 성장 둔화기에는 실물경제 수요의 감소로 인해 물가가 하락하는 현상이 나타납니다. 그럼 성장 둔화도 막고 경기도 부양할 겸, 그리고 물가의 하락으로 인해 디플레이션 압력이 커지는 것도 막을 겸 해서 금리 인하를 하거나 시중에 유동성을 풀어주는 정책을 쓰곤 합니다.

그런데 성장과 물가가 서로 어긋나는 경우들이 가끔 일어납니다. 코로나19 이후 2021년이 대표적인 케이스라고 할 수 있죠. 경기부양의 효과로 강한 상승세를 보이던 성장이 다소 둔화세를 보이는 데 반해 물가는 큰 폭의 상승세를 보인 겁니다. 음, 다소 논란의 여지가 있을 듯해서 부연 설명을 좀 하고 가죠. 성장이 다소 주춤해졌다는 의미이지 성장 자체가 완전히 저성장으로 주저앉았다는 얘기는 아닙니다. 과거와 비교했을 때 2021~2022년 미국 경제의 성장세는 상당히 탄탄한 편입니다. 그렇지만 그렇게 강한 성장이 다소 둔화되는 흐름을 보이고 있다는 점, 코로나19로 인한 보건의 위기가 완전히 해결된 게 아니라는 점, 그리고 강한 경기부양에 의해서 성장이 일시적으로 더욱 강하게 나타날 가능성이 있다는 점, 그리고 금융위기 이후 현재까지 저성장의 늪에 빠져 있었기에 언제든지 충격이 가해지면 다시금 저성장의 늪에 빠질 수 있다는 점을 감안했을 때 성장에 대한 확신이 약해지고 있다는 것만은 사실이라고 할 수 있습니다.

성장 둔화 국면에서 물가는 전례 없는 상승세를 이어갑니다. 그렇지만 2021년 상반기에 연준은 물가보다 성장에 초점을 맞추었습니다. 코로나19 이후 강한 회복세를 보이기는 했지만 여전히 미덥지 않은 거죠. 과거에도 성장하는 듯해서 경기부양책을 조금 줄였더니 푸욱 주저앉는 상황을 수차례 겪었으니 현재 성장이 강하게 나오더라도 경기부양의 고삐를 늦춰서는 안 된다는 생각을 한 겁니다. 반대편에서 강하게 올라오는 물가를 제압할 필요도 있었지만 과거의 경험을 미루어 보았을 때 조금만 긴축을 하면 눈 녹듯 녹아내릴 것 같기에 '일시적' 물가 상승이라고 말하면서 애써 외면했던 겁니다. 성장 둔화를 제어하기 위해서는 돈을 풀어주는 정책을 써야 합니다. 물가 상승을 막기 위해서는 반대로 돈을 회수하는 정책을 써야 합니다. 성장이 둔화되는데 물가가 오르면 돈을 풀어주면서 빨아들이는…… 정말 이상한 정책을 써야 하겠죠. 하지만 이런 정책은 없으니 연준이 모순적인 상황에 처하게 되는 겁니다. 그리고 연준은 물가 상승 쪽, 즉 인플레이션을 일시적이라고 말하면서 성장에 집중했습니다. 전례 없는 돈 풀기를 이어갔고, 금리 인상까지는 여전히 멀었다는 코멘트를 연일 반복했습니다.

그런데 이렇게 안이한 연준의 태도와 여러 가지 인플레이션을 자극할 수 있는 이슈들이 복합적으로 겹치면서 물가가 큰 폭으로 상승하기 시작합니다. 물가 상승세를 일시적이라고 치부하기에는 어려운 상황이 된 겁니다. 물가를 잡는 유일한 파수꾼인 연준이 이 상황에서도 인플레이션을 일시적이라고 말하면서 돈 풀기를 이어간다면, 연준이 물가를 잡으려는 의지가 있는 거냐는 불신을 살 수 있겠죠. 이러한 불신은 '아무도 제어하지 않는 인플레이션'이라는 인식을 강화시키면서 인플레이션을 보다 강하게 만들 수 있습니다. 상황이 달라졌습니다. 이제 인플레이션을 잡기 위해 나서야겠죠.

크게 오른 물가는 미국의 성장에도 악영향을 주고 있습니다. 일단 물가 상승에 따른 부담감에 미국인들의 소비 심리가 빠르게

냉각되었습니다. 또 임금이 상승했지만 물가 상승률이 워낙 높아서, 이를 감안하면 오히려 실질적으로는 마이너스 임금인 거죠. 주식이나 부동산 등의 자산을 보유해서 자산 가격의 급등을 경험한 사람들은 상대적으로 덜하겠지만, 이런 규모 있는 자산을 보유하지 않은 미국 서민들 입장에서 이렇게 강한 물가 상승은 거대한 부담으로 다가온 겁니다. 그럼 연준은 다시 새로운 선택을 해야 하죠.

그런데 선택이 어려운 이유는 성장 둔화 우려가 강해지고 있는 반면 물가는 40년 만에 최고 수준으로 오르고 있기 때문입니다. 성장을 보면 여전히 금리를 낮게 유지하고 돈을 풀어줘야 하고, 물가를 보면 바로 금리 인상에 나서면서 강하게 돈줄을 죄어야 합니다. 2021년에는 물가 상승에다가 '일시적'이라는 꼬리표를 붙여줬지만 지금도 그렇게 하기에는 부담이 매우 커졌습니다.

물가 VS. 성장, 연준의 선택은?

양쪽 전선에서 서로 다른 성격의 적이 쳐들어왔을 때, 금리를 올리면서 내리는, 말도 안 되는 정책을 남발하며 우왕좌왕하면 물가를 잡는 유일한 파수꾼인 연준에 대한 신뢰가 더욱 크게 무너질 겁니다. 이런 경우에는 어느 한쪽을 신속히 제압하고 다른 쪽에 전력을 집중하는 것이 맞겠죠. 동부 전선과 서부 전선 양쪽으로 쳐들어오는 적을 상대하려고 전력을 분산하는 것보다는 한쪽 적을 신속히 무너뜨리고 전력을 다해 다른 쪽 전선을 제압하는, 2차 대전 당시 독일의 전략과 비슷한 대응을 하는 겁니다.

그럼 여기서 연준은 선택을 강요받죠. 성장 둔화와 물가 상승 중에 어느 쪽을 먼저 제압할지 선택해야 합니다. 답은 이미 나왔죠. 네, 물가 상승을 먼저 제압하고자 합니다. 성장 둔화는 글로벌 금융위기 이후 10년 이상의 기간 동안 정말 지루한 장기전을 하면서 상대해왔죠. 그런데 아직까지도 저성장의 늪에서 벗어났다고 하기에는, 승리했다고 선언하기에는 많이 부족합니다. 그리고 성장을 부양하기 위해서는 금리 인하가 필요한데, 미국 기준금리는 사상 최저 수준으로 내려와 있었죠. 또 코로나19 이후에 워낙 많은 돈을 풀어버려 돈을 더 풀 수 있는 여력이 많지는 않습니다.

그런데 물가 상승은 성격이 좀 다릅니다. 물론 40년 만에 최고치로 치솟으면서 강한 흐름을 보이고 있지만 2008년과 2011년에 상대해본 만큼, 저성장처럼 절망적인 장기 참호전을 해야 할 정도의 강적은 아닌 것으로 생각될 겁니다. 하나 더, 물가를 잡기 위해 올릴 수 있는 금리는 얼마든지 있죠. 워낙 많이 풀어줬기에 긴축을 할 수 있는 수단이 정말 많습니다. 그리고 물가를 잡는다고 긴축을 많이 해두면 나중에 인플레이션을 제압한 이후 성장 부양 쪽으로 급선회를 해야 할 때 꺼낼 수 있는 카드가 늘어나게 되겠죠. 올려두었던 기준금리를 내리는 등의 돈 풀기 정책이 필요하면 이용할 수 있습니다. 네, 연준이 2021년 상반기에는 물가 상승보다 성장에 초점을 맞추었다면, 물가가 급등한 2021년 말 이후로는 인플레이션을 제압할 때까지 물가 상승에 집중할 것입니다.

이제 연준의 스탠스가 확실히 바뀌었다는 게 핵심입니다. 그런데 아마도 이런 궁금증이 생겨날 겁니다. 성장과 물가 상승을 두부 자르듯 나누어놓았지만 사실 같은 경제 체제 내에서는 특정 정책이 시행되면 동시에 영향을 받는 것 아니냐고요. 예를 들어 물가 상승을 잡기 위해 금리를 인상한다고 해보죠. 그럼 경제의 성장세가 이런 금리 인상에 영향을 받지 않을까요? 그럼 물가를 잡으려다가 성장을 더욱더 위축시키는 그런 결과를 낳지 않을

까요? 인플레이션만 잡고 성장에는 충격을 주지 않는 금리 인상은 난센스입니다.

영화에서 종종 인질극이 나올 때가 있습니다. 성장과 인플레이션이 이런 인질극에 나오는 주연들이라고 가정해보죠. 인플레이션이라는 악인惡人은 성장을 인질로 잡은 겁니다. 그러면서 연준이라는 경찰에게 소리치고 있죠. 나를 잡으려고 강한 긴축 정책을 쓰면 인질(성장)도 같이 죽는다고요. 글로벌 금융위기 이후 워낙에 저성장에 대한 트라우마가 강했던 연준이기에 인플레이션을 잡기 위해 쓴 긴축 정책이 성장을 무너뜨리는 것에 대해 큰 두려움을 갖고 있을 겁니다. 그리고 시장 참여자들도 이를 잘 알고 있죠. 연준이 물가 잡기에 나선다고 하지만 실제로는 강하게 긴축의 액션을 취하기는 어려울 것이라 생각할 겁니다.

다시 인질극으로 돌아옵니다. 경찰(연준)이 범인(인플레이션)에게 경고 메시지를 날립니다. '이제 더 이상 봐주지 않는다. 강한 긴축으로 너희들을 제압하겠다'라고요. 하지만 범인이 '말만 저렇게 하지 실제로는 솜방망이 액션밖에는 못할 거야'라는 냉소적인 생각을 갖게 되면 쉽게 인질을 풀어주지 않겠죠. 그럼 이런 결론에 도달하는 건가요? '연준은 인플레이션을 잡는 데 실패할 것이고 인플레이션은 보다 강해진다. 그리고 1970년대처럼 장기적인 인플레이션 현상이 나타날 것이다.' 연준은 그야말로 딜레마에 처한 거죠. 성장을 돌보자니 인플레이션이 난리를 부리고, 인플레이션을 잡자니 성장이 휘청거리는 상황입니다. 그런데 빈대 잡다가 초가삼간 태울 수 있다는 우려, 즉 물가를 잡다가 성장까지 무너뜨린다는 걱정이 있더라도 이번만큼은 연준이 인플레이션을 제압하기 위해 시장 참여자들이 예상하는 것보다는 '약간 강한 액션'을 취하게 될 수밖에 없습니다. 그런데 강한 액션이면 강한 액션이지, '약간 강한 액션'은 무엇일까요?

연준의 '약간 강한' 액션

앞에서 인질극에 비유해 설명했습니다. 인플레이션이 성장을 인질로 잡고 있다고요. 금융위기 이후 10년 이상 성장을 워낙 애

지중지해왔고 또 다른 숙제인 인플레이션이 통제 불능의 수준으로 튀어 올라도 수수방관해온 연준이었기에 성장을 담보로 한 인플레이션의 인질극을 효과적으로 해결할 수 있을까 의구심이 생길 수 있습니다. 과연 연준이 일정 수준 성장에 충격을 주면서까지 인플레이션 잡기에 나설 수 있을까요? 네, 이번엔 그렇게 할 것으로 생각합니다. 두 가지 이유를 들어봅니다.

미국 연준은 1910년대에 탄생했습니다. 그 이후로 100년 이상 이어오면서 수많은 경제의 변화를 겪어왔죠. 대공황부터 시작해서 2차 세계대전, 세계대전 이후 찾아온 역대급 호황, 석유파동과 경기 침체, IT버블 붕괴와 글로벌 금융위기, 그리고 최근의 코로나19 사태에 이르기까지……. 수많은 호황과 불황의 반복을, 그리고 물가의 상승과 하향 안정 사이클을 경험해온 것이죠. 그리고 그런 경제의 변화 속에서 연준은 금리 인상·인하 등의 다양한 정책 처방을 해왔습니다. 과연 연준의 처방은 매번 성공적이었을까요? 당연히 수많은 성공과 실패를 반복했겠죠.

'샤워실의 바보'라는 표현이 있습니다. 샤워실에 한 사람이 들어가서 샤워기의 물을 틉니다. 그런데 엄청나게 찬 물이 쏟아지는 거죠. "앗, 차거!"라고 놀라면서 샤워기 꼭지를 반대로 크게 틀어버립니다. 그랬더니 이번에는 너무 뜨거운 물이 쏟아집니다. "앗, 뜨거!"를 외치면서 또다시 정신없는 상태에서 온도를 낮추죠. 온도가 한 번에 적절하게 맞춰질까요? 아니죠. "앗, 차거! 앗, 뜨거!"를 몇 차례 반복하면서 적정 온도를 맞추고 결국에는 따뜻한 물에 샤워를 하고 나오겠죠. 이야기의 끝은 해피엔딩으로 끝났지만 샤워를 마친 사람의 몸은 뜨거운 물에 벌겋게 익었을 겁니다.

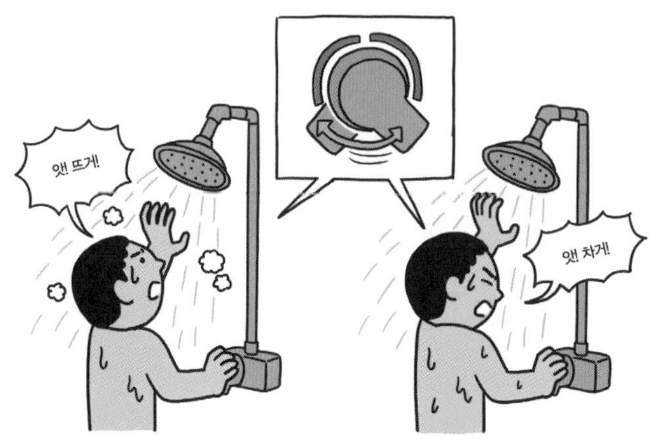

'샤워실의 바보'는 제가 만들어낸 얘기가 아니라 중앙은행의 정책을 풍자하는 아주 유명한 비유입니다. 물가가 조금씩 상승하려고 하는데 기존의 경기 침체에 신경을 쓴 나머지 물가 상승을 방치하면 인플레이션이 갑자기 너무나 강해지면서 엄청 뜨거운 물이 되는 거죠. 이걸 잡기 위해 강한 긴축 처방을 내렸더니 이번에는 인플레이션이 너무 빠르게 식어버리면서 경기 침체로 전환되는 거죠.

1970년대에 겪었던 거대한 인플레이션이 대표적인 실패 사례입니다. 잠시 미국 소비자물가 지수 그래프를 하나 보고 가죠.

그래프 16 • **미국 10년 국채금리 추이 (1977~1990년)**

치솟는 인플레이션을 잡기 위해 투입된 폴 볼커Paul Volcker 연준 의장은 시중 유동성을 과감하게 흡수하면서 시중 금리를 큰 폭으로 잡아 올렸고, 인플레이션은 고개를 숙이게 됩니다. 인플레이션이 둔화되는 징후가 뚜렷해진 1982~1983년에 긴축의 고삐를 풀어주게 되는데, 인플레이션을 잡은 것만큼은 사실이지만 당시 성장 둔화 역시 심각한 수준이었습니다.

2차 세계대전이 끝난 이후 미국 경제는 아름다운 호황기를 누렸습니다. 1950~1960년대처럼 물가 상승률은 높지 않았지만 미국 경제의 성장은 독보적이었습니다. 적어도 1960년대 중반까지는 물가 상승의 징후조차 보이지 않았죠. 1960년대 중반 구소련과의 냉전 갈등이 극에 달하고 베트남 전쟁으로 인한 사회적인 불만이 커질 때 즈음, 당시 미국의 린든 존슨Lyndon Johnson 대통령은 '위대한 사회The Great Society'라는 슬로건을 바탕으로 강한 복지 정책을 발표했습니다. 이런 사회 복지 지출은 차기 대통령인

리처드 닉슨Rechard Nixon 행정부 때에도 이어졌습니다. 강한 재정 지출은 일시적으로 사람들의 소비를 크게 증가시켰지만 재정 지출이 큰 만큼 미국의 재정 적자는 심해졌습니다. 재정 적자가 심한 국가의 화폐는 당연히 신뢰도가 낮았겠죠. 당시 달러의 신뢰도는 매우 낮은 수준으로 떨어지게 됩니다.

여기서 달러의 신뢰도에 보다 큰 영향을 주는 사건이 벌어집니다. 1971년 8월 닉슨 대통령이 금본위제도를 철폐한 것입니다. 금본위제도에서는 국가가 보유하고 있는 금만큼 달러를 찍을 수 있었는데, 이 제도를 철폐하면서 미국은 달러 공급을 자유롭게 늘릴 수 있게 된 겁니다. 달러 공급이 크게 늘어나 달러화는 약세를 보이죠. 화폐가치의 하락은 뒤집어 말하면 물가의 상승, 즉 인플레이션입니다. 1960년대 중반 이후 살짝 오르기 시작하던 인플레이션은 1970년대 초반에 접어들면서 맹위를 떨치기 시작합니다.

그리고 시기가 참 안 좋았던 것이 당시 4차 중동 전쟁이 있었습니다. 중동 산유국들은 이스라엘을 지원했던 미국에 대한 보복 차원에서 원유 수출을 금지하는 정책을 발표합니다. 가뜩이나 인플레이션으로 불안감을 느끼던 미국인들에게 중동에서 원유 수출을 금지했다는 뉴스가 들립니다. 어떤 반응을 보였을까요? 일단 주유소로 달려갔을 겁니다. 원유 가격이 더 오르기 전에 미리 원유를 사놓아야 할 테니까요. 미국 전역 주유소에 "No Gas"라는 팻말이 붙기 시작했고 미국 내 에너지 구입 비용이 크게 증가하기 시작했습니다. 물가 상승 압력이 높아지기 시작하던 시기에 터져나온 원유 공급 중단은 인플레이션을 더욱더 강하게 만들었습니다. 그럼 당연히 연준은 인플레이션을 사전에 제압해야 하지 않았을까요?

당시 연준 의장은 아서 번즈Arthur Burns였는데, '국제유가 상승으로 빚어진 강한 물가 상승인데 연준이 이걸 어떻게 통제할 수 있겠는가'라는 태도로 일관했죠. 네, 일견 맞는 얘기입니다. 연준이 금리를 인상하고 긴축을 하게 되면 수요의 폭증을 살짝 누그러뜨리는 데 도움이 됩니다. 경기 과열로 수요가 폭증하면서 나타나는 물가 상승은 잡을 수 있겠지요. 하지만 산유국들이 원유 공급을 안 해줘서, 에너지 가격이 올라서 물가가 오르는데 연준이 금리를 인상한다고 해서 달라질까요? 그런다고 그들이 원유 수출을 늘릴 리가 없겠죠. 그런데 이게 실수였던 겁니다. 전 세계 유일의 인플레이션 파수꾼이라고 하는 연준이 물가 상승에도 불구하고 소극적인 태도로 일관해버린 거죠. 그럼 누가 인플레이션을 제압할 수 있을까요? 이렇게 되면 물가 상승은 그 누구도 제어할 수 없다는 심리가 시장 전반에 보다 강하게 깔립니다.

물가가 오를 것 같습니다. 그럼 물건을 나중에 사야 할까요, 아니면 지금 사야 할까요? 네, 당연히 미리 사야죠. 사람들이 미래의 소비를 현재로 당겨서 소비해버립니다. 그럼 지금의 소비와 미래의 소비가 한꺼번에 폭발하게 되면서 물가가 더 크게 뛰어오르게 됩니다. 물가가 오르면 오를수록 미리 쟁여두고자 하는 수요

가 더 크게 늘어날 테니 인플레이션은 더욱더 강해지게 되겠죠. 네, 중요한 건 물가가 오를 것 같다는 심리, 즉 인플레이션 기대 심리입니다. 인플레이션 기대 심리가 강해지면 미래의 소비를 당겨오면서 수요가 지금 폭발하게 되고 인플레이션을 더욱 심화시키죠. 아무리 공급 사이드의 인플레이션이라고 해도, 인플레이션을 아무도 경계하지 않는다는 느낌을 주면서 장기적으로 이어지게 되면 사람들의 마음속에 인플레이션 기대 심리가 박히게 됩니다. 그럼 수요 사이드의 인플레이션도 자극하게 되면서 인플레이션이 보다 강해지고 길어지게 되겠죠. 1970년대 연준 의장이었던 아서 번즈는 이걸 간과한 겁니다. 그리고 그 인플레이션은 1970년대 말까지 10년 이상을 이어가게 되죠.

여담인데, 한 가지만 더 말하자면 아서 번즈 의장은 당시 대통령이었던 닉슨의 친구였다고 하죠. 미국의 대통령은 4년간 대통령직을 수행한 이후 재선을 거쳐서 추가로 4년간 대통령 업무를 이어갈 수 있습니다. 그럼 재선을 위해서는 대통령을 향한 대중의 인기가 높아야 하지 않을까요? 그리고 그 인기는 경제와 매우 밀접한 연관이 있을 겁니다. 호경기라면 당연히 재선에서 승리할 가능성이 높고, 불경기라면 반대의 결과가 예상되겠죠. 닉슨 대통령이 대중의 인기를 얻기 위해서는 경기가 뜨거워야 하지 않을까요? 그래서 인플레이션의 징후가 뚜렷했음에도 불구하고 아서 번즈의 연준은 과감한 긴축을 하지 않았던 거죠. 결국 이러한 연준의 안이함은 'The Great Inflation'으로 이어집니다. '안이함'이라는 단어, 어디서 한번 만나보지 않았나요? 이 책의 5장에 나온 단어죠. 최근의 상황이 1970년대와 비슷하다고 말하는 경제학자들이 있습니다. 물가가 오르는 현상 자체도 비슷하지만 이에 대응한 연준의 태도 역시 너무 안이하다는 점을 꼬집는 주장이겠죠.

영원할 것 같던 1970년대 장기적인 물가 상승세는 1980년대 들어서 확연히 꺾입니다. 그리고 2000년대가 되어서야 다시금 물가가 제대로 올라옵니다. 꺾일 것 같지 않던 1970년대의 인플레이션은 왜 1980년대에 녹아내렸던 것일까요? 그냥 자연적으로 인플레이션이 흘러내렸을까요? 그건 아닐 겁니다.

1970년대 말 연준 의장이 교체됩니다. 새로 취임한 연준 의장은 폴 볼커였습니다. 이분은 키가 2미터 5센티에 달합니다. 큰 키에 강직한 성격을 가진 사람이었다고 하죠. 연준 의장으로 취임하면서 볼커는 인플레이션 해결이 미국 경제의 장기적인 성장을 이끌어낼 수 있는 지상 과제임을 확신합니다. 그리고 인플레이션과의 전쟁에 나서게 되죠. 10년 동안 숙성되면서 제대로 강해진 인플레이션이기에, 그리고 사람들의 마음속에 인플레이션 기대 심리가 너무 강했기에 이걸 제압하는 게 쉽지는 않았을 겁니다. 당시 볼커는 실물경기의 단기적인 침체를 감수하더라도 인플레이션의 뿌리를 뽑고 가는 것이 답이라고 생각했습니다. 인플레이션을 잡기 위해 중앙은행이 할 수 있는 역할은 돈줄을 죄는 것밖에 없죠.

강하게 돈줄을 죄기 시작합니다. 시중에서 유동성을 계속해서 빨아들이자 자금이 부족해지기 시작합니다. 금리는 '돈의 값'이죠. 돈의 공급이 크게 줄어들게 되니 돈값인 금리가 튀어 오르기 시작했습니다. 그러면서 미국의 기준금리라고 할 수 있는 초단기금리가 20퍼센트 가까이 빠르게 상승하게 되었죠. 중앙은행은 시중은행과 같은 우량한 기관에 자금을 공급합니다. 이렇게 신용도가 높은 대상에게도 20퍼센트 가까운 금리로 자금을 빌려주니, 그보다 신용도가 낮은 중소기업과 같은 경제 주체들에게는 훨씬 높은 금리가 적용되었겠죠. 1980년대 초반 미국의 실업률은 10퍼센트를 넘었습니다. 2008년 글로벌 금융위기 당시의 실업률보다도 더 높은 수준이었죠. 상당한 불경기가 찾아온 겁니다.

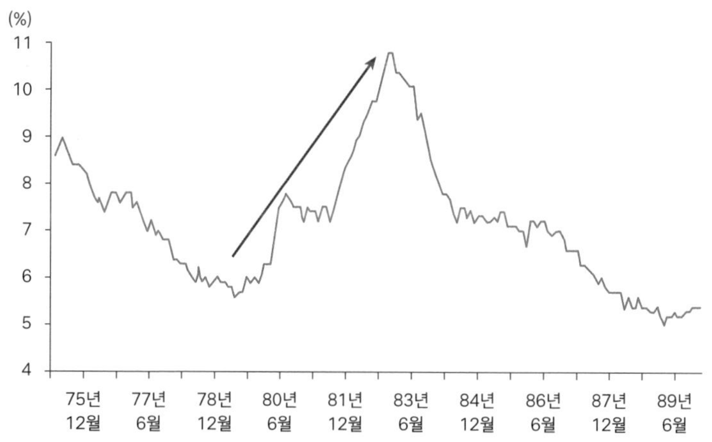

그래프 17 • **1980년대 미국 실업률 추이 (1975~1989년)**

볼커의 긴축 정책이 금리의 상승을 견인하면서 물가뿐만 아니라 성장까지도 위축시켰습니다. 1979년부터 실업률이 큰 폭으로 오르는데, 1980년대 초반 실업률이 10퍼센트 후반대까지 상승하면서 미국 경제는 이례적인 경기 침체를 경험하게 됩니다. 인플레이션이라는 심각한 병을 치료하기 위한 희생이었다고 할 수 있습니다.

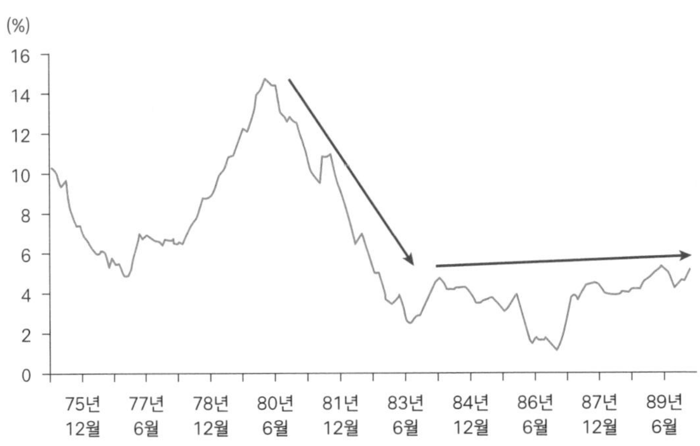

그래프 18 • **1980년대 미국 소비자물가 지수**

볼커의 강력한 긴축 정책이 시행된 이후 미국의 소비자물가 지수는 큰 폭으로 하락하기 시작합니다. 한때 전년 대비 14퍼센트를 넘었던 소비자물가 지수는 1984년 초 전년 대비 3퍼센트대까지 하락했습니다. 하락보다 중요한 것은 그 이후에도 쉽게 고개를 들지 못했다는 점이죠. 특히 국제유가가 급락했던 1985~1986년에는 2퍼센트 밑으로 물가 상승세가 주저앉으면서 인플레이션과의 전쟁에서 승리했음을 확인할 수 있습니다.

금리가 높게 오르고 불경기가 찾아오면 당연히 실물경제의 수요가 큰 폭으로 위축되었겠죠. 수요가 사라졌는데 제품의 가격은 높습니다. 그럼 이렇게 높은 가격의 물건을 아무도 사지 않겠죠. 그럼 그 가격은 당연히 흘러내리게 되지 않을까요? 네, 이후 물가가 빠른 속도로 안정되기 시작했습니다. 더불어 미국의 금리가 높아지자 달러화를 보유했을 때 지급하는 이자가 많아졌습니다. 그럼 더 많은 이자를 주는 화폐인 달러화에 대한 수요가 늘어나지 않았을까요? 달러 수요가 커지면서 달러가 강세를 보입니다. 달러가 강해지면 미국 입장에서는 미국으로 들어오는 수입품을 보다 저렴한 가격에 사들일 수 있었겠죠? 달러 · 원 환율이 1달러에 1000원이라고 가정해보죠. 미국 사람들 입장에서는 1000원짜리 한국 물건을 1달러에 사야죠. 그런데 달러가 강해져 환율이 1달러에 2000원이 됩니다. 그럼 미국 사람들은 1000원짜리 한국 물건을 0.5달러에, 2000원짜리 한국 물건을 1달러에 살 수 있겠죠. 달러가 강해지면 수입 물가가 낮아지게 됩니다. 수요의 위축으로 물가가 낮아지고, 달러의 강세로 수입 물가가 낮아집니다. 이 두 가지가 합쳐져 빠른 속도로 미국 내 물가가 안정되었다고 정리할 수 있겠네요.

1970년대의 너무나 강했던 인플레이션은 1980년대 폴 볼커의 강력한 긴축 정책으로 제압할 수 있었습니다. 그런데 인플레이션 문제는 해결했지만 치러야 했던 비용이 만만치 않았죠. 1970년대 내내 사람들은 인플레이션에 시달렸고, 그 인플레이션을 제압하는 과정에서 초고금리로 인한 단기적인 경기 침체를 감내해야 했습니다. 그리고 그 과정에서 미국 중소기업의 40퍼센트가 파산하고 역대급으로 실업자들이 넘쳐나는 희생을 치러야 했죠. 인플레이션이 마구 올라오는 것도 문제지만 이 타이밍에 이걸 제대로 제압하지 않으면 인플레이션 기대 심리가 사람들의 마음속에 들어오게 되면서 정말 강력한 괴물로 변해버립니다. 그리고 이 괴물을 제압하는 과정은 상당한 고행길이 되는 거죠.

고속도로를 가다 보면 평균 속도 단속 구간이 있습니다. 한 번에 속도를 측정하면서 단속하는 곳도 있지만 약 10킬로미터의 긴 구간 동안 평균 속도를 80킬로미터로 유지하라고 하는 '평균 속도 단속 구간'도 종종 찾아볼 수 있습니다. 워낙에 스피드 있는 운전을 즐기는 홍길동이 고속도로에서 운전을 합니다. 평균 속도 단속 구간에 들어왔는데 노래를 들으면서 운전하다 보니, 그리고

멍하니 빠르게 앞만 보고 가다 보니 그걸 미처 인지하지 못했습니다. 한참 시속 100킬로미터로 달리다가 노래가 끝나서 정신을 차려보니 네비게이션 화면이 벌겋게 떠서 난리가 난 겁니다. 평균 속도 100킬로미터가 넘었으니 빨리 속도를 줄이라고, 단속 구간이 고작 1킬로미터 남았다고 시그널을 주고 있는 거죠. 뒤늦게 이걸 인지한 홍길동은 어떤 행동을 취할까요? 네, 바로 브레이크를 밟을 겁니다. 속도를 화악 줄이겠죠. 80킬로미터보다 훨씬 낮은 60킬로미터 수준으로 속도를 줄이면서 어떻게든 평균을 맞추려고 할 겁니다. 속도감을 즐길 수 없더라도 당장은 속도를 크게 줄여야 단속 구간을 별일 없이 통과할 수 있겠죠.

그런데 홍길동은 이렇게 속도를 줄이는 것마저도 싫은 겁니다. 그래서 우물쭈물하다가 700미터를 계속해서 빠르게 달린 거죠. 이제 구간 단속 종점까지는 300미터밖에 남지 않았습니다. 홍길동은 이제야 사태의 심각성을 깨닫고 속도를 줄이려고 합니다. 그럼 속도를 60킬로미터로 줄이는 정도로는 답이 없죠. 아주 강하게 브레이크를 밟아야 할 것이고, 차가 앞쪽으로 화악 쏠리는 아주 불쾌한 경험을 해야 할 겁니다.

홍길동의 사례를 읽으니 대충 감이 오죠? 인플레이션이 상당히 크게 올라오는 동안 안이한 태도로 일관했던 연준이 이제 그 심각성을 깨달았죠. 1킬로미터 남았는데, 여기서 더 우물쭈물하면 300미터 남은 구간에서는 더 세게, 더 강하게 극단적인 긴축을 해야 할 수 있습니다. 이런 급작스럽고 강한 긴축은 실물경제에 보다 큰 타격을 주겠죠. 마치 폴 볼커가 1980년대 초에야 뒤늦게, 너무나 강해진 인플레이션이라는 괴물을 잡기 위해 경기 침체를 감내해야 했던 것처럼요. 그러니 이미 늦기는 했지만 지금이라도 행동에 나서야 하지 않을까요? 네, 연준의 태도가 성장보다는 물가 쪽에 집중할 수밖에 없다고 보는 첫 번째 이유는, 지금 인플레이션을 잡지 않으면 나중에 더 큰 대가를 치르게 된다는 1970~1980년대의 아픈 교훈 때문입니다.

2보 전진을 위한 1보 후퇴

혹시 '고질병'이라는 말 들어봤나요? 국립국어원 표준국어대사전에 따르면 고질병은 '오랫동안 앓고 있어 고치기 어려운 병'입니다. 완치가 쉽지 않아 무리하면 언제든지 도질 수 있습니다. '허리 아픈 건 고질병이야'라는 건 허리 통증이 어느 정도 선을 넘었고 항상 아픈 것은 아니지만 조금 무리하면 바로 통증 신호가 온다는 거죠. 그래서 사전에 예방하는 것이 가장 중요하고, 혹여나 고질병의 가능성이 높아지면 최대한 빠르게 치료해야 합니다. 평생 중요한 순간마다 고통을 줄 수 있는 진정한 '고질병'이 되기 전에요.

연준과 인플레이션 얘기를 한참 하다가 갑자기 고질병 얘기로 빠졌는데, 이제 본론으로 돌아오겠습니다. 미국 행정부의 옐런 재무장관이 인플레이션에 대해 언급한 기사를 꼼꼼히 읽어보죠.

> **— 옐런 "파월 연준, 물가 상승이 고질병 되지 않도록 해야 해"**
>
> 22일(현지시간) 옐런 장관은 CNBC와 인터뷰에서 "제롬 파월 의장과 라엘 브레이너드 부의장 지명이 의회에서 폭넓은 지지를 얻을 것"이라며 "물가안정과 고용안정이라는 이중 의무를 균형 있게 잘 판단할 수 있을 것"이라고 말했다. (중략) 그는 "장기적으로 연준은 물가 상승이 고질병이 되지 않도록 해야 한다"며 "파월 의장이 그렇게 할 것으로 믿는다"고 말했다.
>
> **《조세일보》, 2021. 11. 23**

'고질병'이라는 단어가 바로 눈에 들어오지 않나요? 인플레이션이 고질병이 되는 것을 막아야 한다는 겁니다. 그리고 연준의 의장인 파월이 향후 가장 명심해야 하는 미션이라고 말하고 있죠. 인플레이션이 고질병이 되었을 때 장기적으로 미국 경제에 부담이 될 수 있다며 파월 의장이 이를 효과적으로 제어할 수 있을 것이라는 믿음을 보여주고 있죠. 인플레이션이 고질병이 되면 어떤 일이 일어나기에 이것을 막아야 한다는 것일까요?

글로벌 금융위기 이후 전 세계는 저성장·저물가의 늪에 빠져 있었죠. 이 늪에서 빠져나오기 위해 수차례 경기부양책을 동원해서 회복을 기도했던 바 있습니다. 그런데 경기부양책을 쓸 때는 좋아지지만, 이를 조금이라도 줄이게 되면 바로 원위치로 돌아가기를 반복해왔던 겁니다. 2008년 금융위기 이후, 10년 이상의 긴 여정 속에서도 저성장의 늪에서 확실하게 탈출하지 못한 가장 큰 이유였죠. 앞서 인용한 기사의 주인공인 옐런 재무장관은 2016년 연준 의장으로 재직했던 바 있습니다. 당시 옐런 재무장관은 '고압경제High Pressure Economy'를 통해 이런 어려운 상황을 돌파하자고 주장했습니다.

수요가 워낙에 연약해서 부양책을 조금만 거두어들여도 수요가 바로 무너지고 다시금 저성장의 늪에 빠져버리자, 옐런은 이런 주장을 하게 됩니다. 강력한 경기부양책으로 시장에 지속적으로 강한, 만성적인 초과 수요를 만들어 내자고요. 말이 조금 어렵게 들릴 텐데, 만성적인 초과 수요를 만든다는 건 경기부양책을 썼을 때 어느 정도 효과가 나타나고 물가가 좀 상승하더라도, 물가 상승을 겁내서 경기부양을 거두어들이지 말고 지속적으로 강하게 밀어 붙이자는 의미입니다.

실제 고압경제 철학은 코로나19 사태를 맞으면서 현실화된 바 있습니다. 부채가 많은 상황에서도 경제 활동을 멈추게 만드는 보건의 위기가 찾아왔기에 연준은 경기부양에 나설 수밖에 없었습니다. 그런데 이때 시행했던 경기부양책은 규모 면에서도 과거의 부양책보다 강했습니다. 경기가 살아나는 모습이 조금 나타나도, 혹은 물가가 강한 상승세를 보여도 경기부양을 철회하면 다시금 저성장의 나락으로 빠져버릴 수 있다는 두려움에 계속해서 부양책을 이어간 거겠죠. 꾸준한 초과 수요를 만들어내게 되면 기업들은 계속해서 초과 수요가 존재할 것이라는 기대감을 갖게 됩니다. 일시적으로 수요가 늘어난 것이 아니기에 과감한 투자에 나설 수 있고, 기업이 고용을 늘리고 개인들의 임금 소득이 늘어나고 소비가 자생적으로 증가할 수 있죠. 경기부양만의 힘으로 저성장에서 빠져나오는 것이 아니라 강한 부양책을 통해 자생적으로, 그리고 영구적으로 저성장의 늪에서 빠져나올 수 있도록 해주자는 정책이 도입된 겁니다.

그런데 그 부작용이 만만치 않았죠. 네, 물가가 생각했던 것보다 훨씬 빠르게 치고 올라온 겁니다. 강한 경기부양책을 쓰더라도 문제가 되지 않을 것이라 믿었던 이유는 물가가 안정된 상황에서, 인플레이션이 이렇게 강해질 가능성이 높지 않다고 봤기 때문이죠. 그런데 부양책을 강하게, 조금 길게 사용하자 바로 인플레이션이라는 괴물이 고개를 들어버린 겁니다. 상당히 곤혹스럽지 않을까요? 그리고 이 인플레이션이 일시적으로 나타났다가 사라지는 게 아니라 만약 고질병처럼, 약간의 부양책을 사용할 때마다 빠르게 재발한다면 어떻게 될까요?

앞서 연준이 저성장과 장기 참호전을 펼쳐왔다는 말을 했었죠. 어려운 전쟁이었지만 그때마다 무제한 돈 풀기처럼 저성장과 싸울 수 있는 무기가 있었기에 가능했던 겁니다. 돈 풀기를 확대하면 물가가 올라오는 인플레이션이 나타나게 되는데, 적어도 지난 10여 년 동안에는 그런 문제가 없었던 거죠. 인플레이션이라는 괴물이 잠들어 있는 동안에도 저성장은 참 상대하기 어려운 적이었고, 10년 동안 여전히 해결을 못한 상황입니다. 그런데 만약 인플레이션이 고질병이 된다면 어떤 일이 벌어질까요? 저성장 기조가 다시금 강해져서 경기부양을 해야 합니다. 돈을 풀려고 하니 바로 뒤에서 인플레이션이 눈을 번쩍 뜨면서 재발하는 거죠. 네, 인플레이션이 고질병이 되면 약간의 부양책에도 인플레이션 급등 현상이 나타나면서 과감한 경기부양책의 발목을 잡아버립니다. 저성장과 아무런 제한 없이 싸워도 쉽게 이기지 못하고 있는데, 저성장에 대응하는 정책 하나를 쓸 때마다 고질병이 된 인플레이션이 올라와서 뒤통수를 때리면 저성장과의 전쟁이 훨씬 더 어려워지지 않을까요?

연준은 강력한 성장과 안정적 물가라는 두 가지 미션을 갖고 있습니다. 물가가 워낙 안정되어 있다 보니 연준은 강력한 성장을 추동하기 위해 노력했죠. 그러나 강한 경기부양에도 불구하고 강력한 성장이라는 미션을 아직 달성하지 못했고 향후에도 상당한 시간과 노력이 필요할 것으로 보입니다. 결국 장기적으로 이루어내야 할 미션이겠죠. 그런데 인플레이션이라는 불청객이 부활해서 고착화돼버리면 저성장에서의 탈출이 향후에도 계속해서 어려워질 겁니다. 단기적으로는 성장이 약간 휘청이더라도 고질병이 되어서 경기부양을 할 때마다 재발하지 않도록 인플레이션을 사전에 제압해두는 것이 중장기적인 관점에서 훨씬 더 현명한 처방 아닐까요? "2보 전진을 위한 1보 후퇴"라는 말이 있습니다. 앞서 이야기한 고압경제 정책을 통해 결국 저성장에서 빠져 나오는 장기 미션을 위해, 단기적으로는 그런 장기 미션에 사사건건 방해가 될 수 있는 훼방꾼인 인플레이션을 지금 신속히 제압하고 가는 것이 합리적이겠죠. 연준이 단기적으로는 물가에 보다 초점을 맞추리라 보는 두 번째 이유가 여기에 있습니다. 이제 잠시 연준 파월 의장의 코멘트를 보겠습니다.

> 제롬 파월 미국 연방준비제도 의장은 10일(현지시간) 미국의 높은 인플레이션이 고착화하지 않도록 하겠다고 밝혔다.
>
> 파월 의장은 상원 인준 청문회를 하루 앞둔 이날 공개한 서면 인사말에서 "우리는 경제와 강력한 노동시장을 지원하고 더 높은 물가 상승이 고착화하는 것을 막기 위한 수단을 사용할 것"이라고 말했다. **《연합뉴스》, 2022. 1. 11**

눈에 띄는 단어는 바로 '인플레이션의 고착화'일 겁니다. 옐런 재무장관과 파월에게서 고질병과 고착화라는 단어를 각각 확인해볼 수 있었습니다. 마지막으로 바이든 대통령의 코멘트 하나만 더 보겠습니다.

> — 바이든 '연준 긴축 정책 지지… 물가 상승 고착화 막아야'
>
> 《뉴시스》, 2022. 1. 20

'고착화'라는 단어를 왜 이렇게 많이 쓰는지, 그리고 연준 의장, 재무장관, 대통령까지 왜 이렇게 공통적으로 쓰고 있는지 이해가 되시나요? 성장을 걱정하면서 물가 상승을 좌시하면 더 큰 희생을 치를 수 있기에, 그리고 중장기적인 목표 달성에 크나큰 걸림돌을 만드는 우를 범할 수 있기에 연준은 인플레이션 제압에 적극적으로 나설 것입니다.

인플레이션 총정리

책을 읽다가 앞의 내용이 계속해서 휘발되는 느낌, 그런 느낌 받아본 적 있나요? 아마도 인플레이션이라는 따분한 주제(그렇지만 중요한 주제)를 읽다 보면 그 순간에는 '오케이, 알겠어' 하면서도 지나오면 무슨 내용이 있었는지 기억나지 않는 경우가 많습니다. 지금까지 한 이야기를 간단히 정리해보겠습니다.

물가가 오른다는 개념도 중요하지만 화폐가치가 하락한다는 개념으로 이해하는 것도 필요하다고 했습니다. 화폐가치 하락은 화폐의 무제한 공급에서 찾아오는 경향이 강합니다. 코로나19 사태로 인한 충격에서 벗어나기 위해 마구잡이로, 과도하게 진행했던 통화·재정 측면의 무제한 돈 풀기로 인해 화폐가치가 하락 압력을 받아 상대적으로 물건의 가격이 상승하는 인플레이션이 찾아오게 되었습니다. 과도한 돈 풀기가 직접적 원인인 것은 맞지만, 이게 전부는 아닙니다. 물가 상승을 좌시했던 인플레이션 파수꾼 연준, 델타와 오미크론 변이 바이러스로 인한 불안감에 무너진 공급망, 부동산 등 자산 가격이 상승하자 일터를 떠난 근로자가 일자리 복귀를 늦추면서 올라버린 임금, 마지막으로 폭발한 수요만큼을 따라가지 못하는 생산. 이런 여러 가지 원인들이 얽히면서 1970년대 이후 최악의 인플레이션을 만들어내고 있습니다.

연준 역시 아무런 근거 없이 안이한 태도로 일관한 것은 아닙니다. 연준이 겪어왔던 지난 10여 년의 과거를 돌아보았을 때 코로나19 이후 올라오고 있던 인플레이션은 과거의 그 강했던 인플레이션이라고 생각하고 대응하기에 너무나 연약해 보였던 겁니다. 그래서 풀어놓았던 인플레이션이 호리병을 나온 지니처럼 마구 날

아다니기 시작한 거죠. 그리고 인플레이션이라는 괴물은 '성장'을 인질로 잡으면서 연준에게 말합니다. "나를 잡으려고 금리 인상과 같은 긴축을 하게 되면 성장도 죽는다!"라고요. 연준은 과연 어떻게 행동할까요? 아니, 어떻게 행동해야 할까요?

지난 10여 년 동안 워낙에 연약했던 성장이었기에 연준이 성장에 방점을 두면, 즉 인질이 다칠까 봐 전전긍긍하면 인플레이션을 제대로 잡지 못할 겁니다. 그런데 이번에는 연준이 인플레이션을 잡아야 할 이유가 있습니다. 첫째, 이렇게 커져가고 있는데 지금이라도 브레이크를 밟지 않으면 나중에는 훨씬 더 강하게 브레이크를 밟아야 합니다(고속도로 단속 구간, 기억나죠?). 둘째, 인플레이션이 고질병이 되면 당장의 성장은 모르겠지만 중장기적인 지속 가능한 성장을 결코 기대할 수 없게 됩니다. 2보 전진을 위한 1보 후퇴가 필요한 순간입니다. 이제 인플레이션이라는 범인 앞에서 인질 때문에 쩔쩔매던 연준이 갑자기 다른 모습을 보여주고 있습니다. 인플레이션을 어떻게든 잡으려는 쪽으로 태세를 전환한 거죠.

앞서 인플레이션이 이렇게까지 창궐(?)하게 된 원인에서 연준의 안이함을 언급했었죠. 1960년대 후반 물가가 본격적으로 상승하던 초기에, 그리고 이 현상이 1970년대 초반까지 이어지고 있을 때에도 아서 번즈 의장을 중심으로 연준은 인플레이션에 매우 매우 안이한 태도로 일관했습니다. 그리고 인플레이션은 고질병이 되어서 1980년대 초에 크나큰 희생을 치르고 나서야 해결할 수 있었죠. 역사에 있어 가정은 무의미하다고 하지만 만약 1970년대 초에 연준이 강하게 인플레이션을 잡기 위해 발 벗고 나섰다면 인플레이션이 그렇게 강해질 수 있었을까요?

'1970년대에 물가가 높아질 때 연준이 강하게 나섰더라면'이라는 가정은 무의미할 수 있지만, '지금의 연준이 강하게 나선다면 어떻게 될까'라는 질문은 의미가 있을 겁니다. 병이 심해지고 있는데 이를 좌시하면서 병을 키우는 게 아니라 빠르게 나서서 정밀 수술을 받고 그 병을 일찍이 치료해버리는 거죠. 지금도 강한 인플레이션이지만, 만약 연준이 적극적인 행동에 나서준다면 더 강해지는 것을 막을 수 있지 않을까요? 그럼 바로 이런 질문이 나올 겁니다. 1970년대와는 달리 연준이 움직일 거라는 것까지는 알겠는데 성장이 인질로 잡혀 있는 상황에서 연준이 과연 인플레이션을 잡을 정도로 강한 행동에 나설 수 있을까? 이제 인플레이션의 마지막 파트, 앞으로 인플레이션은 어떻게 흘러갈지 그 전망을 그려볼 차례입니다. 우선 '매둘기'에 대해 이야기해보겠습니다.

민첩한 매둘기, 불라드 총재

매둘기는 매와 비둘기를 합친 말입니다. 매는 강인한 이미지를 갖고 있는 맹금류죠. 비둘기는 모두가 아시는 것처럼 평화의 상징입니다. 금융시장에서는 매와 비둘기가 갖고 있는 각각의 이미지를 중앙은행의 정책에 대입시키곤 하죠. 중앙은행의 정책이라고 해봐야 '돈을 푼다, 아니면 풀어준 돈을 회수한다' 이 두 가지일 겁니다. 어느 쪽이 비둘기일까요? 당연히 '돈을 푼다'겠죠. 돈을 풀어주면 시장은 아무래도 환호할 것이고, 금융시장에 친화적으로 편안하게 해주는 것이니 비둘기와 같은 평화롭고 포근한 느낌을 주게 될 겁니다. 반면 풀어놓았던 돈을 회수하면 아무래도 금융시장이 받는 스트레스가 크겠죠. 마치 매의 공습을 받아서 무언가를 빼앗긴 느낌이라고 할까요? 그래서 중앙은행의 긴축을 매에 비유하곤 하죠. 중앙은행이 돈을 푸는 일종의 완화적인 태도를 보이면 '비둘기파'라고 말하고, 반대로 긴축의 카드를 매만지면 '매파'라고 말하게 됩니다.

그럼 잠시만, 비둘기였다가 매로 확 전환되면 뭐라고 부를까요? 이게 두루 쓰이는 용어는 아닙니다만 단어를 보면 직관적으로 느낌이 옵니다. '매둘기'라는 표현이 바로 그겁니다. 대표적인 매둘기 행보를 보였던 제임스 불라드James Bullard 총재 얘기를 잠시 해보죠.

일단 간단히 소개부터 하고 시작하죠. 불라드 총재는 미국 세인트루이스 연준Saint Louis Fed의 총재입니다. 연준 총재하면 파월 의장부터 떠오를 텐데, 파월 의장은 미국 전체 연준의 수장입니다. 미국은 'United States(주들의 결합)'라고 일컫는 것처럼 여러 개의 주州들이 합쳐진 국가죠. 주요 지역에는 '지역 연준'이 존재합니다. 그런 주요 지역 중 하나가 세인트루이스 주고, 세인트루이스 연준의 총재가 바로 제임스 불라드인 거죠. 불라드 총재는 코로나19 사태가 터진 직후 '적극적인 돈 풀기를 해줘야 금융시장을 비롯한 전 세계 경제가 살 수 있다'는 강한 코멘트를 던졌습니다. 필요한 경우 마이너스 금리도 고려해야 하고, 시장이 안심하고 회복할 수 있도록 장기간 아주 많은 돈 풀기를 해야 한다는 코멘트를 서슴지 않고 날렸던 분입니다. 당연히 금융시장 참여자들은 불라드 총재가 '돈을 계속 풀어야 한다'는 얘기를 할 때마다 흐뭇한 미소를 한가득 지을 수 있었죠. 돈 풀기 스탠스가 강하면 비둘기라고 했죠? 저 역시도 코로나19 사태 이후 2021년 상반기까지는 불라드 총재를 연준의 대표 인사들 중에서 가장 돈 풀기에 적극적인 이른바 '왕비둘기'라고 생각했었습니다. 그런데 이분이 갑자기 말을 바꾸기 시작하죠. 물가가 강하게 올라오던 초기인 2021년 6월에 갑작스레 이런 코멘트를 날린 겁니다.

> **— 왕비둘기 불러드 총재도 '매'로 돌변… '2022년 말 첫 금리 인상 예상'**
> **《연합인포맥스》, 2021. 6. 19**

기사 제목만 가져왔는데, 기사 내용에서도 '왕비둘기'라는 표현이 나옵니다. 그만큼 언론도 깜짝 놀랐다는 얘기일 겁니다. 계속해서 돈 풀기를 멈춰야 한다고 주장하던 분이 똑같은 논리로 돈 풀기를 빨리 중단해야 한다고 하면 큰 뉴스거리가 되지 않죠. 그런데 어제까지는 거품을 물고 돈 많이 풀어줘야 한다고 하다가 갑자기 하루아침에 태세를 전환해서 돈 풀기를 멈추고 빨리 금리를 인상하는 긴축을 해야 한다고 말하면 이건 뉴스거리가 될 만합니다. 블라드 총재는 단순히 돈 풀기를 이제 조금씩 줄이자는 정도에서 벗어나서 연준 인사들 중에서는 처음으로 "2022년 말에 첫 금리 인상을 해야 한다"고 말했습니다. 2021년 6월 당시 '이듬해 금리 인상'을 언급했던 사람은 거의 없었습니다.

이런 의견을 전문 용어로 '소수 의견'이라고 하는 건가요? 소수 의견이라고 해서 무조건 무시해서는 안 됩니다. 타당성이 있는

경우, 그리고 미래에 대한 적중 확률이 높은 경우에는 절대 무시해서는 안 되죠. 그 사람이 어떤 이유로 저런 얘기를 하는지를 꼼꼼하게 뜯어봐야 합니다. '저 친구는 절대 헛소리하는 사람이 아니야. 그러니까 저 친구가 얘기하는 건 꼼꼼히 들어볼 필요가 있어' 하는 생각이 드는 인물이 하는 얘기라면 경청, 또 경청을 해야 하는 것 아닐까요? 적어도 저에게 제임스 불라드 총재는 경청해야 하는 사람 중 하나입니다. 불라드 총재의 과거를 살짝 이야기해보죠. 2018년으로 갑니다.

2015~2016년에 미국은 금리 인상을 준비하다가 전 세계 경제가 크게 흔들리는 좌절을 겪게 됩니다. 그러면서 금리 인상 속도를 크게 늦추게 되죠. 2016년 11월에 취임한 트럼프 대통령은 강력한 경기부양을 약속했고, 그 기대를 듬뿍 담고 전 세계 경제의 성장이 빨라지기 시작했습니다. 금리의 인상 속도는 느린데 성장이 강하게 나옵니다. 금리가 오르는 속도가 성장이 커지는 속도

보다 빠르면 성장이 발목을 잡히겠지만, 금리 인상 속도를 성장이 사뿐히 밟고 훨씬 더 빠른 속도로 강해진다면 금리 인상은 걸림돌이 되지 못할 겁니다. 전 세계 성장이 워낙에 강하고, 그 강도와 속도가 금리 인상 속도보다 강하고 빨랐기에 2017년 글로벌 금융시장은 아름다운 강세장을 연출할 수 있었습니다. 코스피 지수도 이때 1900~2100포인트 구간에 갇힌 '장기 박스피'에서 벗어나 단기간에 2600포인트까지 급등했습니다.

그런데 성장이 상당히 강한 상황에서 물가가 뛰어오를 것 같은 징후가 보이자 당시 연준에서는 금리 인상 카드를 준비합니다. 그러면서 2018년 3, 6, 9, 12월에 걸쳐 4차례 기준금리를 인상하게 됩니다. 성장이 꽤 강하기는 했지만 연간 4차례에 달하는 기준금리 인상을 견뎌내지는 못했습니다. 그 여파로 2018년에는 전 세계 금융시장이 상당히 고전하는 흐름을 보였습니다. 2018년 5월 불라드 총재의 발언을 살펴보겠습니다.

— 세인트루이스 연은 총재, '추가 금리 인상 불필요'

《연합인포맥스》, 2018. 5. 11

— 美 불라드 총재, '연준, 금리 많이 올리기 어렵다'

《뉴스핌》, 2018. 5. 29

연준이 금리 인상에 속도를 붙여가던 때에 불라드 총재는 이미 더 이상의 금리 인상은 무리라는 얘기를 했던 겁니다. 그때 다른 연준 인사들이 불라드 총재 얘기를 들었어야 했던 건가요? 이렇게 금리 인상은 무리라는 점을 강조했던 그는 2019년에는 금리 인하에 힘을 실었습니다. 그리고 실제 무너지던 실물경기를 지탱해주기 위해 연준은 2019년 3차례 기준금리 인하에 나서게 됩니다. 2019년 8월 불라드 총재의 코멘트를 인용합니다.

— **불라드, '연준 금리 인하 바람직… 급격하진 않아도'**

《뉴스1》, 2019. 8. 7

— **불라드, '불황 금리 더 내려야… 나중에 다시 올려도 돼'**

《뉴스1》, 2019. 9. 20

실물경제 흐름이 어떻게 이어질지를 예리하게 예측했기에 다른 연준 인사들보다 빠르게 과감한 정책 변경을 할 수 있었죠. 그리고 그의 예측은 적중했습니다.

이처럼 2018년과 2019년에 금리 인상을 중단해야 한다, 금리 인하해야 한다는 식의 비둘기적인 코멘트를 보냈던 불라드 총재, 이번에는 더 과거로 가서 그의 스탠스를 살펴보겠습니다. 2015년 기사입니다.

— 불러드 총재 '금리 인상 더 늦출 때 자산 버블 키운다'

《이데일리》, 2015. 5. 29

네. 2015년에는 매의 모습을 하고 있었네요. 5월부터 금리 인상을 서둘러야 한다고 주장했다는 내용입니다. 다른 사람들보다 빠르게 금리 인상을 주장하고, 다른 사람들보다 빠르게 태세를 전환했던 겁니다. 그냥 '매에 가까운 사람이다, 비둘기에 가까운 사람이다'라는 표현보다는 언제든지 상황에 따라 유연하게, 그리고 신속하게 정책을 전환하는 사람이라고 생각하면 좋을 것 같습니다. 이제 2021년으로 돌아오죠. 불라드 총재는 코로나19 직후에 강력한 돈 풀기를 주장하던 왕비둘기에서 2021년 하반기에 연준 인사들 중 그 누구보다 빠른 긴축을 주장하는 매로 바뀌게 됩니다. 비둘기라고 생각하고 먹이 주러 갔다가는 부리에 제대로 공격받지 않을까요? 비둘기 같지만 실제로는 매였던 거죠. '매둘기'라고 정리하면 될 것 같습니다.

불러드 총재에 대한 얘기를 한참 했는데, '이 사람의 말이 무조건 맞는다' 이런 주장을 하려는 건 아닙니다. 다만 경제를 공부하고, 금융시장을 연구할 때 이런 현인들의 코멘트를 주의 깊게 들어볼 필요가 있다는 겁니다. 각 분야의 구루Guru라는 사람들의 이야기를 경청하면 이 사람들의 얘기가 맞든 틀리든 내가 생각하지 못했던 인사이트를 얻을 수 있고, 한쪽으로 치우쳐서 금융시장을 해석하던 데에서 빠져나올 수 있죠. '나는 물가가 확실히 오르지 못할 것 같은데 왜 불라드는 오른다고 얘기를 하는 걸까?'라는 질문을 던지게 되면 그다음에는 '내가 무언가 잘못 생각하는 것이 있을 수 있다'라는 오픈 마인드가 될 수 있겠죠. 다시 2021년 6월으로 돌아가 불라드 총재의 이야기를 들어봅시다.

> 그(불러드 총재)는 연준 정책 당국자들이 당장은 "민첩할(nimble)" 필요가 있다고 주장했다.
>
> 불러드 총재는 테이퍼링과 관련해서는 제롬 파월 연준 의장이 이번 주 공식적으로 테이퍼링 논의를 개시했으며 이에 대한 "더 상세한(more in-depth)" 논의가 뒤따를 것이라고 말했다.
>
> **《연합인포맥스》, 2021. 6. 19**

2021년 6월 불라드 총재는 비둘기에서 매로 빠르게 태세 전환을 하고는 테이퍼링을 서둘러야 한다고 했습니다. 물가가 올라갈 것임을 제대로 확신했기에 태세 전환을 한 것이고, 민첩하게 대처해야 한다고 주장하고 있는 겁니다. 다른 표현보다 '민첩하다'라는 단어를 잘 기억해주세요.

이제 불라드 총재 얘기는 끝내고 지금의 연준 얘기로 돌아옵니다. 2022년 초, 긴축으로 태세 전환을 하려는 파월 의장에게 기자들이 올해 몇 차례 금리를 인상할 것인가를 물었습니다. 간단해 보이는 질문이지만 여러 가지 의미를 담고 있습니다. 물가 잡는다고 금리 인상하는 것까지는 좋은데 어느 정도까지 인상할 것인지, 그리고 어느 정도 인상해야 실물경제의 성장이 크게 훼손되지 않고 물가를 잡는 것인지 등 복합적인 내용을 묻는 질문이죠. 이런 어려운 질문에 파월 의장은 다음과 같이 답합니다.

> 올해 남은 FOMC 회의 때마다 금리를 올릴 가능성이 있느냐는 질문에 즉답하지 않고 대신 "겸손하고 민첩할(humble and nimble)" 필요가 있다며 "향후 데이터와 전망 변화에 따라 대응할 것"이라고 말했다. **《연합뉴스》, 2022. 1. 27**

인용문을 읽으면서 눈에 띄는 표현이 있지 않나요? 네, 불라드 총재가 지난해 6월부터 언급했던 '민첩한'이라는 단어가 눈에 들어오실 겁니다. 다만 그 앞에 '겸손한'이라는 단어가 하나 더 붙어 있네요.

연준의 전략: '겸손하고 민첩하게'

왜 '겸손하고 민첩하게'라는 표현을 썼을까요? 향후 물가 및 성장 전망을 어떤 확신을 갖고 바라보지 않겠다는 의미를 담고 있는 겁니다. 2021년 물가가 상승하던 초기에 파월 의장을 중심으로 한 연준은 물가 상승은 일시적이라는 확신을 갖고 있었습니다. 그리고 지속적으로 지금의 물가 상승은 일시적인 거니까 걱정할 필요 없다는 얘기를 반복했죠. 물가가 자연적으로 빠르게 안정될 것임을 확신했기에 조기 금리 인상과 같은 정책 대응을 하지 못하는 우愚를 범했던 겁니다. 네, 먼 미래를 예측하려고 했고, 그 예측이 맞다는 확신을 갖고 느슨한 대응을 한 결과, 인플레이션이라는 병을 키워버린 거죠. 그럼 앞으로는 어떻게 대응할까요? 인플레이션이 알아서 사라질 것이라는 주장을 하면서 '지난번에는 틀렸지만 이번에는 확실하다'라고 하면서 금리 인상을 계속해서 늦출까요? 아니면 인플레이션은 계속 강해질 것이니 금리 인상을 10차례나 하겠다는 엄포를 놓으려고 할까요?

연준이 이 상황에서 인플레이션을 너무 쉽게 생각한다는 이미지를 더 풍기면 앞서 말한 안이함의 극치가 되겠죠. 네, 인플레이션이 더욱더 강해질 수 있습니다. 반면 인플레이션이 엄청나게 강할 것이니까 금리를 10차례 인상하겠다는 식으로 확언을 해버리게 되면 시장 참가자들이 너무나 갑작스럽고 강한 태세 전환에 깜짝 놀라게 되겠죠. 경기부양책의 효과로 실물경제의 성장이 어느 정도 강해졌다고 해도 과거에 비해 부채가 너무나 크게 늘어나 있습니다. 그리고 금융위기 이후 겪었던 것처럼 인플레이션이 지금은 매우매우 강해도 어느 정도 레벨이 지나면 진짜 스르륵 녹아버릴 가능성도 열어두어야 할 겁니다. 인플레이션에 대한 예측 자체가 어려운 거죠. 그리고 이미 2021년 '일시적'이라는 표현을 쓰면서 한 차례 큰 실수를 했던 바 있기 때문에 더 이상의 실수는 용납하기 힘듭니다. 연준을 양치기 소년으로 몰아갈 수도 있는 상황이기에 이럴 때에는 먼 미래의 인플레이션에 확신을 갖고 예측하는 등의 행동은 삼가는 게 좋을 겁니다. 미래는 알 수 없다는 겸손한 마음으로 순간순간의 상황 변화를 지켜보다가 인플레이션이 보다 강해질 것이 뚜렷해지면, 혹은 생각보다 빠르게 인플레이션이 둔화되면 그때그때 긴축 혹은 완화로 대응하는 것이 훨씬 현명하겠죠.

천문을 보면서 1개월 후에 비가 내릴 것이라고 예측하는 사람이 있습니다. 날씨가 후덥지근해지는 것을 보니 1~2일 후에 비가 올 것이라고 예측하는 사람도 있죠. 아침에 일어나 무릎이 시리는 것이 느껴지니 오늘 비가 올 것 같다고 예측하는 사람도 있을 겁니다. 멀리서 먹구름이 가득한 것을 보니 1시간 후면 비가 올 것 같다고 예측하는 사람도 있겠죠. 빗방울 하나가 떨어지는 것을 느끼고 "소나기다!"라고 소리치면서 비를 피하려는 사람도 있을 겁니다. 마지막으로 폭우가 쏟아지고 나서야 어딘가 비 피할 곳을 찾는 사람도 있겠죠. 물론 1개월 전부터 정확하게 언제 비가 쏟아질지를 예측할 수 있다면 그보다 좋은 건 없을 겁니다. 그런데 1개월 전부터 하는 예측은 틀릴 가능성이 높죠. 확신을 갖고 비가 온다 했는데 비 한 방울 안 오면 망신당할 가능성도 높을 겁니다. 그렇지만 내일 혹은 1시간 후를 예측한다면 그만큼 틀릴 가능성이 낮아지지 않을까요? 일단 1개월 후의 비 예보는 정확하지 않을 수 있다는, 언제든 틀릴 수 있다는 겸손한 마음이 중요합니다. 그래야 계속해서 환경이 바뀌는 것을 보면서 틀릴 확률이 낮아졌을 때, 어느 정도 확신이 섰을 때 적절한 행동에 나설 수 있는 거겠죠.

연준 역시 미래의 인플레이션에 대해 확신을 갖고 예측하지 않겠다고 말하죠. 파월 의장은 겸손하게 실물경제가 어떻게 움직이는지 데이터를 계속 보겠다는 얘기를 하는 겁니다. 1시간 후에 비가 온다는 것을 깨달았을 때의 문제는 준비할 시간이 얼마 없다는 거죠. 그럼 느슨하게 대응하는 것이 아니라 민첩하게 움직여야 하지 않을까요? '겸손하고 민첩하게'는 인플레이션과의 전쟁을 준비하는 연준의 전략이 될 것입니다. 인플레이션의 움직임을 예의주시하는 겁니다.

인플레이션이 심각해질 것 같으면 행동에 나서야 하지만 너무 빠른 금리 인상은 성장을 훼손시킬 수 있습니다. 인질에게 큰

충격을 줄 수 있으니 이럴 때에는 한 차례 금리 인상을 하면서 떠보는 거죠. 인플레이션이 수그러들 기미를 보이지 않고, 실물경제 성장도 한 차례 금리 인상은 거뜬하게 견뎌낼 것 같습니다. 그럼 한 차례를 더 올려서 두 차례 인상을 예고해보고요. 마찬가지로 인플레이션이 여전히 꺾일 기미를 보이지 않고, 성장 역시 두 차례 인상 정도는 소화할 수 있다면 이때는 세 차례 인상의 뉘앙스를 풍겨주는 거죠. 실물경제의 성장세가 감당할 수 있다면 네 차례, 다섯 차례…… 계속해서 한 걸음씩 민첩하게 다가가는 겁니다. 언제까지냐고요? 인플레이션이 고개를 숙이게 되는 그 순간까지지요. 그래서 인플레이션이 '일시적'이지 않다는 것을 깨달았던 2021년 하반기에 연준은 그야말로 민첩한 태도 변화를 나타내게 되죠. 거의 2~3주에 한 차례씩 긴축 전망을 강화했던 겁니다.

잠시 2021년 7월의 기사 제목을 살펴보죠.

— 테이퍼링 논의 시작 합의한 연준… 다수는 '인내심 가져야'
《연합뉴스》, 2021. 7. 8

— 파월 '인플레 생각보다 높지만… 테이퍼링, 금리 인상 멀었다'
《아시아타임즈》, 2021. 7. 15

보이는 것처럼 2021년 7월까지 연준은 조속한 테이퍼링tapering(양적완화 규모를 점차 줄여나가는 것)이나 금리 인상 가능성에 무게를 전혀 두지 않았죠. 그런데 불과 1개월 후인 8월에 테이퍼링 쪽에 큰 변화가 나타납니다.

— 파월, 올해 테이퍼링 개시에 무게… 구체적 시점 언급은 없어
《뉴스핌》, 2021. 8. 27

— 美 연준, 이달 중 테이퍼링 개시… 내년 6월 종료
《오피니언 뉴스》, 2021. 11. 4

8월 말부터 테이퍼링 개시에 무게를 크게 싣기 시작했고 2022년 6월까지 진행하겠다는 언급을 하고 있습니다. 8월에는 여전히 금리 인상까지는 갈 길이 멀다고 했는데, 11월 초로 접어들

면서 금리에 대한 태도도 크게 바뀌면서 2022년 말에는 금리 인상이 한 차례 가능할 것 같다는 공식적인 코멘트가 나오기 시작했죠. 그리고 이후의 변화는 정말 빨랐습니다. 12월 이후를 볼까요.

— 해외 IB, '미 경제 견조한 성장세… 내년 금리 인상 최대 세 차례'

《이데일리》, 2021. 12. 6

— '매파 본색' 파월, 美 연내 금리 인상 4회 초과 가능성 시사

《연합뉴스》, 2022. 1. 27

— 연준 이사, 3월 0.5%p 인상 가능성 배제 안 해

《서울경제》, 2022. 2. 22

2021년 12월 최대 3차례로 봤던 2022년 1년 중 금리 인상 횟수가 2022년 1월 말에는 5회 이상으로 바뀔 것이라는 얘기가 나온 겁니다. 그리고 마지막 기사 제목처럼 일반적으로 한 번 인상할 때 0.25퍼센트씩 올리는 기준금리를 0.5퍼센트 인상하는 것도 검토해봐야 한다는 주장까지 나왔죠. 물가 상승세가 쉽게 꺾일 기미를 보이지 않는 상황에서 미국 경제의 성장세가 여전히 탄탄한 흐름을 이어가자 연준 역시 민첩하게 그 속도를 올리고 있는 겁니다. 그렇지만 성장세가 현저히 둔화되거나 혹은 갑작스레 공급망 이슈가 해결되면서 인플레이션이 운 좋게도 빠르게 수그러들면

지금까지 해왔던 전망들을 빠르게 되돌릴 수 있겠죠. 먼 미래를 예측하면서 큰 거 한 방을 맞추려고 하지 않습니다. 겸손하게 지속적인 상황 변화를 보면서 그때그때 민첩하게 움직이는 전략, 이게 성장을 인질로 잡은 인플레이션의 인질극에 대응하는 연준의 전략입니다.

혹시 '무궁화 꽃이 피었습니다'라는 놀이를 기억하나요? 술래(범인)가 잠시 뒤돌아서 "무궁화 꽃이 피었습니다"를 외칠 때 최대한 민첩하게 움직여야 하는 놀이죠. 연준의 전략은 상황을 다 무시하고 깡패처럼 다가가서 인플레이션의 판을 깨뜨리는 것이 아니라 시차를 두고 성장의 충격을 최소화하면서 인플레이션이라는 괴물의 힘을 빼려는 데 초점을 맞추고 있습니다. 1970년대 인플레이션을 좌시하던 안이함이나 1980년대 성장이 무너지더라도 물가를 잡겠다는 강인함과는 사뭇 다른 전략적인 모습을 보여주고 있죠. 무엇보다 중요한 것은 인플레이션을 키운 것이 안이함이었다면, 이제는 전략적인 치밀함과 신속함으로 인플레이션을 잡고자 계속해서 신경을 쓴다는 겁니다. 그럼 이제 인플레이션이 부활한 주원인 중 하나인 안이함은 해결이 된 건가요? 네, 인플레이션 파이터인 연준의 '겸손하게, 그리고 민첩하게'를 콘셉트로 한 태세의 전환은 인플레이션에게 상당한 부담으로 느껴질 것입니다.

추가 부양금은 간접적으로, 쪼개서, 신중하게 지급

인플레이션이 이렇게 강성해진 이유는 미국 중앙은행의 돈 풀기와 미국 행정부의 강한 경기부양 때문이라는 이야기를 했었죠. 중앙은행의 돈 풀기는 기존과 같지 않을 겁니다. 돈 풀기보다는 그때 풀어준 돈을 빨아들이는 긴축으로 '겸손하게, 그리고 민첩하게' 전환할 겁니다. 중앙은행 쪽은 이 정도로 정리를 한 것 같은데 미국 행정부의 강한 경기부양책은 어떨까요? 코로나19 사태 직후인 2020년 4월 트럼프 행정부에서는 사상 최대 규모인 2조 2000억 달러의 부양 자금을 과감하게 쏟아냈죠. 그리고 2020년 12월에는 9000억 달러를 추가로 공급했습니다. 불과 3개월 후인

2020년 3월, 새로 집권한 바이든 행정부에서는 1조 9000억 달러의 부양책을 발표했죠. 2조 2000억 달러, 9000억 달러, 1조 9000억 달러를 모두 합하면 5조 달러인가요? 5조 달러라면 그 규모가 쉽게 느껴지지 않을 텐데, 한국 GDP가 1조 8000억 달러 정도 됩니다. 5조 달러에 비하면 초라해 보이는데, 1조 8000억 달러인 한국 GDP가 세계 10위라면 느낌이 좀 달라지지 않나요? 참고로 세계 3위인 일본의 GDP가 5조 1000억 달러 정도 됩니다. 일본 GDP에 해당되는 금액을 2020년 4월부터 2021년 3월까지 1년 남짓 되는 기간에 쏟아낸 것이라 보면 되겠죠. 이 정도에 그치는 게 아닙니다. 바이든 행정부에서는 3조 달러 이상의 인프라와 가족들의 복지에 초점을 맞춘 거대한 가족 맞춤 추가 부양책을 준비하고 있습니다.

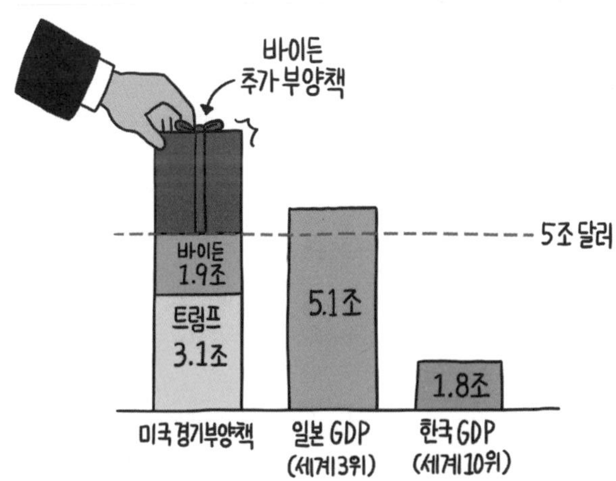

역시 '천조국'인 미국다운 스케일인가요? 그런데 아무리 천조국이라도 이런 질문은 받을 겁니다. '미국 행정부는 이렇게 큰 돈을 어디서 구할 수 있을까요?' 현금을 쌓아놓고 있는 게 아니라면 벌어서 지급을 해주거나 빌려서 지급을 했겠죠. 국가가 돈을 버는 방법 중 가장 잘 알려진 것이 세금을 걷는 겁니다. 그런데 미국 경제가 코로나19로 인해 신음하고 있어 세금을 감면해주고 경기부양 자금도 뿌려주는 상황에서 세금을 더 걷는다는 건 난센스 아닐까요? 그럼 세금 인상을 통한 수입 증가가 어렵다면 돈을 빌려서 경기부양을 했겠죠. 그랬더니 이런 뉴스가 나오는 겁니다.

> **— 美 국가부채, 사상 처음 30조 弗 넘었다… '코로나19 대응 여파'**
>
> 신종 코로나19바이러스 감염증(코로나19) 대응을 위한 확장적 재정정책 등의 여파로 미국의 국가 부채가 사상 최초로 30조 달러(약 3경 6270조 원) 선을 넘겼다. 1일(현지시간) 미국 일간 월스트리트저널에 따르면 미 재무부는 전날 기준 국가 부채가 30조 100억 달러(약 3경 6282조 원)를 기록했다고 밝혔다.
>
> 이는 미국 경제가 코로나19의 유행에 타격을 받기 직전인 2020년 1월 말보다 거의 7조 달러(약 8463조 원) 늘어난 액수다. 미 의회는 코로나19 기간 경세 충격에 대응해 소상공인과

실업자, 세입자 등을 지원하기 위한 수조 달러 규모 지출을 승인했다. **《연합뉴스》, 2022. 2. 2**

경기부양을 위해서 지출을 크게 늘리면서 코로나19 이전보다 약 7조 달러의 국가 부채가 늘어났죠. 코로나19 비상 시국인 만큼 어쩔 수 없었던 것은 사실이지만 부채가 크게 늘어났다는 것 자체가 주는 부담감이 일단 상당할 겁니다. 더 큰 부담은, 이렇게 늘린 재정 지출이 인플레이션을 깨웠다는 것입니다. 잠시 생각해볼까요? 경기부양을 합니다. 그러면서 개인들에게 돈을 100만 원씩 쥐어줍니다. 그럼 사람들의 소비는 크게 늘어나게 될 겁니다. 문제는 인플레이션이죠. 과장을 좀 보태서 물가가 큰 폭으로 뛰어올라 새우깡이 100만 원이 되면 어떤 일이 벌어지게 될까요? 네, 물가 상승으로 인해 실질적인 경기부양 효과가 사라져버리는 문제가 생기겠죠. 그럼 부양해준 것보다 물가가 더 올라서 그 효과는 크게 낮아졌는데 국가 부채만 크게 늘어난 겁니다. 이건 좀 문제가 있지 않을까요? 그러다 보니 현재까지의 부양책이 과도했다는 비판이 계속해서 흘러나오고 있고, 이는 앞서 언급한 추가 부양책에는 큰 걸림돌이 된 겁니다. 관련 기사 잠시 보고 넘어가죠.

조 바이든 미국 대통령이 차기 경기부양책으로 내건 3조 5000억 달러 규모의 사회안전망 확충과 기후변화 대처 법안이 내부결집에 난항을 겪으며 결국 총규모가 1조 7500억 달러로 반토막 날 전망이다. 그 안에 담길 각종 프로그램도 1/3로 대폭 축소되거나 삭제되는 등 누더기가 될 처지다. '더 나은 미국재건법안Build Back Better Act'으로 불리는 바이든 인적 인프라 플랜은 민주당 독자 가결을 위해 예산조정법을 적용, 예산결의안에서 규정한 대로 세부안을 마련하는 마라톤 입법 작업을 벌여왔다. 하지만 10월 말로 잡은 자체 시한이 임박한 가운데 바이든 대통령은 결국 총규모를 절반인 1조 7500억 달러로 줄이는 작업에 나섰다. 단 한 명도 이탈해서는 안 되는 민주당 상원의원 50명 가운데 조 맨친, 크리스텐 시네마 등 중도파 상원의원 등이 1조 5000억 달러를 고집하는 바람에 2조 달러 아래로 대폭 낮출 수밖에 없었던 것.

《내일신문》, 2021. 10. 26

네, 바이든이 계획한 추가 부양책의 규모는 약 3조 5000억 달러였는데 1조 7500억 달러로 반 토막이 날 수 있다는 거죠. 추가 부양책으로 인해 현재까지도 이렇게 기승을 부리는 인플레이션을 더 자극하게 되면 경기부양의 의미가 크게 퇴색될 수 있다는 주장입니다. 바이든 대통령은 민주당 소속인데, 아군이라고 할 수 있는 민주당 내에서도 바이든 대통령의 3조 5000억 달러 부양책에 반대를 하고 있는 겁니다. 그러니 쉽게 통과가 되지 못하는 거겠죠. 추가 부양책 얘기가 이미 2021년 4월부터 회자되었으나 2022년 초까지도 통과되지 못했습니다. 언제 통과될지는 모르지만 적어도 추가 부양책이 기존에 계획했던 것보다는 크게 줄어들었다는 점, 그리고 이런 부양책이 물가를 자극할 수 있다는 비난이 있기에 마구잡이로 진행되기가 어렵다는 점을 기억해야 합니다.

조금만 더 말해보자면, 크게 줄어들 것으로 보이는 바이든표 추가 부양책은 기존의 부양책과는 상당한 차이가 있습니다. 우선, 추가 부양책은 인프라 및 사회 복지에 초점을 맞추고 있죠. 개인들에게 1000달러 이상의 현금을 직접 지급하면서 즉각 소비에 나설 수 있게 해주었던 기존의 부양책과는 달리 인프라 투자를 늘리면서 그 분야의 일자리를 늘려주는 정책이 대부분입니다. 직접 현금을 지급하는 정책이 소비를 즉시 끌어올려서 인플레이션을 보다 직접적으로 자극했다면 추가 부양책은 인프라 쪽의 일자리를 늘려서 월급을 받도록 하고, 그 월급으로 소비를 점차적으로 늘리는 방향으로 진행될 예정입니다. 추가 부양책이 인플레이션을 직접 자극하는 효과는 상대적으로 낮겠죠. 또한 추가 부양책은 기존의 부양책처럼 한 번에 2조 2000억 달러, 1조 9000억 달러를 쏟아내지 않습니다. 코로나19로 인해 긴박했던 상황이었기에 초단기에 그렇게 많은 돈을 지급했다면 추가 부양책은 10여 년에 걸친 긴 기간 동안에 일정 금액을 나누어서 주는 구조라고 할 수 있습니다. 예를 들어 3조 5000억 달러 수준의 부양책이 통과된다면 바로 3조 5000억 달러가 쏟아지는 것이 아니라 이걸 10년 동안 나누어 주는 겁니다. 그럼 매년 3500억 달러 정도가 되는 것 아닐까요?

한 번에 역대급 금액을 몰아주는 경우와 비교한다면 10년에 나누어 주는 건 상대적으로 인플레이션을 덜 자극하리라 생각합니다. 그래서 미국 재무부의 옐런 재무장관은 추가 부양책이 인플레이션을 크게 자극한다는 비난 여론에 대해 다음과 같이 답을 하고 있는 겁니다.

> 옐런 장관은 "바이든 대통령의 패키지는 매년 대략 4000억 달러(444조 원)의 지출을 하게 될 것"이라며 "인플레이션 과잉을 유발하기엔 충분하지 않다"고 주장했다. 이어 "구제 패키지로 인한 가격 급등은 내년에 사라질 것"이라고도 했다.
>
> **《헤럴드경제》, 2021. 6. 7**

인플레이션을 깨어나게 만든 가장 큰 원인은 중앙은행의 무제한 돈 풀기와 정부의 강한 재정 정책에 있었죠. 미국 중앙은행인 연준은 이제 인플레이션에 대한 부담을 느끼면서 긴축으로 태세 전환을 했고, 미국 행정부 역시 추가 부양책이 인플레이션을 자극할 수 있다는 점에 상당한 부담을 느끼고 있습니다. 인플레이션이 하늘 위로 치솟게 만들었던 두 가지 원천이 다소 약해진다는 점을 생각해보면 언제가 될지는 모르겠지만 시간이 지나면 인플레이션의 기세가 다소 약해지지 않을까요? 앞서 미국의 과감한 경기부양책이 인플레이션을 키울 것이라고 강하게 경고했던 서머스를 기억하나요? 서머스가 인플레이션이 강성해지던 초기에 강한 경고를 했음에도 바이든 행정부와 연준이 크게 신경을 쓰지 않는 모습을 보이자 다음과 같은 조언을 합니다. 정말 중요한 내용이니까, 한 번 꼼꼼히 읽어볼까요. 느껴지는 바가 있을 겁니다.

미국의 4월 소비자물가가 월가 예상을 훌쩍 웃돌자 래리 서머스 전 미국 재무장관이 백악관에 경기 과열을 또 한 번 경고하면서 문제 해결을 위한 해법 세 가지를 공개했다. 12일(현지 시각) CNN에 따르면 서머스 전 장관은 "수개월 전 상황이 어떠했든 간에 미국이 향후 1년 또는 2년간 직면할 가장 큰 리스크는 경기 과열(overheating)이라는 게 분명하다"고 말했다. (중략) 서머스 전 장관은 인플레이션이 더 상승할 경우 연방준비제도의 접근법으로는 연착륙이 어렵다고 지적했다.

그러면서 바이든 행정부에 세 가지 해법을 제시했다. 우선 공개적으로 인플레이션에 대한 우려를 더 많이 나타내 장래 인플레이션에 대한 기대를 누그러뜨리라고 권했다. 인플레이션 기대가 높으면 실제로 인플레이션이 상승할 수 있기 때문이다. 또 연방 실업수당 추가 지급을 오는 9월에 또다시 연장하지 않겠다는 신호를 주라고 했다. 마지막으로 코로나19 구호 기금을 분배하는 속도를 늦추라고 조언했다.

《연합인포맥스》, 2021. 5. 13

이런 식으로 하면 인플레이션이 심각해질 것이니 조심해야 한다고 아무리 경고해도 너무나 안일하게 대응을 하기에 서머스가 한숨을 쉬면서 말하는 겁니다. '오케이, 그렇게 안이하게 생각한다면 어쩔 수 없는데 이 3가지만은 꼭 지켜라. 최소한이다, 최소한……'이라고 말하는 느낌입니다. 서머스가 당부한, 꼭 지켜야 할 3가지를 하나씩 설명해보겠습니다.

첫째, 바이든 행정부와 연준 모두 인플레이션을 경계하고 있다는 얘기를 계속해서 해야 한다는 것입니다. '인플레이션은 찾아오지 않을 거니까 걱정할 필요 없다'는 식으로 일관하지 말고 '아직은 아니지만 물가가 올라오면 언제든 대응할 수 있도록 만반의 태세를 갖추고 있다'는 메시지를 계속해서 보내주라는 겁니다. 정말 중요한 얘기입니다. 구체적으로는 인플레이션에 대한 우려를 자주 표명하면서 미래 인플레이션 기대 심리를 눌러놓으라고 하고 있습니다. 연준이나 바이든 행정부처럼 인플레이션을 잡는 데 가장 신경을 써야 하는 위정자들이 물가가 상승하는 데도 불구하고 인플레이션은 신경 안 써도 된다고 말하면서 안이한 태도로 일관한다면 경제 주체들은 어떻게 느끼게 될지 생각해보라는 겁니다. 인플레이션이라는 적을 경계하는 전 세계의 유일한 보초병이 누가 봐도 적이 쳐들어올 것 같은데 해이해져 있다면 인플레이션을 막을 수 없다는 불안감이 커지게 될 겁니다. 그렇게 물가 상승에 대한 기대가 커지면 미래의 소비를 당겨서 지금 폭발시켜버릴 수 있죠. 그게 더욱더 큰 인플레이션을 만들어내게 됩니다. 서머스는 이걸 경계하고 있는 거죠.

두 번째로는 연방 실업수당 추가 지급을 연장하지 않겠다는 신호를 주라고 합니다. 코로나19로 인해 일자리를 잃은 사람들에게 실업 급여라는 형태로 상당한 수준의 보상금을 지급하는 정책을 펼쳤습니다. 문제는 일을 하고 있을 때와 거의 비슷한 수준의 실업 급여를 계속해서 주고 있는 겁니다. 그럼 사람들은 일자리로 돌아가고 싶지 않겠죠. 일을 안 하고도 비슷한 급여를 받는다면 굳이 바이러스 감염 위험 등을 무릅쓰고 일을 하러 나갈 이유가 없는 겁니다. 그럼 사람들이 일자리로 복귀하지 않을 것이고, 인력의 공급이 위축되면서 임금이 상승하게 됩니다. 서머스는 이걸 계속해서 연장해주면 사람들이 일자리로 영원히 복귀하지 않으면서 임금의 급등을 낳고, 이게 상당히 긴 인플레이션을 만들 수 있으니 실업 급여 지급을 중단하고, 중단하기 전에도 계속해서 중단한다는 메시지를 던져주라고 주문하는 거죠. 그래야 사람들이 실업 급여를 받으면서도 '실업 급여를 9월까지밖에 받지 못하니 이제 슬슬 일자리를 찾을 준비를 해야 하겠구나'라는 생각을 한다는 겁니다.

마지막으로는 코로나19 구호 기금인데, 경기부양책을 진행할 때에도 한 번에 쏟아내지 말고 나누어서 풀어주라고 얘기하고 있습니다. 3조 5000억 달러를 한 번에 주는 것보다는 3500억 달러씩 10년에 나누어서 주는 것이 인플레이션을 덜 자극한다는 의미가 되겠죠.

인플레이션 우려감 표출하라

실업수당 그만줘라

지원금은 장기간 나눠서 줘라

이상이 인플레이션을 가장 빠르게, 그리고 가장 강하게 경고했던 서머스가 최소한 지키라고 한 3가지입니다. 실제 조금 늦기는 했어도 인플레이션 상승이 일시적이지 않음을 깨달은 2021년 하반기부터 연준이 인플레이션 제압을 위해 겸손하고 민첩하게 태세를 전환한 점, 그리고 추가 부양책의 절대 금액이 줄어든다는 점, 그리고 부양 자금을 직접 쓰라고 현금으로 주는 것이 아니라 일자리 창출을 위해 지급한다는 점, 마지막으로 추가 부양책을 10여 년 동안 나누어 진행한다는 점을 생각해보면 서머스의 조언이 실제로 이행되고 있다고 볼 수 있지 않을까요? 그런 조언을 제대로 따른다면 지금까지 인플레이션이 강해진 것은 어쩔 수 없어도 장기적으로 강한 모습, 즉 1970년대와 같은 '거대한 인플레이션의 시대'를 만들어낼 가능성은 낮다고 할 수 있지 않을까요?

공급 문제를 이해하기 위해 알아야 할 것들

거대한 인플레이션을 만들어냈던 과도한 경기부양 및 연준의 안일한 태도는 상당 수준 바뀌게 될 것으로 보입니다. 그럼에도 불안한 것들이 있죠. 바로 공급 측 이슈입니다. 앞에서 인플레이션이 강해진 이유를 몇 가지 이야기했습니다. 임금과 원자재 가격의 빠른 상승, 공급망의 제한, 폭발적 수요 증가를 따라잡지 못하는 기업들의 공급 부족으로 정리를 할 수 있습니다. 공급 측 이슈가 언제 어떻게 변하게 될지를 예측하는 것은 매우 어렵습니다. 바이러스, 자산 가격, 산유국들을 비롯한 원자재 생산국의 이해관계, 미국과 '중국&러시아'의 패권 다툼, 그리고 기후 위기 대응 차원에서 진행되는 화석 연료에 대한 규제 등 예측할 수 없는 이슈들이 서로 얽혀 있기 때문이죠. 이번에는 임금의 상승과 산유국의 이해관계, 그리고 미·중 관세 분쟁 등 어느 정도 개연성 있는 전망을 제시할 수 있는 이슈 중심으로 이야기해보겠습니다.

1. 노동력 부족으로 인한 임금 상승

임금의 상승은 자산 가격의 급등, 그리고 변이 바이러스로 인한 일자리 복귀의 지연이 만들어낸 바가 큽니다. 먼저 자산 가격의 급등이 만들어낸 임금 상승부터 보겠습니다. 미국 S&P500 지수나 나스닥 지수처럼 자산 가격이 워낙 안정적인 상승 흐름을 이어가게 되면 사람들은 주식 투자, 코인 투자에 대한 기대감을 키우게 됩니다. 굳이 노동을 하지 않고도 안정적인 수익을 낼 수 있는 원천이 있다면 일자리를 찾기보다는 금융 투자를 이어갈 개연성이 높죠. 시장이 일방적으로 오르기만 한다는 기대, 혹여나 주가가 하락하더라도 연준이 돈을 풀어서 그 하락을 만회해준다는 학습 효과가 강하게 작용한다면 이런 현상이 보다 심해질 것이고요. 이는 노동력 부족으로 인한 임금 상승세를 더욱 자극할 수 있습니다.

그런데 만약 자산시장이 흔들릴 때 연준이 돈 풀기를 통해 자산 가격의 하방을 막아주지 않는다면 어떤 일이 벌어지게 될까요? 아마도 금융 투자가 '안정적으로 돈을 벌 수 있는 수익의 원천'이라는 투자자들의 기대에 찬물을 끼얹을 수 있을 겁니다. 네, 앞서 연준은 겸손하고 민첩한 긴축을 단행할 것이라며 태세 전환을 선언했죠. 과거와 같이 약간의 주식시장 하락에 연준이 돈 풀기로

반응해줄 가능성은 상당히 낮아졌습니다. 이렇게 되면 투자자들이 주가 하락에 대한 부담을 안고 가게 되는 것 아닐까요? 하락한다고 단정 짓기보다는 하락을 항상 막아주었던 든든한 버팀목이자 비빌 언덕이었던 연준의 돈 풀기가 사라졌으니 투자자 입장에서는 '안정적 투자'에서 '안정적'이라는 단어가 사라진 겁니다.

아울러 연준의 긴축은 과거 대비 금리의 상승을 만들어내기 때문에 대출을 과도하게 끌어와서 주식을 사들인 투자자들의 이자 부담은 더욱 커지게 될 겁니다. 연준의 하방 지지라는 지원 중단과 금리의 상승은 새롭게 대출을 받아 주식에 투자하려는 투자자들의 의지를 꺾어버리겠죠. 투자는 내가 산 가격보다 더 높은 가격으로 뒤에서 누군가가 사줘야 이득을 봅니다. 내가 산 주식을 빚을 내서라도 사겠다는 사람들이 줄어든다면 금융시장의 과도했던 열기 역시 일정 수준 낮아질 수 있습니다. 연준의 막대한 돈 풀기가 만들어낸 자산시장 투자로의 쏠림이라는 부작용은 연준의 긴축 전환과 함께 일정 수준 개선될 것으로 생각합니다. 이어 나타날 근로자의 일자리 복귀는 임금의 상승을 제한하는 역할을 하게 되겠죠. 네, 이렇게 되면 상승 일변도를 이어가던 인플레이션의 발목을 잡게 될 것이라 기대합니다.

임금 상승의 두 번째 요소가 바이러스일 텐데, 현재 코로나19 바이러스 사태가 어떻게 변화해갈지 예측한다는 건 사실 쉽지 않습니다. 2021년 상반기에 백신의 보급이 빨라졌을 때 한껏 기대를 가졌다가 델타 변이를 만났고, '위드 코로나'까지 도입하는 등 자신감에 차 있다가 오미크론을 만나면서 단기간에 수만 명의 코로나19 확진자가 발생하는 상황만 봐도 바이러스 변이의 움직임을 예단한다는 것을 사실상 불가능합니다. 다만 과거 대비 나아진 점이 있는지를 찾아보는 것은 의미가 있겠죠. 신흥국의 백신 보급률이 낮기 때문에 신흥국발 변이 바이러스로 인한 문제가 결국에는 백신 보급률이 높은 선진국까지 영향을 주고 있습니다. 지난해 하반기부터 G20 보건장관 회의에서 논의된 것처럼 신흥국에 백신 보급을 확대하는 방안이 빠르게 추진되고 있습니다. 신흥국의 보건 자체를 위한 것도 있지만 선진국으로의 변종 바이러스 전이를 사전에 차단하려는 면도 강하죠. 신흥국 백신의 보급이 어느 정도 긍정적인 영향을 줄 수 있을지 예단할 수는 없습니다. 다만 이로 인해 델타, 오미크론 이후에 추가로 변이 바이러스의 출현이 제한된다는 가정을 한다면 보건의 위기로 인한 일자리 복귀의 지연과 임금의 상승, 그리고 인플레이션 압력 완화에도 도움을 줄 수 있을 겁니다.

2. 국제유가 급등, 양날의 검

다음으로 원자재 가격 상승발 인플레이션입니다. 원자재 가격 급등이 현재 상황에서는 참 부담스러운 것이 성장을 둔화시키는 요인도 되면서 물가 역시 끌어올리는 악재로 작용하기 때문입니다. 대부분 경기를 둔화시키는 악재는 경기 둔화로 인한 수요의 약화를 가져오면서 물가를 누르는 하락 압력으로 작용합니다. 그런데 원자재 가격 이슈는 참 독특한 것이 성장을 둔화시키면서도 공급 부족으로 인한, 그리고 임금 상승으로 인한 물가 상승을 만들어낸다는 겁니다. 성장 둔화를 막기 위해서는 경기부양을 해야 하고 물가가 오르는 것을 막기 위해서는 긴축을 해야 하니 참 대응하기 어려운 상황이 되는 겁니다.

그런데 반대로 생각하면 원자재 가격 급등이라는 악재가 풀리면 성장에는 도움을 주면서도 물가는 끌어내리는 일석이조의 효과를 기대할 수 있습니다. 앞서 연준이 고민하는 부분이 바로 인플레이션의 인질극이었죠. 성장을 인질로 잡은 인플레이션 때문에 연준은 딜레마에 빠질 수밖에 없습니다. 인플레이션을 잡으면 성장이 무너질 것이고, 성장을 생각하면서 소극적으로 대응하면 인플레이션이 보다 더 강해지니까요. 이럴 때에 원자재 가격이라도 안정되면 성장은 강화시켜주면서 인플레이션에게만 치명타를 주는, 그야말로 천군만마가 되지 않을까요? 그런 기대를 담아 원자재 중 대표 격인 원유 가격에 대한 이야기를 해보겠습니다.

대표적인 산유국 모임이 OPEC+입니다. 사우디를 중심으로 한 OPEC 국가들과 러시아를 중심으로 한 비非OPEC 산유국들이 2016년 국제유가 급락에 대응하기 위해 새롭게 구성한 산유국 공동체입니다. 국제유가 급락은 산유국 경제에는 그야말로 치명적인 악재입니다. 그래서 국제유가 급락기에는 산유국들이 함께 원유 공급을 줄이면서 국제유가 하락 방어에 나서곤 하죠. 함께할 수밖에 없는 이유가 있습니다. A산유국은 원유 공급을 줄이면서 유가 하락을 방어하는데, 다른 산유국들은 원유 공급을 그대로 유지한다고 가정합니다. 그럼 원유 공급을 줄인 A산유국은 국제유가 하락을 방어하는 데는 기여를 하겠지만 공급을 줄인 만큼 수입이 줄어들죠. 반대로 원유 공급을 기존과 같은 수준으로 유지해온 산유국들은 원유 가격이 하락함에도 감산을 단행한 A산유국의 고귀한 희생(?) 덕에 거의 피해를 보지 않는 겁니다. 유가 하락이라는 공동의 위기에 어떤 국가는 희생을 하고 다른 국가들은 혜택을 계속해서 누리는 케이스는 용납되기 어렵겠죠. 그래서 산유국 간의 공조가 필요한 겁니다. 특정 국가만 감산하는 것이 아니라 함께 감산을 하는 거죠. 증산 역시 함께하는 겁니다. 이를 감산 공조, 혹은 증산 공조라고 부릅니다.

2020년 3월 코로나19 사태 당시 국제유가가 마이너스까지 무너지는 상황에서 OPEC+ 국가들의 감산 공조가 단행되었고, 지금까지 이어지고 있습니다. 문제는 주요국의 강한 경기부양에 힘입어 글로벌 경제가 상당 수준 강해졌음에도 불구하고 감산 공조를 이어가고 있다는 거죠. 글로벌 경제 회복이 빨라졌다는 것은 글로벌 공장 가동률이 정상화되면서 원유 수요가 늘어났음을 의미합니다. 원유 수요는 늘었는데 원유 생산을 기존보다 적게 하면 수요는 많아지는데 공급은 줄어드는 상황, 즉 원유 가격의 상승을 촉발하게 되죠. 국제유가는 2020년 3월 이후 상당히 빠르게 올랐을 뿐 아니라 코로나19 사태 이전보다 더 높아졌습니다.

인플레이션 문제로 곤혹을 치르고 있는 바이든 행정부에서는 OPEC+에 원유 증산을 요구하고 있죠. 원유 증산이 단행되면 국제유가가 하락하게 되고, 국제유가의 하락은 인플레이션 압력을 다소나마 약화시킬 수 있기 때문입니다. 그렇지만 아직 OPEC+의 태도는 매우 신중하죠. 코로나19 이후 회복했다고는 하지만 아직 불확실한 점이 많기 때문에 섣불리 증산에 나섰다가는 간신히 끌어올렸던 국제유가가 크게 흔들릴 수 있다는 우려를 갖고 있는 겁니다. 또한 미국 내 인플레이션 압력이 강하기 때문에 물가가 더 오를 것이라는 심리가 더욱더 강해지고, 이런 심리가 더 강해지게 되면 물가가 오르기 전에 물건을 미리 사려는 경향이 커질 수 있습니다. 그럼 현재 국제유가가 높다 해도 사람들이 더 높아지기 전에 사두자라는 생각을 하게 되겠죠. 네, 인플레이션 압력이 높을 때에는 산유국들의 입김이 강해져 국제유가를 높여서 불러도 원유 수입국이 쩔쩔 맬 수밖에 없죠. 지금처럼 물가 상승 압력이 높은 상황에서, 더 높은 유가를 제시해도 원유 수출을 해서 돈을 벌 수 있는데 굳이 자신들의 마진을 깎아먹는 원유 증산을 선택하기는 쉽지 않을 겁니다.

그렇지만 저는 산유국들이 2008년과 2011년의 기억을 여전히 갖고 있다고 생각합니다. 당시 글로벌 경기가 둔화되는 국면에서도 산유국들은 증산을 하지 않으면서 국제유가를 너무 높게 유지했습니다. 성장은 약해지는데 국제유가는 하늘에 떠 있는 형국이었던 겁니다. 원유에 대한 수요가 위축된 상태에서 가격이 너무 높으면 하늘에 떠 있던 국제유가가 땅으로 무너져 내릴 수 있죠. 2008년 9월 리먼브라더스 파산 이후 본격화된 금융위기로 인해 국제유가는 2008년 5월 최고치였던 배럴당 145달러에서 33달러까지 단기에 급락했죠. 2011~2012년 유럽 재정위기가 터지면서 글로벌 경제 체력이 약해지자 국제유가는 상당 기간을 거치면서 흘러내리게 됩니다. 2011년 당시 배럴당 120달러를 넘나들던 국제유가가 2016년 초 배럴당 26달러까지 하락했었죠. 당시 국제유가의 급락은 향후 이를 막기 위한 2016년의 OPEC+ 결성으로 이어졌던 경험이 있습니다. 당시 그래프를 보죠(그래프 19).

그래프 19 • **국제유가 추이 (2012년 이후)**

금융위기 이후 강력한 경기부양에 힘입어 고공비행을 하던 국제유가는 미국 셰일 오일뿐만 아니라 OPEC 산유국들의 원유 공급 확대 영향으로 큰 폭으로 하락합니다. 2016년 2월 OPEC 국가들과 러시아 등의 비OPEC 산유국이 감산 공조에 나선 이후 안정세를 찾게 됩니다. 그러나 2020년 3월 코로나19 사태로 인해 원유 수요 감소 및 OPEC+ 내 갈등이 보다 심화되면서 국제유가는 다시 한번 급락하게 됩니다.

너무 높은 국제유가가 산유국에 꼭 좋은 것만은 아니라는 교훈을 심어주었겠죠. 또한 너무 높은 국제유가는 글로벌 수요를 약화시켜 원유 가격에 악재로 작용할 뿐 아니라 원유 수입국으로 하여금 대체 에너지의 개발을 촉진하게 할 수 있습니다. 과거 사우디의 유명한 석유 장관이었던 아흐메드 자키 야마니Ahmed Zaki Yamani는 '석기 시대는 돌이 부족해서 끝난 것이 아니다'라는 이야기를 했다고 합니다.

석기 시대는 청동기에 의해 대체되면서 역사 속으로 사라져갔죠. 석유가 다 떨어지지 않더라도 석유를 대체할 수 있는 대체 에너지의 개발이 이루어진다면 석유의 패권이 상당 수준 낮아질 수 있습니다. 그리고 그런 대체 에너지의 개발에 박차를 가하게 만드는 것이 과도한 고유가일 수 있기 때문에 지금처럼 인플레이션을 크게 자극할 정도의 국제유가 레벨이 이어지는 데 대해 OPEC+ 산유국들도 부담을 느끼게 될 겁니다.

산유국과 원유 수입국 간의, 그리고 산유국들 간의 상당한 갈등은 있겠지만 결국에는 증산 공조를 통해 원유 가격을 일정 수준으로 안정시키는 것이 글로벌 차원에서 인플레이션에 대처할 수 있는 공생共生의 방안이 될 것인 만큼 긍정적인 방향으로 에너지 가격이 안정될 수 있다고 생각합니다. 고공비행을 이어가는 국제유가는 산유국에게 당장은 복福이 될 수 있지만 글로벌 수요 둔화를 촉발할 경우 독毒이 될 수도 있는 양날의 검이라 할 수 있겠죠. 고유가가 산유국에게 반드시 유리한 것만은 아니기에, 시기를 예단하기는 어렵겠지만 국제유가 안정을 위한 산유국들의 증산이라는 국제 공조를 기대할 수 있겠죠. 이외에도 미국과 이란의 갈등으로 인해 전 세계 원유 및 천연가스 생산에서 큰 비중을 차지하고 있는 이란산 원유와 천연가스 공급이 제한되고 있습니다. 2015년 오바마 행정부 때 이란과의 갈등을 완화시키고 난 이후 국제유가가 큰 폭으로 하락한 경험이 있는데, 이번에도 인플레이션 압력으로 인해 고통 받는 미국이기에 산유국인 이란과의 협의를 긍정적으로 이끌 수 있는 개연성도 있습니다.

3. 미·중 관세 분쟁 완화

단기적으로는 기대난망이겠지만, 향후 미·중 관계의 개선이 가능하다면 기대할 수 있는 이슈를 이야기해보겠습니다. 바로 미·중 관세 분쟁의 완화죠. 2018년 트럼프 행정부에서 시작된 중국산 수입품에 대한 관세 부과가 여전히 이어지고 있는데, 관세 부과를 하던 2018년 당시에는 지금과 비교했을 때 인플레이션 압력이 그리 높지 않았습니다. 그러나 40년 만에 가장 높은 수준의 인플레이션을 기록하고 있는 지금 계속해서 이어지고 있는 중국 수입품에 대한 관세는 물가 상승을 자극하는 요인 중 하나가 되고 있죠.

단기적으로는 대중 관세를 철폐하거나 낮추는 것이 쉽지 않을 겁니다. 미·중 무역 분쟁의 해결 차원으로 2019년 하반기 진행된 미·중 무역 합의에서 중국은 2000억 달러에 달하는 미국산 제품을 구입하기로 했지만 제대로 이행하지 않았죠. 이외에도 대만 안보에 관한 이슈, 무역 협정 관련 이슈 등에서 사사건건 미국과 중국은 충돌해왔습니다. 바이든 행정부에서도 중국의 불공정한 관행에 대해 상당한 불만을 갖고 있어 대중 강경 기조를 상당 기간 유지할 것으로 보입니다. 재무장관으로 취임했던 2021년 초, 옐런의 코멘트를 보면 미·중 관세가 풀린다는 기대를 갖기에는 상당히 어렵다는 느낌을 받습니다. 그런데 2021년 하반기 인플레이션 부담이 전면에 부상하면서 분위기가 사뭇 달라지기 시작합니다. 2021년 초와 11월, 어떻게 바뀌었는지 기사 제목을 읽어보죠.

— 옐런 재무, '당분간 대중 무역 관세 현행 유지… 철저한 검토' 《뉴스1》, 2021. 2. 19

— 옐런 美 재무장관, '미국 인플레 진정 위해 중국산 제품 관세 인하 검토' 《초이스경제》, 2021. 11. 2

인플레이션 압력 해소를 위해, 그리고 장기간 이어져온 중국과의 교역에서 부담을 덜기 위해 미국의 기업 단체에서도 대중 관세를 일정 수준 조절해줄 것을 요청하는 서한이 접수되었죠. 중국과의 글로벌 패권 다툼과 대중국 강경책을 표면에 내세우면서 대중 관세를 완화하는 정책을 발표했을 때 나타날 수 있는 미국 대중들의 반감이 상당히 크기에 바이든 행정부에서는 여전히 대중 관세 인하를 고려만 할 뿐 쉽게 결정하지는 못하는 분위기입니다. 네, 여전한 미·중 관계를 보면 당분간 대중 관세 인하를 기대하기는 쉽지 않겠죠. 그렇지만 인플레이션으로 인해 바이든 행정부에 대한 불만이 더 커진다면 어떨까요? 약간 과도한 설정이기는 하지만 미·중 관세로 인해 커지는 인플레이션이 바이든 행정부에 미치는 악영향과 미·중 관세 철폐 시에 부각될 수 있는 대중국 외교 실패가 미치는 악영향 중 어느 쪽이 더 치명적일지 생각해보는 겁니다. 물론 예단하기는 어렵지만 인플레이션 문제가 쉽게 해결되지 않는다면 미·중 관세 인하에 대한 내부적인 이슈 제기는 보다 강해지리라 봅니다.

실제로 미국 백악관 내부에서는 인플레이션을 해결하기 위해 대기업 독점을 제한하는 규제 법안을 준비한다는 얘기가 나오고 있습니다. 반면 미국 재무부에서는 대중 관세 부과를 손봐야 한다는 얘기가 힘을 얻고 있습니다. 한국으로 따지면 청와대와 기획재

정부가 물가 상승에 대해 한쪽은 대기업 규제로, 다른 한쪽은 관세 인하라는 서로 다른 해결책을 내놓은 것과 같죠. 관련 기사를 읽어보겠습니다.

> 조 바이든 미국 정부가 연일 치솟는 물가에 어떻게 대응할지를 놓고 분열됐다. 10일(현지시간) 워싱턴포스트에 따르면 바이든 대통령을 비롯해 백악관이 대기업의 독과점 등 횡포를 문제 원인으로 분석한 반면, 재무부는 중국에 부과한 관세를 짚고 있다. (중략)
>
> 백악관은 팬데믹 기간 동안의 대기업의 독과점 행태를 문제 삼아 연방기관을 동원한 반독점 조사에 나섰다. 최근 휘발유, 육류 등 소비자체감 지수가 높은 품목의 가격 인상이 대기업의 욕심 때문이라는 비난도 나왔다. 미국 육류 시장은 4개 대기업이 시장의 85퍼센트를 점유할 만큼 과점 형태다. (중략)
>
> 반면 재무부 고위 관리들은 대기업 행태가 인플레이션에 일정한 영향을 미치는 것은 맞지만 백악관이 과도한 대응을 하고 있다는 입장이다. 재무부 내에선 최근 몇 달간 인플레이션 대응을 위해 관세를 완화해야 한다는 주장이 이어졌다. 미국은 중국과 관세 전쟁을 하면서 중국발 수입 물량의 3분의 2에 관세를 붙이고 있다. 반면 중국이 미국산 제품 구매 약속을

이행하지 않는 상황에서 관세를 인하하면 바이든 대통령이 중국에 굴복하는 모습으로 비칠 수 있는데, 재무부 장관인 재닛 옐런은 관세 철폐가 현 경제 상황에 '게임 체인저'(판도를 바꾸는 존재)가 되지 않을 거라고 하기도 했다.

《머니투데이》, 2022. 1. 11

네, 기사 전반을 보면서 미국 내에서도 대중 관세가 이슈가 되고 있음이 느껴질 겁니다. 초기에는 고려 대상이 되지 않았던 대중 관세 인하가 이렇게 부각되는 이유는 결국 인플레이션 때문이죠. 단기간에 결정되지는 않겠지만 만약 물가 상승세가 더 심해진다면 대중 관세라는 해법이 보다 설득력을 얻게 되지 않을까요? 대중 관세 인하 자체가 미국의 인플레이션을 모두 해결하지는 못하겠지만 인플레이션을 잡기 위해서는 중국과의 공조 역시 할 것이라는 바이든 행정부의 의지를 나타내는 중요한 시그널이 될 수도 있겠죠. 기대감 수준이지만 개연성은 커진 만큼 미·중 관세 분쟁 역시 고려 대상으로 남겨둘 필요가 있습니다.

마무리 요약

앞에서 강한 경기부양과 안이함이 인플레이션을 만들었고 수요가 폭발했다고 했습니다. 폭발한 수요를 따라잡기 위해서는 공급이 따라줘야 하겠죠. 그러나 델타와 오미크론과 같은 변이 바이러스까지 나타나게 되면서 사람들이 일자리로의 복귀를 망설입니다. 글로벌 국가들 각각의 경쟁력을 감안하여 만들어진 글로벌 공급망 체계는 효율적이긴 하지만 특정 국가가 보건의 이슈로 생산에 차질을 빚게 되면 전체 생산 라인에 문제가 생기게 되죠. 너무 오랜 기간 이어져온 자산 가격의 상승 역시 사람들의 근로 의욕을 꺾었죠. 수요 폭발로 인해 공급자들이 생산을 늘리려면 인력이 필요합니다. 그런데 사람을 구하기 어려우니 더 높은 임금을 주면서라도 생산을 늘려보고자 하겠죠. 임금은 한 번 오르면 쉽사리 내려가지 않습니다. 가파른 임금의 상승이 더욱 탄탄한 인플레이션을 만들어내고 있죠.

인플레이션이 오랜 기간 이어지면 사람들의 마음속에는 인플레이션이 계속 될거란 기대가 생깁니다. 그럼 물가가 더 오르기 전에 미리 당겨서 물건을 사게 되는 거죠. 당장의 수요도 공급이 감당을 못해서 물가가 오르는데, 미래의 소비까지 당겨오면 물가 상승세는 더욱더 강해질 겁니다. 보다 강하고 지속적인 인플레이션이 됩니다. 이런 현상은 원자재시장에도 영향을 주게 되죠. 인플레이션으로 인해 원자재 가격이 오를 것이라는 기대가 형성되면 원자재 가격이 더 오르기 전에 미리 사들이려는 움직임이 강해집니다. 그럼 산유국들 입장에서도 부담 없이 높은 가격에 원유를 수출할 수 있죠. 국제유가가 배럴당 90달러를 넘어 7년 만에 최고치를 기록했다는 뉴스가 나올 수 있었던 이유도 여기에 있습니다. 산유국들 연합인 OPEC+의 셈법까지 더해지면서 원자재 가격 상승발 인플레이션까지 가세하게 되는 겁니다.

정리하면서 보니 인플레이션 잡기가 참 만만치 않다는 생각이 드네요. 인플레이션이 이렇게 기승을 부렸던 시기가 1970년대입니다. 당시를 '대 인플레이션의 시대The Great Inflation Era'라고 하는데, 지금의 인플레이션은 1970년대를 연상케 한다는 얘기까지 나오고 있습니다. 역사를 공부하는 가장 큰 이유는 시험을 보기 위해서가 아니죠. 과거의 실패를 보면서 그런 실패를 되풀이하지 않기 위함에 있다고 생각합니다. 물가 안정을 최우선 미션으로 생각하는 연준 역시 1970년대의 뼈아픈 교훈을 명심하고 있을 겁니다. 그럼 결자해지라고, 워낙에 안이한 태도로 일관하다 인플레이션의 부활을 초래했다면 이게 지금보다 더욱 강해져서 1970년대식의 인플레이션으로 진화하는 것까지는 막아줘야겠죠.

네, 참 쉽지 않은 작업이겠지만 겸손한 자세로 민첩한 긴축을 이어갈 것입니다. 1970년대의 가장 큰 패착이 지속적인 연준의 안이함이었다면, 이번에는 그 실패를 딛고 인플레이션에 대한 강한 경계감을 나타낼 것으로 보입니다. 그리고 행정부 차원의 재정 지원책도 코로나19 직후의 지원책에 비해 크게 약해질 것으로 보이는 만큼 폭발적으로 상승했던 수요 역시 어느 정도 주춤하면서 수요 측면에서의 인플레이션 추동을 어느 정도 제어해줄 것으로 생각합니다.

바이러스의 파급 효과나 향후 어떤 변이 바이러스가 등장하게 될지를 예측한다는 것은 제 능력 밖의 일이기에 공급 측면에서의 물가 상승 압력은 여전히 큰 변수입니다. 다만 연준의 민첩한 긴축 전환이 자산시장의 과열을 어느 정도 견제해주면서 일자리에서의 추가적인 이탈이 주춤해진다면 임금의 급격한 상승세 역시 중기적으로는 둔화될 수 있을 것으로 봅니다. 그리고 과거를 통해 보면 고유가가 산유국을 비롯한 원자재 생산 국가들에게 단기적으로는 유리했지만 중장기적 관점에서는 오히려 독이 되어왔음을 살펴보았죠. 그런 교훈을 갖고 있는 산유국들이기에 거대한 인플레이션으로 치달으면서 모두에게 독이 되는 상황이 되기 전에 공생의 방법, 즉 증산 등의 해법을 찾게 되리라 생각합니다. 노동력 구하기가 어렵고, 원자재 가격이 급등하여 원가 부담이 커지면 수요가 폭발했음에도 추가적인 공급을 늘리기가 참 부담스럽겠죠. 앞서 이야기한 방향대로 임금의 상승세가 수그러들고, 원자재 가격 강세 역시 주춤해지면 작으나마 부담을 덜어낸 기업들 역시 설비 투자를 늘리는 긍정적 흐름 역시 기대해볼 수 있다고 생각합니다.

사람들의 심리에도 관성이 존재합니다. 현재까지 이어져온 것이 앞으로도 그대로 이어지리라는 생각을 하는 거죠. 물가가 꽤 오랜 기간 강한 상승세를 보이면, 이런 흐름이 앞으로도 상당 기간 이어질 것이라는 심리를 갖게 되는 것도 관성입니다. 이런 심리가 더욱더 길게 이어지는 강한 물가 상승세와 만나게 되면 1970년대와 같은 극단적인 인플레이션 공포와 마주할 수 있습니다. 그래서 당분간 물가는 높은 수준을 이어갈 거라고 봅니다. 다만, 저는 중기적으로는 현재의 물가 상승세가 안정되면서 1970년대와는 다른 흐름이 나타나리라 생각합니다.

당시와는 다른 연준의 스탠스, 과도한 부양에 대한 반작용으로 나타나는 미국 행정부의 경기부양 규모 및 방식의 변화가 인플레이션의 기세를 누그러뜨리는 핵심입니다. 그리고 여전히 변수로 남아 있지만 공급 측면의 이슈 역시 긍정적으로 풀릴 것으로 기대합니다. 인플레이션으로 인한 글로벌 경제 전체의 둔화라는 공멸의 상황이 오히려 역설적으로 살아남기 위한 글로벌 국가들의 공조를 만들어낼 수 있습니다. 대표적으로 OPEC+ 산유국과의 공조, 그리고 아직은 가능성이 낮아 보이지만 미·중 관세 인하와 같은 이슈들 역시 현실화된다면 강력하게 부활한 인플레이션에게 잽을 날리는 소중한 구원군이 될 수 있다는 생각을 해봅니다.

전망이라는 것이 참 어렵습니다. 워낙에 변수가 많고 시차가 존재하기 때문이죠. 현재의 상황이 그대로 쭉 이어진다면 전망이 가능할지 모르겠지만, 중간중간 새로운 변수들이 예측의 기반이 되는 현재의 상황을 계속해서 바꾸어버리곤 합니다. 그렇기 때문에 전망을 하는 사람의 주관이 많이 반영되기도 하죠. 저는 과거의 아픈 역사가 그대로 되풀이되면서 모두가 더욱 어려워질 것이라는 비관론보다는 과거의 아픈 역사를 교훈 삼아 그런 아픈 역사로 되돌아가지 않으려는 흐름이 나타날 것이라는 낙관적인 마인드를 갖고 있습니다. 그렇기에 인플레이션에 대한 저의 전망에 낙관적인 편향이 존재한다는 점을 감안하기를 바랍니다. 아직은 인플레이션이 수그러들 기미가 보이지 않지만 일정한 시차를 두고 제가 이야기한 부분들이 어떻게 바뀌는지 지켜보면 좋겠죠. 인플레이션 설명은 여기까지 하고, 그럼 우리는 어떤 대응을 해야 할지, 그 방법에 대한 이야기를 다음 챕터부터 이어가겠습니다.

인플레이션에서 살아남기

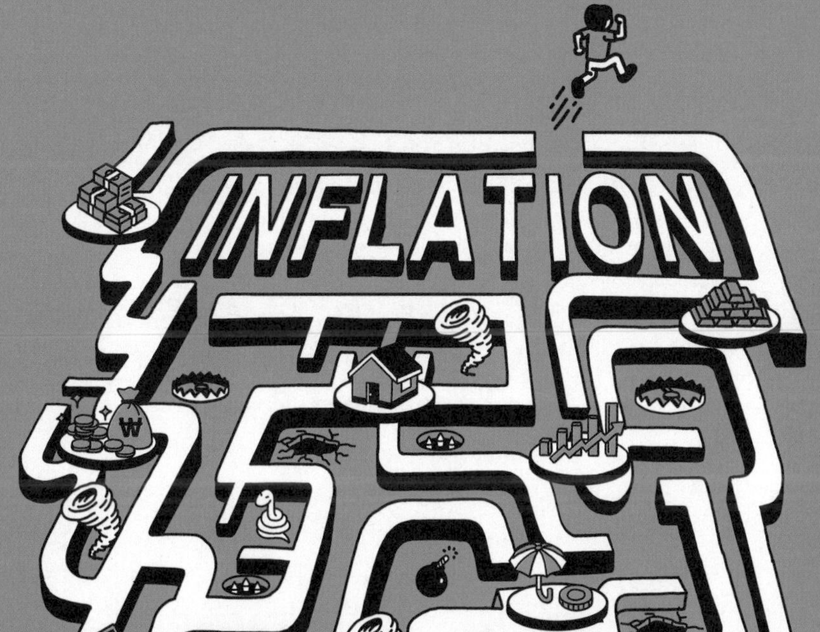

09

집중투자의 칼날

O's toon

올인하면 생기는 일

2011년
나도
나도
나도
나도 살래!
금값
사상 최고!!
얏호!
GOLD
겪어보니 가장 후회되는 건
'아묻따' 올인이더라고...
(아무것도 묻지도 따지지도 않고)
배럴당 40 → 10달러
회복까지 20년!
살려줘~
OIL
나스닥 과열로 버블붕괴
회복까지 15년!
내가
버블이라고?
IT
양적완화 종료 후 부진
회복까지 10년!
양적완화
왜 안해!
GOLD

2장에서는 인플레이션이 무엇인지, 어떤 위협을 주고 있는지, 한동안 잠들어 있던 인플레이션이 왜 깨어나게 되었는지, 그리고 이에 대한 인플레이션 파수꾼 연준이 어떤 행동에 나서고 있는지를 설명했었죠. 소극적 태도로 일관하던 연준이 적극적으로 움직이기 시작했습니다. 그만큼 인플레이션 전망에도 상당한 영향을 줄 것이라 생각하고, 시기를 예단할 수는 없지만 계속 더욱 강해질 것처럼 보이던 인플레이션이 고개를 숙일 것으로 본다는 결론을 냈습니다. 네, 1970년대를 방불케 할 정도로 강하고 긴 인플레이션의 가능성은 생각보다 높지 않다는 건데요, 문제는 이겁니다. 중장기적으로는 인플레이션이 해결될 수 있겠지만 시간이 얼마나 걸릴지 알 수 없는 만큼 그 기간 동안 우리의 생활에, 그리고 우리의 투자에 주는 부담이 상당히 크다는 것이죠. 해결의 기미가 보이지 않아 미래가 없다는 암울함 속에 갇혀 있는 것보다는, 결국에는 해결될 것이라는 희망을 갖는 것이 중요합니다. 무엇보다 당장 눈앞에 닥친 인플레이션의 파고 앞에서 어떻게 대응하는 것이 좋을지 고민하는 것 역시 중요하다고 봅니다.

인플레이션이 해결되는 그 시점까지 살아남을 수 있다면 밝은 미래가 기다리고 있지 않을까요? 그래서 이번 챕터에서는 '인플레이션에서 살아남기'에 대한 스토리를 적어보겠습니다. 먼저 경계해야 할, 이른바 '몰빵투자'의 위험성부터 짚고 가시죠.

사례1. 1970년대 원유와 금

2차 세계대전이 끝난 직후부터 1960년대 중반까지 전 세계는 유례없는 호황을 맞았습니다. 물가는 장기간 안정세를 보였고, 전후 복구 수요와 전쟁 기간 동안 할 수 없었던 소비가 폭발하게 되면서 미국을 중심으로 글로벌 경제는 강한 성장세를 나타냈습니다. 물가는 안정되어 있는데, 성장은 강하게 나옵니다. 그야말로 고성장·저물가 상황이 나타난 겁니다. 성장이 강한 만큼 기업들의 매출은 크게 늘어나는데 물가가 안정된 만큼 비용이 증가하지 않는 거죠. 그럼 기업의 순이익이 늘어나게 될 거고, 주가는 크게 상승할 겁니다. 1960년대 주식시장이 매우 좋았죠. 1960년대 중반을 넘어서 물가 상승세가 두드러지기 시작하자 전 세계를 선도하는 핵심 대기업 중심으로 장기간 초강세를 보였는데요, 이 시기를 '니프티 피프티Nifty50 시대'라고 합니다. 지금의 빅테크 기업과 비슷한 모습이었죠. 그리고 1960년대 중후반까지 물가가 안정되어 있었던 만큼 전반적인 미국의 금리 역시 낮은 수준을 유지했었습니다. 낮은 수준을 유지하는 금리와 초강세를 이어가는 주식이 합쳐져 있습니다. 그럼 금리가 낮을 때 매력적인 주식·채권 투자의 인기가 아주 높았겠죠. 그런데 물가 상승세가 어느 레벨을 넘어서고 '이거 심각하다, 견잡을 수 없다'라는 인식이 생기면서 그렇게 강했던 주식시장이 종언을 고하게 됩니다.

그럼 채권은? 네, 안정적이라고 자평했던 채권 투자 역시 큰 고난에 직면하게 되죠. 여러분들이 1970년대 중후반에 은퇴를 준비하는 미국인이라고 생각해보는 겁니다. 1950~1960년대를 거치면서 주식과 채권의 수익을 통해 내 연금 계좌가 크게 불어 있었을 겁니다. 특히나 마지막에는 은퇴를 얼마 남겨두지 않았기에 안전 자산이라고 불리던 채권의 비중을 크게 높여두었습니다. 잠시 미국 10년물 국채금리 그래프를 볼까요.

그래프 20 • **미국 10년물 국채 금리(1962~1995년)**

금리가 오르면 채권 가격이 하락하면서 채권 투자자들은 손해를 봅니다. 채권 투자가 안전하다고 생각한 투자자가 연금의 상당 부분을 채권에 투자해놓았는데 공교롭게도 1970년대 초반 은퇴를 했다면 어떻게 될까요? 그래프에서 보는 것처럼 이후 국채금리가 큰 폭으로 상승합니다. 믿었던 채권에서 손실을 보게 되면 그 상실감이 상당히 클 수밖에 없겠죠. 채권이 무조건 안전하다는 고정 관념 역시 위험하다는 점을 인지해야 합니다.

금리가 1970년대에 급격하게 뛰어 올라가는 모습을 보죠. 그럼 이때 만약 장기채권을 잔뜩 갖고서 은퇴 준비를 했던 분이라면 기분이 어땠을까요? 금리가 뛰면 채권이, 특히 장기채권이 보다 크게 흔들리는 경향이 있습니다. 이렇게 전통 자산이 붕괴하는 상황에서는 무엇이 인기를 끌었을까요? 네, 인플레이션에 강한 자산이 인기를 끌죠. 1970년대의 대안으로 급부상한 원유와 같은 원자재 투자가 인기를 끌게 됩니다. 그리고 그런 인기는 쉽게 식을 줄을 몰랐습니다. 인플레이션은 너무나 강하기에, 그리고 10년 이상 잡지를 못했던 현상이었기에 '인플레이션 포에버, 원자재 투자 포에버' 이런 인식이 생겨날 수 있었겠죠. 그런데 이렇게 큰 사랑을 받던 국제유가는 1980년대 초반 미국 연준의 강한 긴축과 맞닥뜨리면서 와장창 깨집니다. 배럴당 40달러를 넘던 국제유가는 1986년 초 배럴당 10달러 수준까지 주저앉았습니다. 1990년대 초반 1차 걸프전을 제외하면 국제유가가 1970년대 말의 고점 수준을 회복할 때까지 20년 이상의 시간이 필요했답니다. 만약 투자자가 1970년대 당시 포트폴리오에 원유에 집중 투자를 했다면, 꽤 오랜 기간 투자에서 성과를 내기가 쉽지 않았을 겁니다.

금 역시 마찬가지였습니다. 1970년대 초반 닉슨 대통령이 금본위제도를 철폐하면서 금 가격이 천정부지로 치솟기 시작했죠. 잠시 배경을 설명하자면 이렇습니다. 베트남 전쟁 이후 경기는 침체 일로에 빠졌고, 해외 투자자들이 달러화보다는 금을 선호하면서 보유하고 있던 달러를 미국으로 가져와 달러화를 주고 금을 빼가려는 모습을 뚜렷이 보였습니다. 금본위제도에서는 보유한 금만큼 달러를 찍을 수 있는데 계속해서 금이 미국에서 빠져나가면 금의 보유량이 줄어드는 만큼 달러화의 공급 역시 줄어들 수밖에 없겠죠. 경기가 둔화 일로에 있는데 돈 풀기를 통한 경기부양도 어려워지는 겁니다. 이에 닉슨 대통령은 금본위제도를 철폐하게 되죠. 그러면서 금 보유량과 상관없이 달러 찍기가 시작된 겁니다. 그럼 금 1온스는 그대로 있는데 달러화가 200개로 늘어날 수 있죠. 그럼 1온스에 35개 발행되다가 200개가 발행되니 1온스의 금 가격이 200달러가 되는 겁니다. 그리고 달러화를 더 찍으면 400달러, 600달러로 늘어납니다. 금 가격이 천정부지로 치솟게 되었죠. 그럼 당연히 금 투자 열풍이 불지 않았을까요?

그렇지만 그렇게 강한 기세를 이어가던 금 가격 역시 1980년대 초반 미국 연준의 강한 긴축 여파에 무너지면서 예전의 가격으로 되돌아오기까지 20년 이상의 시간이 필요했답니다. 금 투자로의 쏠림이 강했던 투자자라면 마찬가지로 장기간 상당히 고전할 수밖에 없었겠죠.

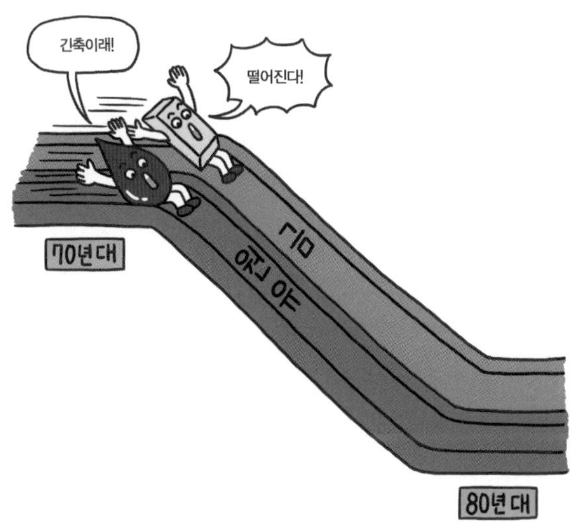

사례2. 2008년의 원유와 2011년의 금

이런 원유 투자와 금 투자 붐은 각각 2008년, 2011년에 다시금 돌아오게 됩니다. 원유 가격이 치솟으면서 배럴당 145달러까지 상승했던 2008년 상반기, 금융위기의 징후가 나타나면서 당시 강세를 보이던 금융주들이 일제히 부진한 모습을 보였습니다. 그리고 초강세의 중심에 있던 중국 증시가 물가 상승 우려에 휘청이게 됩니다. 풀려 있는 돈은 많은데, 당시에 돈이 몰려가던 금융주나 중국 증시가 흔들리니 다른 대안을 찾으려했겠죠. 네, 당시에도 에너지 가격 상승과 함께 인플레이션 리스크가 커진다는 주장에 힘이 실려 있었죠. 원자재 펀드, 러시아나 브라질과 같은 자원부국 펀드, 농산물 펀드 등의 인기가 하늘을 찌를 듯했습니다. 잠시 기사를 통해 당시 원자재 펀드의 인기를 간접 체험해보고 금에 대한 이야기로 넘어가겠습니다.

— 전세계 '뭉칫돈' 원자재 펀드에 몰려… 주식형은 러시아로 《이데일리》, 2008. 3. 10

— 높아진 인플레이션 우려, 원자재 펀드 빛나 《이투데이》, 2008. 6. 15

금 가격은 2011년에 온스당 1900달러를 넘으면서 2000달러를 눈앞에 두었었죠. '금융위기 이후의 경기 회복이 요원한 만큼 미국은 영원히 돈을 풀 수밖에 없다. 달러를 계속 풀게 되는 데 반해 금의 공급은 한정되어 있으니 상대적으로 금 가격은 계속 오를 것이다'라는 논리가 힘을 얻었죠. 그도 그럴 것이 미국 연준은 2008년 금융위기 당시 1차 양적완화를 단행하면서 돈 풀기에 나섰습니다. 그러다가 경기가 회복되는 것처럼 보이던 2010년 4월 돈 풀기를 통한 경기부양을 중단했죠. 불과 1개월여가 지난 이후 유럽의 약한 국가 중 하나인 그리스가 흔들리면서 글로벌 경기가 일제히 둔화되기 시작했습니다. 그러다 2010년 11월 2차 양적완화를 발표하면서 추가 돈 풀기에 들어갔었죠. 미국의 성장세는 다시금 주저앉는데, 이를 탈피하기 위해 달러화 공급을 늘리니 금 가격에는 가장 좋은 환경이 만들어졌을 겁니다. 앞서 이야기한 것처럼 금이 더욱더 반짝반짝 빛나서 금 가격이 올라간 것이 아니라, 연준이 2차 양적완화를 위해 달러화의 공급을 크게 늘렸기 때문입니다. 금 1온스로 금의 공급은 일정한데, 달러는 500달러, 1000달러, 1500달러, 1900달러…… 이렇게 공급이 늘어나게 되죠. 그 결과로 금 가격이 온스당 2000달러 가까이 뛰어오른 겁니다.

당시 금 가격의 상승세가 상당했는데요, 금융위기를 거치면서도 금 가격은 다른 주식처럼 크게 흔들리지 않고 안정적인 상승세를 보이자 금으로의 투자 쏠림 현상 역시 강해졌답니다. 당시 관련 기사와 그래프를 보겠습니다.

— 금값 사상 최고치… 금 투자 상품 수익률도 '훨훨'

《연합뉴스》, 2011. 7. 15

— '투자 1순위' 미 국채 인기 시들… 금, 獨 국채 등으로 뭉칫돈 몰려

《서울경제》, 2011. 7. 18

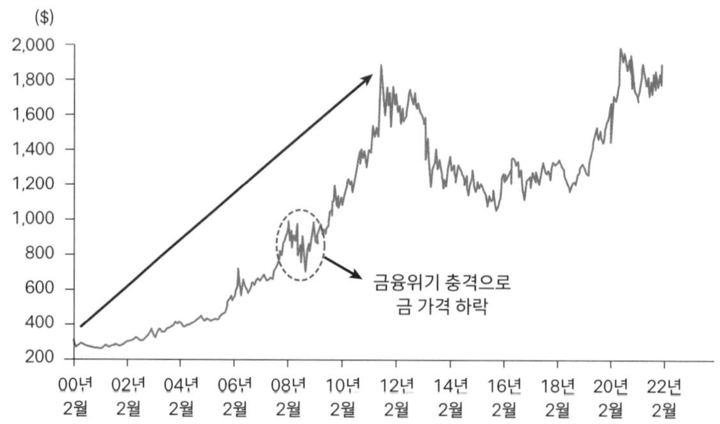

그래프 21 • **국제 금 가격 추이 (2000~2022년)**

국제 금 가격은 1980년대 이후 오랜 기간 부진에서 벗어나 2000년대 들어 큰 폭으로 상승세를 보였죠. 온스당 300달러 수준이었던 국제 금 가격은 2011년까지 꾸준한 상승세를 보이면서 온스당 2000달러 가까이 오르게 됩니다. 금융위기로 인한 충격에도 상승세가 이어지자 투자자들의 관심도가 높아지면서 2011년 금 투자 열풍을 촉발하게 됩니다.

그런데 〈그래프 21〉을 보면 당시의 금 가격 고점에 금을 사들인 투자자는 코로나19 사태 직후인 2020년 하반기가 되어서야 당시의 투자 원금을 회복할 수 있었습니다. 특정 자산이 오르는 데에는 이유가 있는데, 그런 이유를 내러티브Narrative라고 합니다. 그 스토리에 반응해서 해당 자산의 가격이 오르는 것입니다. 그런데 내러티브에 반응해서 자산 가격이 강하게, 그리고 일정 기간 이상 상승하게 되면 사람들은 그런 가격의 강세를 보면서 스토리에 대해 보다 강한 확신을 하게 되죠. 그러면서 해당 자산으로의 쏠림이 점점 강화됩니다.

금 투자 역시 마찬가지였죠. 2차 양적완화로 끝나는 것이 아니라 3차, 4차, 심지어 당시 '양적완화는 포에버'라는 얘기까지 나왔었죠. 금융위기 이후 글로벌 경기의 회복세가 상당히 늦어질 것으로 생각되니 양적완화는 상시화, 그리고 영구화될 수밖에 없다는 얘기입니다. 그럼 이렇게 추가로 돈을 풀 때마다 금 가격은 더욱 강세를 보이게 되겠죠. 지금 들어도 당시의 스토리는 참 그럴듯하게 느껴집니다. '이 얘기가 맞나?' 반신반의하다가도 무섭게 달아오르는 금 가격을 보면 '그 스토리가 맞구나'라는 확신을 갖겠죠. 그럼 금 투자를 늘리고, 그렇게 늘어난 금 투자가 금 가격을 더욱더 올리고……. 결국은 금으로의 자금 유입으로 인해 금 가격이 오르는 것임에도 마치 '양적완화는 포에버'와 같은 스토리가 금 가격의 상승을 계속해서 추동한다는 느낌을 받게 되는 거

죠. 실제 2012년 9월 3차 양적완화를 끝으로 미국 경제는 강한 회복세를 보이기 시작했고, 2013년 5월 연준은 길었던 완화적 통화정책의 종식을 알리면서 완만한 긴축으로의 전환을 알리는 신호를 보내게 됩니다. 그리고 금 가격은 그 시기를 전후해서 상당 기간 부진한 모습을 보여주었습니다.

사례3. 2007년의 브릭스

이번에는 또 다른 케이스입니다. 지금은 미국 투자가 대세라고 하지만 2000년대 초중반에는 신흥국 투자 열풍이 불었습니다. 특히 브라질, 러시아, 인도, 중국의 앞 글자를 따서 만들어진 '브릭스BRICs'는 당시 신흥국 열풍의 중심에 서 있었습니다. 4개국 모두 인구가 많고 영토가 넓기에 무한한 투자 성장의 가능성을 갖고 있다는 점, 그리고 브라질과 러시아는 자원 부국으로서, 인도와 중국은 IT 및 제조업에서 각각의 강점이 있기에 변동성 높은 신흥국 투자라고 해도 이 4개국에 나누어 투자하면 포트폴리오 분산투자 효과를 극대화할 수 있다는 점이 강하게 부각되었죠. 굳이 이런 세부 스토리까지 얘기하지 않아도 당시는 중국을 중심으로 한 신흥국의 성장이 강했고, 이는 상당 기간 지속될 것이라는 낙관적 전망 역시 힘을 얻었습니다. 다음 그래프는 신흥국 주식시장의 성과를 미국 S&P500 지수 성과와 비교한 겁니다.

그래프 22 • **2000년대 선진국과 신흥국 증시 비교**

2004년 1월 1일 두 지수의 주가를 100으로 환산한 그래프로 2010년 말까지 두 지수의 성과를 측정한 겁니다. 2004년부터 2010년 말까지는 신흥국 증시가 미국 증시를 압도하고 있음을 알 수 있죠. 2000년 닷컴 버블의 붕괴 이후 미국 주식시장은 신흥국 주식시장 대비 부진한 성과를 약 10년 가까이 이어갔던 바 있습니다. 반면 2001년 중국의 WTO 가입을 필두로 시작된 신흥국의 성장 랠리는 2000년대 초중반 신흥국 증시의 초강세를 견인하게 되죠.

신흥국 증시의 성과가 상당히 두드러져 보이죠? 절대적인 성장률이 낮은 미국 투자보다는 강하게 성장하고 있는, 그리고 앞으로도 계속 강한 성장세를 이어갈 신흥국 투자가 답이라는 인식이 힘을 얻었던 배경입니다. 그렇지만 글로벌 금융위기 이후 미국 주식시장과 이머징 주식시장은 정확하게 반대의 흐름을 이어가게 되죠. 글로벌 금융위기 직전 신흥국 증시에 집중 투자를 한 투자자라면 2022년을 지나고 있는 지금 현재까지도 여전히 당시의 고점을 회복하지 못하는 등 장기 부진에 빠져 있을 겁니다.

사례4. 차·화·정과 일본

쏠림의 사례는 이 외에도 더 찾아볼 수 있습니다. 금융위기 직후였던 2010~2011년에 한국 주식시장은 차·화·정 랠리를 맞이하게 됩니다. 자동차, 화학, 정유 관련주의 주가가 초강세를 보이면서 당시 코스피 지수를 2200포인트 위로 끌어올렸던 랠리였죠. 2007년 10월 중국을 비롯한 신흥국 증시의 강세에 힘입어 코스피 지수는 2000선을 넘어섰습니다. 그러나 곧이어 찾아온 금융위기로 인해 코스피 지수는 장중 900선을 밑도는 급락세를 보였던 바 있습니다. 그리고 금융위기로 무너져가는 세계 경제를 구하기 위해 전 세계 정부와 중앙은행이 나섰죠. 미국 연준의 양적완화가 가장 큰 역할을 했고, 중국의 4조 위안에 달하는 과감한 경기부양책도 글로벌 성장의 붕괴를 막는 데 상당한 기여를 했습니다. 당시 중국은 부동산 개발 및 인프라 투자, 그리고 제조업 설비 확대 등을 위한 강력한 투자 부양책을 이어갔죠. 당시 한국의 차·화·정 섹터는 중국 부양책의 직접적 수혜 대상이 되었고, 이는 차·화·정을 당시 코스피 랠리의 주도주로 자리매김하게 했습니다. 잠깐 당시 그래프를 보면 앞서 이야기한 당시 코스피 지수의 역동적인 움직임을 확인할 수 있을 겁니다.

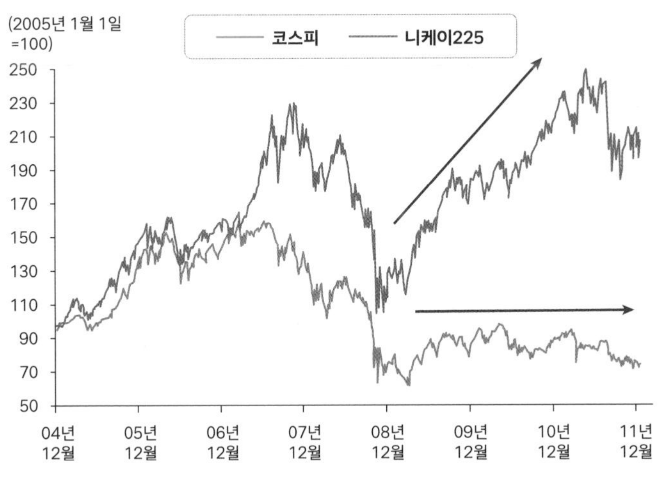

그래프 23 • **코스피 지수와 니케이225 지수 비교**

2005년 1월 1일 두 지수를 100으로 환산하여 2011년 말까지의 흐름을 본 그래프인데, 바로 확인할 수 있는 것처럼 한국 코스피 지수의 성과가 일본 대비 월등한 성과를 보여주고 있습니다. 특히 금융위기 이후 2010~2011년 코스피 지수는 금융위기 직전의 전고점을 넘어서 고공비행했습니다. 당시 주도주가 차·화·정이었습니다. 반면 일본은 2011년 3월 동일본 대지진이라는 재해까지 겹치면서 더욱 부진한 흐름을 이어갔습니다.

여기서 잠시 그래프에 있는 일본 니케이225 지수 얘기를 함께 해볼까요. 2011년 3월 일본에서는 동일본 대지진이 일어났습니다. 동일본 대지진을 전후해서 일본 경제는 상당히 어려운 상황에 처하게 됩니다. 내수 성장이 위축되고 원전 사태 등으로 인해 에너지 수급이 어려워졌으며, 일본 경제가 어려울 때마다 어김없이 찾아오는 엔화 강세로 인해 수출 성장 역시 힘겨운 국면을 이어갔던 겁니다. 1990년대 초반, 일본 버블 붕괴 당시 3만 8000포인트에 달했던 니케이225 지수가 2011년 동일본 대지진 직후인 2012년에는 8000포인트 선까지 하락했죠. 차·화·정 랠리에 힘입어 초강세를 이어가던 국내 증시와 비교하면 상당히 초라한 수준이었답니다. 그렇다면 당시 투자자들은 한국과 일본, 이 둘 중 어디를 선택했을까요? 네, 당연히 중국 투자 성장의 수혜를 듬뿍 받고 힘차게 날아오르는, 그야말로 내러티브가 멋지게 그려지는 한국 주식 투자가 훨씬 매력적으로 느껴졌을 겁니다. 그리고 그 결과가 어땠는지를 이후의 그래프로 확인해보겠습니다.

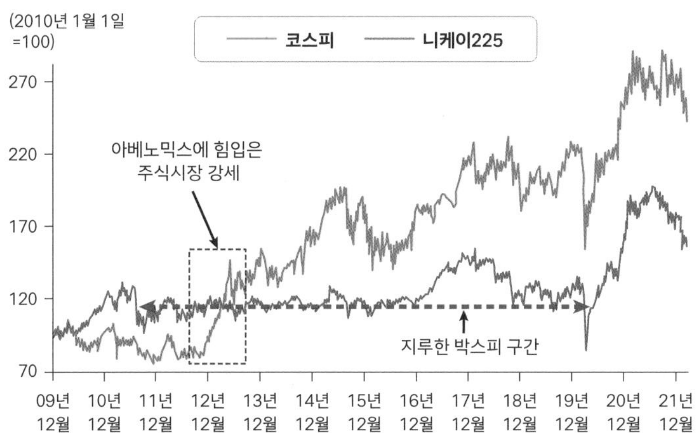

그래프 24 • **코스피 지수와 니케이225 지수 비교 (2010~2022년)**

마찬가지로 2010년 1월 1일 두 지수를 100으로 환산하여 2021년 말까지의 흐름을 본 그래프인데, 앞서 봤던 그래프와는 느낌이 사뭇 달라 보입니다. 2012년 후반 시작된 아베노믹스에 힘입어 엔화는 급격한 약세로 전환되었고 수출주의 주가 상승이 니케이225 지수를 상승 견인하면서 일본 주식시장은 뜨겁게 달아올랐습니다. 반면 차·화·정 버블 붕괴 및 중국의 성장 둔화 영향으로 코스피 지수는 '박스피'라는 오명을 들을 정도로 부진한 모습이었죠. 코로나19 사태 이후 강력한 경기부양책으로 3000포인트 등정에는 성공했지만 일본 니케이225의 상승폭에는 미치는 못하는 상황입니다.

2011년 중국의 투자 중심 성장은 중국의 긴축과 함께 종언을 고하게 됩니다. 과도하게 빚을 내서 공장 설비, 부동산 투자 등을 크게 늘렸던 중국은 고스란히 과잉 투자, 과잉 설비, 과잉 부채라는 부메랑을 맞게 됩니다. 그럼 과잉 부채 상황에서 추가로 돈을 빌려서 설비 투자를 늘리긴 쉽지 않겠죠. 중국의 부채를 통한 강한 투자 성장이 힘을 잃자, 그 수혜를 받아 강한 흐름을 이어가던 차·화·정 역시 고개를 숙였고 코스피 지수 역시 장기 박스권에 접어들면서 '박스피'라는 오명을 얻게 됩니다. 실제 2017년이 되어서야 2011년 당시의 고점을 회복할 수 있었죠.

반면 일본 증시는 다른 흐름이었습니다. 2012년 아베 신조의 등장과 함께 무제한 돈 풀기로 유명한 '아베노믹스'가 시행되었고, 이는 잠들어 있던 일본 주식시장을 깨웠죠. 일본 니케이 지수는 큰 폭으로 상승세를 거듭하며 수년 만에 2만 포인트를 돌파하는 기염을 토합니다. '당시 한국보다는 일본에 투자하는 것이 좋았다'라는, 마치 답 보고 문제를 푸는 듯한 말을 하려는 것이 아닙니다. 차·화·정 랠리라는 탄탄한 스토리에 주가 상승폭도 높았던 코스피의 상승세가 쉽게 꺾일 것이라 생각했던 투자자들은 당시 많지 않았을 겁니다. 그리고 장기 부진의 늪에 빠져 있던 일본 주식시장이 이렇게 초강세 흐름을 보일 것이라 예상했던 투자자

들은 더더욱 없었죠. 지금의 상황이 어떤지를 보면서 이런 상황이 보다 강해지고 상당 기간 이어질 것이라는 기대에 쏠림 투자를 한다면 지금 설명하고 있는 투자 성과의 장기 부진을 경험할 가능성이 있다는 것입니다. 스토리에 기반한, 그리고 지금까지의 성과에 기반한 투자가 미래에 꼭 정답이 되지 않는 만큼 지금 인기 있는 투자로의 쏠림에 대해서는 경계심을 가질 필요가 있습니다.

사례5. 2000년 닷컴버블 붕괴

쏠림 투자가 위험하다는 점을 지난 수십 년간의 금융시장 흐름을 통해서 설명했습니다. 이제 마지막 케이스를 이야기해보려 합니다. 2000년 닷컴 버블의 붕괴입니다. 1990년대 후반을 우리는 IMF 외환위기로 기억을 하곤 하죠. 당시 한국, 인도네시아, 태국 등 동아시아 3국이 외환위기를 겪었고, 1998년에는 러시아가 모라토리움을 선언했죠. 사실상 국가 부채를 상환하기 어렵다고 선언한 것이나 마찬가지였습니다. 1999년에는 브라질이 외환위기를 겪었고 외환위기까지는 아니지만 1998년 중국 역시 은행들의 부실이 수면 위로 올라오면서 중국 경제 위기론에 끊임없이 시달렸죠. 일본은 1990년대 초반, 버블 붕괴의 충격으로 '잃어버린 10년'에 접어들고 있었고, 독일 통일 이후 유럽 경제 역시 저성장의 늪에서 쉽게 빠져나오지 못했습니다. 네, 아시아와 유럽 등의 주요 국가들이 모두 어려운 상황에 처해 있었던 거죠. 반면 미국 경제는 그야말로 독보적인 성장세를 이어갔습니다. '팍스 아메리카나Pax Americana' 라는 말이 나왔을 정도죠. 그리고 미국 경제의 강한 성장 드라이브의 동력은 다른 국가와는 차별화되는 첨단 IT기술에 있었습니다. 그리고 이런 스토리는 미국 기술주에 대한 선호도를 크게 높이면서 당시 나스닥 지수를 버블의 영역으로 밀어올렸습니다.

당시 물가 역시 상당 기간 안정세를 보였기에, 연준은 금리 인상을 특별히 고려하지 않았습니다. 오히려 1998년 러시아가 모라토리움을 선언하면서 이로 인한 충격이 LTCM이라는 거대 헤지펀드의 파산으로 이어지자 미국 연준은 금리를 인하하면서 경기부양에 나섰던 바 있습니다. 안정적 물가 환경 속에서 연준의 완화적인 통화 정책이 지속되자 자산시장으로의 자금 유입이 활

발해졌죠. 자본은 성장성이 강한 곳으로 쏠리기 마련입니다. 당연히 성장을 추동하는 핵심이었던 IT 섹터로 자금이 쏠렸죠. 그렇지만 2000년대 초반 물가 상승세가 강해지기 시작합니다. 그리고 자산 가격 역시 너무 빠른 상승세를 보이자 이를 제어하는 차원에서 당시 연준 의장이었던 앨런 그린스펀Alan Greenspan은 발 빠른 기준금리 인상으로 대응했습니다. 당시의 그래프입니다.

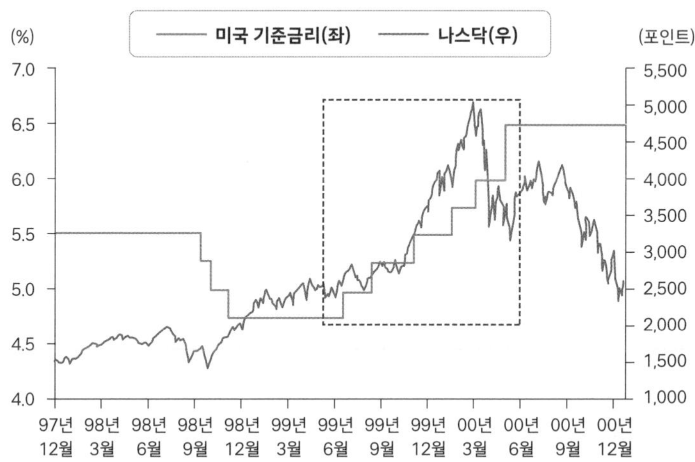

그래프 25 • **나스닥 지수와 미국 기준금리 추이 (1998~2000년)**

1999년 하반기 나스닥 지수의 급등을 중심으로 한 자산 가격의 상승이 개인들의 소비 폭발로, 그리고 물가 상승 기조로 나타나게 되자 연준은 기준금리 인상 스텝을 밟게 되죠. 1999년 하반기 4.75퍼센트였던 기준금리를 6.5퍼센트까지 빠른 속도로 인상하게 되는데, 특히 마지막 금리 인상이었던 2000년 5월의 인상은 기존의 0.25퍼센트가 아닌 0.5퍼센트로 이른바 '빅스텝Big Step'으로 시행됩니다. 빠르게 이어진 금리 인상은 고공비행을 하던 나스닥 지수의 발목을 잡게 되었고, 닷컴 버블의 붕괴로 이어지게 됩니다.

장기간 큰 폭으로 상승했던 나스닥 지수는 너무 높아진 가격에 대한 부담과 물가 상승 및 이를 막기 인한 연준의 긴축이 이어지면서 무너지기 시작했죠. 당시 나스닥 지수는 5000포인트를 넘는 강세를 보였는데, 위의 그래프에서 보이는 것처럼 이후 고점 대비 약 70퍼센트 가까이 하락하는 등 이후 수년간 부진한 흐름을 이어갔습니다. 그리고 2000년 당시의 고점이었던 5000포인트는 그로부터 15년이 지난 2015년에야 다시금 도달할 수 있었죠.

2000년대 초반 나스닥 버블 붕괴 이후 상당 기간 미국 주식시장이 부진한 흐름을 이어갔습니다. 거대한 버블이 붕괴된 시장으로 투자자들은 큰 관심을 두지 않았겠죠. 그럼 2000년대 중반에는 나스닥을 중심으로 한 미국 증시의 인기가 높지 않았을 겁니다. 그럼 어느 쪽으로 자금이 몰리게 되었을까요? 네, 앞서 말한 것처럼 2000년대 중반에는 미국 주식보다는 성과가 훨씬 양호했던 브릭스와 같은 신흥국 투자가 유행했던 겁니다.

2000년대 초반 미국 기술주로의 자금 쏠림에 편승해서 나스닥에 상당한 금액을 투자했던 투자자라면 이후 원금 회복을 할 때까지 15년의 시간이 필요했던 것이죠. 15년의 긴 시간을 기다리는 것도 힘겨웠겠지만, 그 사이에 찾아왔었던 수많은 투자 기회들을 놓치는 기회비용을 지불할 수밖에 없었던 거죠. 뒤돌아보면 당시가 버블이었고, 비이성적인 과열이었음을 알 수 있지만 나스닥 버블이 한창이던 2000년 당시에는 이런 과열을 인식하기가 쉽지 않왔을 겁니다. 버블의 영역까지 주가가 오르는 기간에도 IT기술 혁신에 기반한 신경제New Economy의 시대가 찾아왔기에 버블이 아니라는 분석이 잇따라 나왔었고, 정점을 찍고 나스닥 지수가 하락세를 보이던 초반에는 오히려 저가 매수의 기회가 찾아왔다는 분석도 심심찮게 나왔습니다. 특히 연준의 금리 인상으로 버블이 붕괴된 이후 연준이 기준금리 인하를 본격적으로 시행할 당시 강한 주가 반등에 대한 기대감이 있었죠. 잠시 그래프를 볼까요.

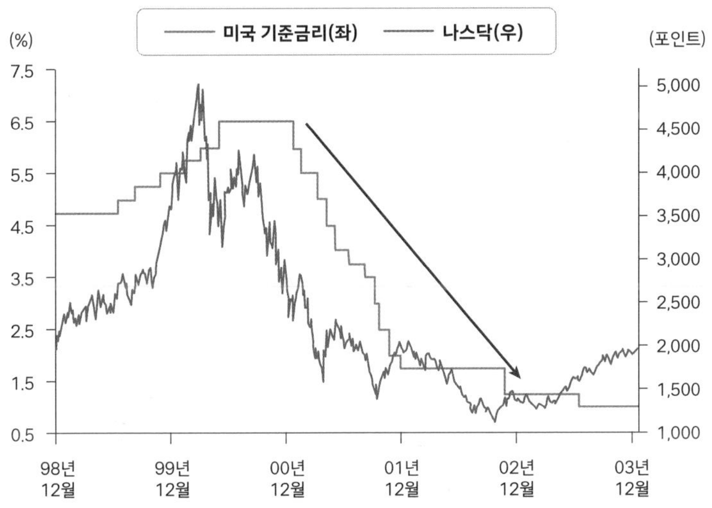

그래프 26 • **나스닥 지수와 미국 기준금리 추이 (1998~2001년)**

2000년 5월 16일의 금리 인상을 전후해서 나스닥 지수를 비롯한 주식시장이 크게 흔들리자 소비 둔화를 중심으로 경기 침체 우려가 전면에 부상했죠. 소비 둔화는 인플레이션 압력을 크게 낮추기에 금리 인하를 단행할 수 있는 여지를 만들어 줍니다. 이에 연준은 2001년 1월부터 빠른 금리 인하에 나서게 되죠. 그러나 금리 인하 속도보다 성장 둔화의 속도가 보다 빨랐기에, 그리고 워낙 높게 치솟았던 닷컴 버블의 붕괴였기에 빠른 금리 인하에도 불구하고 자산시장의 부진은 피할 수 없었죠. 당시 나스닥 지수는 2000년 3월 10일 5000포인트를 상회하는 상승세를 끝으로 크게 하락, 2002년 하반기 1200~1300포인트 수준까지 하락했습니다.

상당한 수준의 기준금리 인하가 진행되었음에도 나스닥 지수의 하락세는 상당 기간 이어졌죠. 잠시 다른 얘기가 되지만, 금리를 인상하면 주가가 하락하고 금리를 인하하면 주가가 오른다는 생각을 갖고 있는 분들이 많습니다. 그런데 적어도 2000년에는 금리가 인상되는 국면에서 주가가 상승세를 보였고, 금리가 인하되는 국면에서 주가가 하락세를 보였죠. 그럼 금리 인상은 주가에 호재, 금리 인하는 주가에 악재인 건가요? 그건 아닙니다. 금리 인상이 주가를 끌어올린 것이 아니라 주가의 강한 상승을 금리의 인상이 종국에야 막을 수 있었던 것이고, 주가가 하락하는 등 경기 둔화 우려가 강해지자 연준이 금리를 인하했던 겁니다. 네, 금리를 인상해서 주가가 오르고, 금리를 인하해서 주가가 내렸다는 이른바 '금리 결정론'이 아니라 주가가 급등하기에 금리를 인상했고, 주가가 급락하기에 금리를 인하했다는 쪽으로 해석하는 것이 보다 합리적이라는 뜻이죠. 금리가 주가에 영향을 미치는 경우도 있지만 반대로 주가가 금리를 끌고가는 경우도 있습니다. 2000년대가 그런 대표적인 케이스라고 할 수 있겠죠.

기대감이 만드는 쏠림 투자를 경계하라

버블 붕괴 직전 주가 상승의 기울기가 금리 인상에도 불구하고 보다 높아지면서 강하게 치고 올라가는 나스닥을 보면서 그 뒤에 이어질 15년간의 부진을 예상하기는 쉽지 않았을 겁니다. 1970년대 원자재 투자 인기, 2000년대 브릭스를 중심으로 한 신흥국 투자 열풍, 2010년 초반의 국내 차·화·정 버블, 2000년대 초반 미국 나스닥 버블에 이르기까지 상당 기간 매우 강한 투자의 쏠림이 있었던 사례, 그리고 그런 쏠림 투자로 인한 충격에서 벗어나는 데 상당한 시간이 소요되었던 사례들을 적어보았습니다.

신흥국의 성장은 영원할 것이라는 확신이 강해지면, 기술주를 중심으로 한 신경제로 인해 과거와는 다른 성장의 스토리가 그려지게 될 것이라는 생각이 들면, 그리고 인플레이션이 지금까지도 계속 강해져왔고 앞으로도 이런 흐름이 이어질 것이라는 기대감이 경제 주체의 심리에 깊이 뿌리박히게 되면 각각의 국면에서 가장 강한 자산으로의 투자 쏠림이 심해질 수 있겠죠. 지금 인플레이션에 대한 우려가 큰 만큼, 그리고 상당 기간 이어질 것이라는 기대가 커진 만큼 인플레이션 국면에서 버틸 수 있는 자산으로의 투자 집중은 상당히 강했을 겁니다.

그런데 만약 우리가 확신했던 인플레이션이 계속해서 이어지지 않고 빠르게 식어버린다면 어떻게 될까요? 인플레이션이 영원할 것이라는 확신하에 특정 자산에 대한 투자 쏠림이 과도했는데, 시간을 두고 그렇게 강할 것 같았던 인플레이션이 고개를 숙인다면, 혹은 고개를 숙일 것 같은 징후가 보인다면 쏠려 있던 자산에서 투자자금이 빠르게 이탈할 수 있겠죠. 그렇다면 어떤 자산이 인플레이션에서 강한 자산이라고 할 수 있을까요? 당연히 원자재 펀드 투자를 빼놓을 수 없을 겁니다.

인플레이션 국면에서 원자재가 강세를 보이는 이유를 잠깐 정리해보죠. 강한 경기부양으로 인해 수요가 폭발합니다. 그런 수요에 제품을 공급해야 하는데 공급이 따라가기가 쉽지 않죠. 여러 가지 이유로 일할 사람을 구하기 어렵기에 인건비인 임금이 오르게 되고, 제품 생산을 위해 원자재가 필요한데 많은 기업이 동시에 원자재를 필요로 한다는 것도 문제가 되겠죠. 원자재에 대한 수요가 폭발하면서 원자재 가격이 크게 상승하게 됩니다. 그리고 인플레이션 상황인 만큼 물가가 오를 것 같다는 기대감이 커진 상황에서 원자재 가격이 급등하면 기업들 입장에서는 긴장이 될 수밖에 없겠죠. 향후 제품을 생산해야 하는데, 보다 비싼 가격에 원자재를 사올 것이 불 보듯 뻔하니까요. 예를 들어 ㈜홍길동은 3개월 치 제품 생산을 위한 원자재를 사들이는 것이 기본이라고 합니다. 그런데 이렇게 원자재 가격이 뛸 것 같으면 3개월 치가 아니라 6개월 치를 미리 사두는 게 좋겠죠. 문제는 ㈜홍길동만 그런 생각을 하는 게 아닙니다. 다른 기업들도 비슷한 생각을 하기에 3개월 치 원자재가 아니라 6개월 치 원자재를 사들이는 거죠. 네, 원자재 가격이 오를 것 같기에 미래에 사들일 물량까지 미리 사들이는 겁니다.

이렇게 원자재 가격이 뛰어 올라갑니다. 그럼 원자재 생산국들 입장에서는 흐뭇하겠죠. 물론 천정부지로 뛰어 올라서 글로벌 수요를 무너뜨리는 경우까지 간다면 문제가 있겠지만 코로나19 사태 당시에는 마이너스 유가를 걱정할 정도였는데, 이렇게 원자재 가격이 강하게 반등하면 흐뭇한 일이 될 겁니다. 원자재 가격이 오르고 있으니 더 많은 이익을 남길 수 있을 테니까요. 그럼 원자재 생산국들이 굳이 글로벌 기업들이 원자재를 충분히 쓸 수 있도록 생산량을 크게 늘려서 가격 하락을 유도할 필요가 있을까요? 오히려 공급 물량을 조금 줄이면 원자재 가격이 더욱 강하게 상승할 것이고, 그러면 원자재 수출에서 보다 많은 이익을 남길 수 있겠죠. 굳이 원자재 공급을 크게 늘릴 필요가 없습니다. 네, 수요가 폭발하는 것뿐만 아니라 공급에서도 소극적인 공급이 이어지는 겁니다. 이렇게 되면 원자재 가격 상승세가 더욱 강해질 수밖에 없겠죠.

이렇게 올라버린 원자재 가격은 인플레이션을 자극합니다. 그럼 이제 실제 원자재에 대한 수요와 공급을 넘어, 금융 투자의 영역까지 넘어가게 됩니다. 투자자들은 인플레이션 국면에서 강한 자산에만 투자를 늘리고 싶어 합니다. 그렇게 되면 금융투자

자금까지 원자재시장으로 흘러가겠죠. 그럼 원자재 가격이 천정부지로 상승하게 되지 않을까요? 네, 인플레이션 상황에서 원자재 가격이 이렇게 오르고 있습니다. 사람들은 '인플레이션이 걱정이라면 원자재에 투자하면 되겠구나'라는 인식을 갖게 되는 것이고요.

과거 케이스를 보아도 인플레이션 국면에서는 원자재 투자가 양호한 성과를 보여주었습니다. 지금도 원자재 가격이 바닥에서부터 빠르게 올라오고 있죠. 당분간 원자재 가격이 하락할 기미가 보이지 않습니다. 인플레이션 상황이 상당 기간 이어질 것 같고 많은 투자자들이 원자재 투자를 선호합니다. 그럼 원자재 투자로 자금의 쏠림이 나타나게 되지 않을까요? 그럼 원자재 가격은 몰려든 유동성으로 인해 더 강한 상승세를 보일 것이고, 더 크게 오른 원자재 가격은 인플레이션을 더욱 자극할 겁니다. 그럼 인플레이션이 더 강해지니 원자재 투자를 더욱 늘리게 되고, 원자재 가격이 더 오르면서 인플레이션을 보다 크게 자극할 겁니다. '원자재, 인플레이션, 원자재, 인플레이션……'의 순환이 이어지게 되는 겁니다. 실제 다음 그래프에서 보이는 것처럼 2021년 하반기부터 연준이 긴축 예고를 이어가고 있음에도 불구하고 원자재 가격은 쉽사리 떨어지지 않고 있죠.

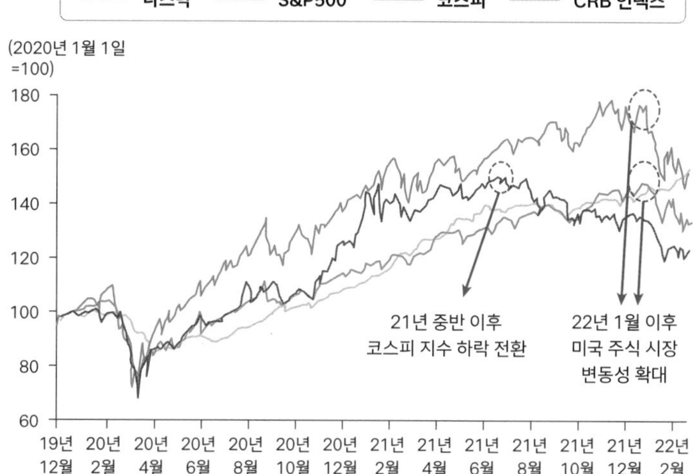

그래프 27 • **나스닥, S&P500, 코스피, 원자재 인덱스 추이** (2020~2022년)

2020년 1월 1일 각 지수를 100으로 환산한 후 흐름을 보면 코로나19 이후 나스닥과 S&P500이 중심이 되는 미국 주식이 초강세를 보이다가 2020년 4분기로 접어들면서 신흥국의 강세가 뒤따르게 되자 코스피 지수 역시 큰 폭으로 상승했습니다. 그러나 2021년 후반부에 물가 상승 및 연준 긴축 우려가 불거지자 신흥 시장인 코스피 지수는 2021년 중반부터 하락 전환하기 시작했고 2022년 초부터 S&P500과 나스닥 지수도 흔들리는 모습입니다. 반면 인플레이션 국면의 수혜를 받는 원자재 지수(CRB)는 러시아-우크라이나 사태 등의 지정학적 위기의 영향까지 반영하며 되려 강한 상승세를 보여주고 있습니다.

인플레이션이 더 깊고 더 오래 이어질 것 같습니다. 다른 자산들은 크게 흔들리는데 원자재시장은 견고하죠. 그럼 스토리가 갖춰진 만큼 투자자들의 쏠림이 더욱 심해지게 될 겁니다. 그런데 원자재 가격이 이렇게 심하게 오르고 인플레이션 역시 실물경제가 감당할 수 없을 정도로 치솟게 되면 원자재에 대한 수요 역시 중장기적으로 위축될 수밖에 없겠죠. 실제 심각할 정도로 치솟았던 인플레이션이 실물경제를 무너뜨리고, 인플레이션이 고개를 숙이면서 원자재 가격 역시 빠르게 하락했던 1980년대, 2008년, 2011년의 케이스를 앞에서 충분히 보셨으리라 생각합니다. 네, 인플레이션이 약해지면 원자재 투자는 바로 어려운 상황에 처하게 될 수 있죠. 그렇게 돌변할 가능성을 염두에 둔다면 원자재로의 과도한 쏠림 투자에 대한 경계감을 가질 수 있을 겁니다.

10

미국 대형 성장주와 동굴의 우상

O's toon

동굴 밖 세상

동굴 속

동굴 밖
드디어 바깥 세상 구경!
우와~!
꽃이 제일 보고 싶었는데
안 보이네...
아니 저건!
설마...
이게 동굴 안에서 보던 꽃?
난 처음부터 불꽃이었어…
너희 마음대로
꽃이라고 부른 거지
괴물이라고 했던 건
저 귀여운 강아지?
괴물은 무슨~
멍멍!

다음으로 미국 대형 성장주에 대해 말해볼까요? 미국 대형 성장주는 인플레이션 국면에만 강한 자산이 아닙니다. 그 어떤 상황에서도 가장 강한 흐름을 보여주죠. 경기 둔화로 금리가 낮아지면 유동성이 크게 늘어난 만큼 이 돈은 차별적 성장을 하는 미국 대형 성장주로 흘러간다고 이야기했습니다. 금리가 낮을 때 강세를 보이는 미국 대형 성장주는 금리가 높아졌을 때에는 어떤 흐름을 보일까요? 금리가 오르면 부채가 많은 기업들이 고전하곤 합니다. 반면 미국 대형 성장주는 이미 플랫폼으로 자리를 잡았고 수익을 통한 현금의 유입도 상당할 뿐 아니라 전통적인 건설이나 제조업 기업들처럼 부채가 많지 않죠. 네, 금리 상승 국면에서 차별적인 강점을 보여줍니다. 그럼 금리 하락이나 상승 등 그 어느 상황에서도 강한 흐름을 이어갈 수 있는 자산이라고 할 수 있겠죠.

호경기, 불경기에도 안전한 자산

물가가 낮은 수준을 유지합니다. 저물가는 저성장에 기인한 바 크겠죠. 디플레이션으로 인한 장기 침체에 빠지지 않기 위해 중앙은행이 금리를 낮추게 될 겁니다. 그럼 시중 유동성이 늘어난 만큼 차별적 성장을 하는 미국 대형 성장주로 돈이 몰리게 되겠죠. 반대로 물가가 높은 수준을 보이면? 거대 플랫폼 등으로 독점적 지위를 확보한 만큼 인플레이션으로 인한 비용 상승을 소비자에게 전가할 수 있는 능력을 갖고 있을 겁니다. 인플레이션 상황에서 기업들은 생산 비용의 증가로 인해 마진이 줄어들면서 고전합니다. 제품 판매가를 올리고는 싶지만 독점적 지위를 확보하고 있지 못하니 함부로 판매 가격을 높이게 되면 가격을 올리지 않는 다른 경쟁자들에게 밀리게 될 겁니다. 반면 미국 대형 성장주는 생산 비용 증가를 제품 판매 가격에 전가할 수 있는 독점적 지위를 확보하고 있죠. 물가 상승의 충격 역시 상대적으로 덜 받게 되는 것 아닐까요?

이런 일련의 내용들을 종합하면 미국 대형 성장주는 호경기와 불경기, 금리 상승과 하락, 디플레이션과 인플레이션 등 그 어떤 환경에서도 강한 자산이 되는 겁니다. 그럼 언제 하락하는 걸까요? 미국 대형 성장주 주가의 장기 추이를 한번 보고 넘어가죠.

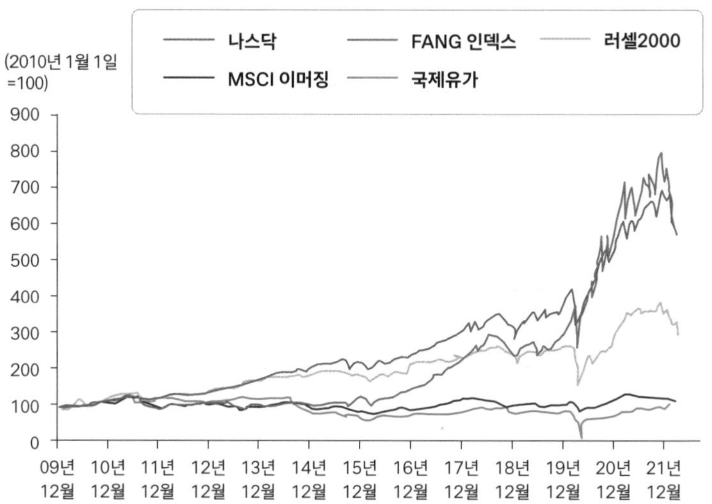

그래프 28 • **미국·신흥국 주요 지수 및 국제유가 장기 성과 비교 (2010~2022년)**

2010년 1월 1일 다섯 가지 지수를 모두 100으로 환산한 이후의 흐름입니다. 2022년 초반부까지 나스닥과 미국 대표 대형주인 FANG 지수는 거의 7~8배 가까이 상승했음을 알 수 있습니다. 반면 최근 각광을 받는 국제유가나 부진한 흐름을 거듭하는 신흥국 MSCI 이머징 지수는 10년 이상 인상 깊은 성과를 보여주지 못하고 있죠. 미국 중소형주 러셀2000은 같은 미국 증시임에도 빅테크 성장주에 비해 중장기 성과가 상당히 뒤처져 있음을 알 수 있습니다.

앞서 이야기한 원자재와는 또 다른 모습 아닌가요? 원자재 투자는 인플레이션 국면에서 빛이 나지만 미국 대형 성장주는 그야말로 올 라운드 플레이어의 느낌을 줍니다. 어디서나 강한 자산이라는 느낌이죠. 2018년 초 연준이 긴축을 강하게 예고할 때 신흥국을 비롯한 대부분 국가들의 금융시장은 2018년 2월부터 큰 폭으로 하락했지만 미국 대형 성장주는 꽤 오랜 기간 강세를 이어갔습니다. 2020년 1월 말부터 코로나19 충격이 글로벌 금융시장을 강타했는데, 중국 증시를 비롯한 대부분 국가의 주식시장이 급락세를 보이던 것과는 달리 미국 대형 성장주는 안정적 상승세를 이어갔던 기억이 있습니다. 금융시장이 흔들리는 국면에서 안정적인 강세를 이어간다면, 안전 자산까지 소화할 수 있는 건가요? 다음은 코로나19 사태 초기, 차별적인 강세를 보이는 미국 대형 성장주에 대한 내용을 담은 CNBC의 기사입니다. 꼼꼼히 읽어보죠.

— CNBC "美 대형 기술주, 안전 자산 인식… 왜곡 발생할 것"

최근 미국 증시가 신종 코로나19 바이러스(코로나19)의 확산에도 강세를 보인 것은 글로벌 경기 불안 속에 미국 성장주를 사실상 '안전 자산'으로 여기는 심리 때문이라고 CNBC가 17일 보도했다.

CNBC는 "올해 들어 시장은 질 높은 미국 자산을 안전 자산으로 여기는 것처럼 움직였는데 이는 일리 있다"면서도 "아무리 일리가 있더라도 결국 과할 수 있고 왜곡이 발생하게 될 것"이라고 지적했다.

올해 들어 미국 스탠더드앤드푸어스(S&P)500은 5퍼센트 가까이 오르며 다른 주요국의 주가 상승률을 상회하고 있다. 그중에서도 기술과 부동산, 유틸리티, 소비재 업종은 더욱 높은 수익률을 기록했다. S&P500의 지수 상승률에 뒤처지는 업종은 에너지와 금융, 산업 업종 등이었다. 특히 애플과 마이크로소프트 등 초대형 기술주는 장래 성장성과 수익성이 부각되며 전 세계로부터 자금을 끌어 모으는 중이다.

뱅가드그룹의 '메가캡 그로쓰 상장지수펀드'는 나스닥 시장의 시총 상위주로 구성된 ETF로 지난 6개월간 수익률이 25퍼센트를 넘어섰다. 반면 다국적 기업들로 구성된 '글로벌 다우 ETF'는 같은 기간 수익률이 10퍼센트 초반에 머물렀다.

펀드스트라트 글로벌 어드바이저스의 톰리 전략가는 "미국 주식이 안전 자산 거래의 3요소를 갖췄다"고 평가했다. 그에 따르면 미국 경제성장이 다른 나라보다 앞서고 S&P500도 성장을 동력으로 한 대형주 지수다. 그런 가운데 전 세계적으로 300조 달러 규모의 가계 유동성 자산에서 S&P500은 여전히 희소가치가 있는 지수다.

《연합인포맥스》, 2020. 2. 17

많은 투자자들이 미국 대형 성장주를 안전 자산으로 여기고 있다는 얘기가 나오죠. 그리고 실제 성과를 보아도 다른 자산들은 코로나19 충격 등을 흡수하면서 6개월간 10퍼센트 정도 오르는 수준에 그쳤던 반면, 미국 대형 성장주는 25퍼센트를 넘는 성과를 기록하면서 이를 입증하고 있죠. 마지막 문단을 보면 안전 자산으로서의 요소를 제대로 갖추고 있다는 찬사가 이어집니다. 호경기와 불경기, 금리 상승과 하락, 인플레이션과 디플레이션에 모두 강하면서 안전 자산까지도 소화할 수 있는 미국 대형 성장주는 이쯤이면 '안전 자산'이 아니라 '완전 자산'이라고 해야 하는 것 아닐까요? 완전체나 무결점 자산 등으로 호칭해도 손색이 없을 것 같은 느낌입니다.

그런데 위의 기사를 보면 CNBC가 찬사만을 연발했던 건 아닙니다. 기사의 두 번째 문단을 다시 읽어보면 스토리 자체는 일리가 있기에 미국 대형 성장주의 매력을 크게 높이지만 '과할 수 있다'는 얘기와 함께 '왜곡이 발생하게 될 것'이라는 경고를 하고 있습니다. '왜곡'이라는 표현을 썼는데, 어떤 왜곡을 의미하는 것일까요? 물론 제가 CNBC가 아닌 만큼 정확한 의도를 알기는 어렵겠지만 이런 왜곡은 존재할 수 있다고 생각합니다.

코로나19 사태로 주식시장이 급락한 이후, 미국 연준이 강하게 유동성 공급을 늘리면서 금융시장에는 상당한 왜곡이 나타났습니다. 코로나19로 인해 경기가 침체 일로에 있는데도 불구하고 주식시장은 전례 없는 초강세를 나타냈던 겁니다. 경기가 좋을 때는 당연히 주식이 강세를 보이는 게 맞겠죠. 그런데 경기가 좋지 않은데 주가가 더 오르는 겁니다. 그럼 주가는 경기가 좋아도, 경기가 좋지 않아도 항상 오르는 건가요? 여기에 대해서는 이제 많은 분들이 답을 알고 있습니다. 경기가 안 좋을 때 연준이 돈을 과도하게 풀었기 때문에 이 돈의 힘으로 주가가 오른 것이라고요. 이렇게 되자 투자자들은 경기가 좋으면 주식을 사고, 경기가 좋지 않아도 연준이 돈을 풀어서 주가를 밀어 올려줄 것이라는 기대를 갖고서 주식을 사게 되었죠. 경기 둔화에도 불구하고 연준이 돈을 풀어주고, 투자자들이 이러한 연준의 지원을 예상하고 망설임 없이 주식을 사들이면서 주가가 오른 겁니다. 네, 주식은 경기가 좋을 때 강세를 보입니다. 불경기에는 주가가 약세를 보이곤 하지만 돈의 힘이 작용했기에, 돈의 힘이 그 주식을 사주었기에 불경기에도 강한 완전 자산이 될 수 있었던 거죠.

이제 미국 대형 성장주 얘기로 돌아옵니다. 물론 미국 대형 성장주가 다른 주식들 대비 강력한 독점적 지위나 수익성, 그리고 차별적 기술력 등을 보유한 것은 주지의 사실일 겁니다. 이런 차별화가 있었기에 물가 상승, 금리 상승 등 경제 환경이 수시로 바뀌는 불확실한 상황에서 투자자들이 대부분의 국면에서 가장 안정적인 강세를 보이는 대형 성장주를 선호한 것이죠. 글로벌 유동성이 이런 대형 성장주로 쏠리게 된 겁니다. 불확실한 환경에도 불구하고 해당 주식을 사들이는 투자자들이 많아졌기에, 돈의 힘으로 해당 주식이 강세를 보인 것일 수도 있겠죠.

수십 년 만에 제대로 된 인플레이션이 찾아옵니다. 이제 연준은 긴축을 시작하면서 금리 인상 카드를 준비하고 있죠. 물가 상승과 금리 상승은 주식시장에는 큰 악재일 겁니다. 다만 여기서 우리가 기억해두어야 할 것은 기존에 풀려 있는 유동성이 상당했다는 것이죠. 그 유동성은 한순간에 사라지는 것이 아니라 서서히 긴축의 과정을 통해서 줄어들게 되겠죠. 긴축이 예고된 만큼, 인플레이션이 심각해질 것으로 예견되는 만큼 투자자들 역시 주식시장 내에서 인플레이션 및 연준 긴축에 대비하는 발 빠른 행보를 이어가게 됩니다. 그럼 상대적으로 안정적인 대형 성장주로 자금이 이동을 하게 되고, 해당 주식을 사들이는 '돈의 힘'으로 인해 물가가 점점 오르고 있음에도, 또 긴축이 성큼 다가오고 있음에도 해당 주식이 강세를 나타낼 수 있는 겁니다.

이해를 돕기 위해 이런 비유를 들어보겠습니다. 아빠와 아이가 워터파크에 갑니다. 물놀이를 끝내고 튜브에 바람을 빼려고 하죠. 아이는 아빠가 튜브 바람을 빼는 모습을 보기 위해 튜브의 한쪽을 바라보고 있습니다. 아빠는 튜브의 공기 주입구를 열고 바람을 빼기 시작하죠. 그런데 바람 빠지는 속도가 조금 느린 겁니다. 답답한 마음에 아빠는 튜브의 한쪽을 팔로 누르게 되죠. 그랬더니 바람 빠지는 소리가 더 크게 들리면서 바람 빼는 속도가 더 빨라집니다. 그런데 신기한 일이 일어나는 거죠. 아빠가 튜브의 한쪽을 팔로 누르니까 조금씩 줄어들던 튜브의 다른 한쪽이 다시금 빵빵해지는 겁니다. 바람이 계속 빠지는 줄 알고 튜브가 계속 쪼그라들 것이라 생각했던 아이는 깜짝 놀라서 아빠에게 바람을 빼는데도 이쪽은 더 빵빵해진다고 말합니다. 자, 여러분이 아빠라

면 뭐라고 답해주는 게 좋을까요? 이 튜브는 바람을 넣어도 빵빵해지고, 바람을 빼도 빵빵해지는 마법의 튜브라고 하는 게 맞을까요? 아니면 빙긋 웃으면서 "응, 그쪽으로 공기가 쏠려가서 그래. 지금 계속 바람을 빼고 있으니까 조금만 더 기다려봐"라고 하는 게 맞을까요? 저라면 후자를 선택할 것 같습니다.

그런데 아이가 의심이 많습니다. 자기 시선으로 보면 분명히 튜브가 더 빵빵하거든요. 아빠가 조금 더 기다려보라고 한 지 30초가 더 지났는데도 튜브가 여전히 빵빵합니다(튜브가 좀 많이 크기 때문에 바람 빼는 데 시간이 좀 걸린다고 가정하죠). 아이가 이상하다고, 아빠가 틀린 것 같다면서 조금 더 지나면 이쪽도 쪼그라드는 것이 확실하냐고 물어보겠죠.

아빠는 조금 기다리면 다른 한쪽의 바람도 빠진다는 것을 어떻게 알고 있을까요? 네, 아빠도 어린 시절이 있었으니까요. 물론 "정확하게 3분 35초 후에 빠지기 시작할 거야"라는 답까지는 어렵겠지만 결국에는 잠시 빵빵해진 반대편에서도 바람이 빠져나갈 것이라는 점을 경험적으로 알고 있는 겁니다. 그런 경험이 없는 아이는 바람을 빼는데도 오히려 빵빵해지는 튜브를 보면서 '마법 튜브'라는 생각을 계속 하게 되는 거죠.

튜브가 글로벌 금융시장이라고 가정해봅니다. 그리고 튜브에 밀어 넣는 바람을 글로벌 유동성이라고 생각해보죠. 튜브에서 바람을 빼는 것을 연준의 긴축이라고 생각해보는 겁니다. 연준의 긴축이 시작되면 두려움에 상대적으로 안전하다고 생각되는 곳으로 자금이 쏠리게 될 겁니다. 그럼 튜브의 한쪽은 푸욱 주저앉겠지만 다른 한쪽은 되려 빵빵해지겠죠. 기존에 주입했던 공기가, 기존에 풀어놓은 유동성이 그쪽에 쏠린 겁니다. 그럼 긴축에도 불구하고 해당 자산의 가격이 상승할 수 있겠죠. 결국에는 긴축의 영향을 받게 되겠지만 일시적으로는 긴축에 크게 영향을 받지 않는, 아니 되려 긴축에 강한 자산이라는 인식을 갖게 될 수 있습니다. 네, 돈의 힘이 작용하게 되면 주식이 불경기에 강한 자산이라는 인식을 만들어낼 수 있죠. 특정 자산으로 돈의 쏠림이 작용하면 심각한 인플레이션에서도, 혹은 강한 긴축 상황에서도 해당 자산의 주가가 오를 수 있습니다. 문제는 돈의 힘으로 오른 그 자산을 인플레이션과 긴축에 강한 자산으로 인식하고 더 많은 투자 자금이 쏠리는 겁니다. 인플레이션이 보다 심해지고 다른 자산들이 고전하는데 대형 성장주는 독야청청 강세를 이어갑니다. 그럼 고전하는 자산에서 빠져나와서 이런 상황에서도 오르는 대형 성장주를 사야 하는 것 아닐까요? 물가가 오르면 오를수록 다른 자산들은 더 고전하게 되고, 대형 성장주로의 쏠림은 보다 강해질 수 있습니다.

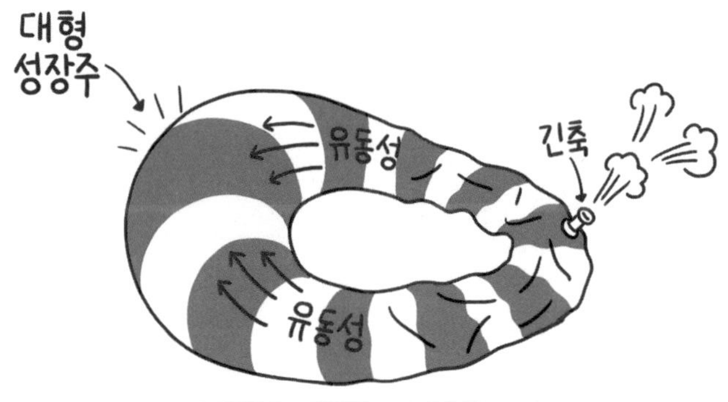

장기전에도 안전할 수 있을까?

그런데 이런 상황에서 연준의 긴축이 예상보다 더욱 강해지면 어떻게 될까요? 대형 성장주 역시 흔들릴 수 있겠죠. 2018년 4분기에 비슷한 일이 일어납니다. 미국 금리 인상이 2018년 1월부터 예고되면서 자산시장 전반이 2018년 2월부터 흔들렸다고 했었죠. 다른 자산들이 고전할 때 유독 강세를 보이던 미국 증시였지만 연준이 긴축 흐름을 예상보다 강화한다고 선언한 10월 이후에는 미국 증시도, 그리고 그 강세의 중심에 서 있던 대형 성장주도 흔들리기 시작했습니다. 2018년 4분기의 충격은 오히려 신흥국을 비롯한 다른 자산들보다 크게 받았습니다. 당시 그래프입니다.

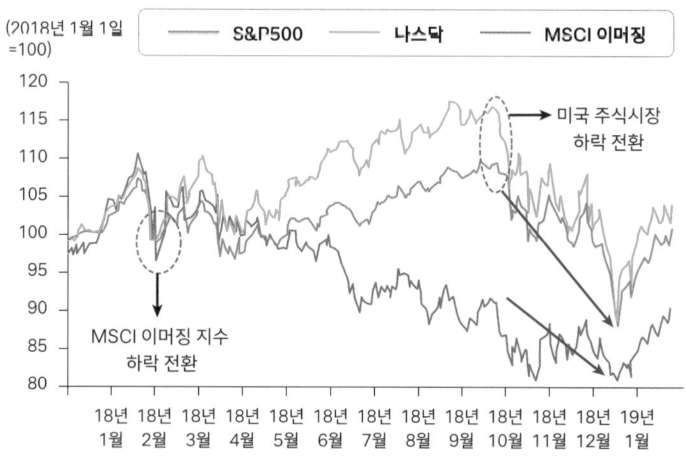

그래프 29 • **미국 주요 지수 및 신흥국 주가 추이 (2018~2019년)**

2018년 1월 1일의 S&P500, 나스닥, MSCI 이머징 지수를 모두 100으로 환산해서 그린 그래프입니다. 본격적으로 금리 인상 속도 올리기를 천명했던 2018년 2월 초부터 시장이 흔들렸는데, 이후 이머징 시장은 회복하지 못하고 계속해서 무너지는 흐름이었죠. 그러나 S&P500과 나스닥 지수는 강한 반등세를 이어가면서 상승 흐름을 9월까지 이어가게 됩니다. 그러나 이후에도 계속되는 연준의 금리 인상 스탠스에 부담을 느끼면서 빠른 속도로 하락하게 되죠. 본격적인 미국 증시의 하락 국면에서는 신흥국 시장보다 미국 주식시장의 낙폭이 가파른 점을 확인할 수 있습니다.

코로나19 사태 초기였던 2020년 2월 역시 마찬가지였죠. 1월 말 중국 증시부터 큰 폭으로 하락하기 시작했고 신흥국은 전반적으로 고전했음에도 안전 자산으로 인식되던 미국 주식시장은 강세에 강세를 이어갔습니다. 그러나 코로나19가 미국 본토에 상륙하고 전 세계 경기 둔화가 빨라질 것이라는 전망 앞에 예외는 없었죠. 앞에 인용했던 기사 「CNBC "美 대형 기술주, 안전 자산 인식…왜곡 발생할 것"」은 2020년 2월 17일 보도되었습니다. 실제 미국 주식의 차별적인 움직임도 그로부터 이틀 후였던 2020년 2월 19일에 정점을 찍으면서 큰 폭으로 흔들렸던 바 있습니다.

유명한 철학자인 프랜시스 베이컨은 '동굴의 우상'을 말했죠. 동굴에 갇힌 죄수들은 목까지 묶여 있기에 평생 동굴의 한쪽 벽밖에는 볼 수 없습니다. 그 죄수들의 뒤쪽에는 모닥불이 타고 있는데, 그 모닥불 앞으로 간수들이나 다른 사람들 혹은 동물들이 왔다 갔다 하는 거죠. 죄수들은 고개조차 돌릴 수 없게 되어 있어서 그 사람들을 직접 볼 수 없습니다. 때문에 죄수들은 모닥불과 사람들의 움직임이 함께 만들어내는 그림자들, 오직 동굴의 벽에 비친 그림자만 보고 판단하게 되는 거죠. 개가 지나가도 그 개의 실체는 볼 수 없으니 아주 커다란 검은 물체라고 판단하게 되는 겁니다. 그들의 눈에는 본체가 아니라 그림자만이 보이기에 그림자가 본체라는 생각을 하면서 현실 인식에 왜곡이 생기게 되는 겁니다.

갑자기 생뚱맞게 철학 얘기를 했는데, 동굴의 우상에서 나오는 현실 왜곡처럼 어쩌면 미국 대형 성장주는 실제 연준의 긴축이나 인플레이션에 강한 자산이 아닐 수 있다는 생각을 해봅니다. 쏠림에 의해 이상하게 만들어진 현실, 즉 이미 풀려 있던 유동성이 쏠리면서 인플레이션 국면에서도, 연준의 긴축이 시작되는 국면에서도 돈의 힘으로 강세를 이어갈 수 있었던 것 아닐까요? 그리고 투자자들은 꽤 오랜 기간 돈의 힘으로 왜곡된 현실을 보아왔기에 금리가 오르거나 내리거나, 물가가 오르거나 내리거나, 시장이 흔들리거나 안정되거나 상관 없이 항상 오르는 그런 자산으로 인식하게 된 것 아닐까요? 마치 동굴의 우상에서 죄수들이 동굴의 한쪽 벽에 나타난 왜곡된 현실을 그 자체로 사실인 것처럼 받아들이는 것처럼 말이죠. 이런 인식이 기존에 풀려 있던 돈의 쏠림을 만들어내면서 '완전 자산'이라는 신화까지 이어진 거겠죠.

긴 이야기 정리해보겠습니다. 저는 원자재 투자나 미국 대형 성장주 투자가 좋다, 혹은 나쁘다는 말을 하는 게 아닙니다. 인플레이션 국면의 가능성을 열어두고 원자재에 분산 투자하는 것은 필수라고 생각합니다. 그리고 글로벌 전체에서 가장 차별적인 성장성을 갖춘 미국 대형 성장주 역시 아주 매력적인 투자 대상이라고 생각합니다. 다만 저는 인플레이션 국면에서 살아남고자 원자재 투자로만 쏠리거나, 혹은 미국 대형 성장주 투자로만 쏠리는 것에 대해서는 확실한 경계감을 가져야 한다는 말을 하고 있는 겁니다.

인플레이션이라는 환경이 갑자기 바뀔 수 있죠. 인플레이션만을 바라보느라 과도하게 쏠려 있던 투자 자금이 역류하게 되면 생각보다 강한 충격을 받을 수 있습니다. 1970년대의 원자재 투자, 2000년대 중반의 신흥국 투자, 2011년의 차·화·정 투자, 2000년의 미국 IT주식 투자의 쏠림 사례가 이를 방증해준다고 생각합니다. 네, 이번 챕터는 집중 투자에 대한 경계감을 가져야 한다는 조언을 남기면서 마치도록 하죠. 다음 챕터에서는 집중 투자에 대응하는 개념으로 분산 투자에 대해 이야기해보겠습니다.

11

분산투자,
그 참을 수 없는 지루함

O's toon

"분산투자 재미없어!"

이래서 언제 돈을 불리냐고!
분산투자 재미없어!
투자금 얼마 되지도 않는데
무슨 분산투자야!
인생 한 방이지!!
전 재산
몰빵
두두두두두
펑!
두두두두두
그럼 나도
한 방 간다!
코로나

집중 투자의 반대말이 무엇일까요? 너무 쉬운 애기겠지만 결국 '분산 투자'가 됩니다. 분산 투자라는 개념을 언급하면 바로 "다 알죠! 계란 한 바구니에 담지 말라는 거죠?"라는 애기가 나옵니다. 집중 투자는 매우 명쾌하고 자신감이 넘쳐 보이며 성공하면 상당한 수익을 가져다줍니다. 반면 분산 투자는 불확실하고 왠지 자신감이 없어 보이며 성공하더라도 인상 깊은 수익을 가져다주지는 못하죠. 네, 참을 수 없이 지루한 것이 분산 투자입니다. 그래도 집중 투자는 실패했을 때 주는 충격이 상당한 반면 분산 투자는 그런 충격을 어느 정도 줄일 수 있습니다.

계란을 한 바구니에 담지 마라

그럼 분산 투자를 어떻게 하면 좋을까요? 투자자들과 대화를 나누어보면 분산 투자를 주식·채권에 나누어 투자하는 것이라고 생각하는 분들이 상당히 많습니다. 주식·채권을 나누는 것이 분산 투자인 것은 맞는데, 분산 투자가 주식·채권만으로 한정되는 것은 아닙니다. 보다 다양한 자산에 나누어 투자할 수 있고, 이를 통해서 다양한 국면의 충격을 상당 수준 낮출 수 있죠. 생각보다 다양하고, 생각보다 간단하지 않은 분산 투자에 대해 살펴보겠습니다.

주식과 국채

우선 제가 터키 투자자라고 가정을 해보죠. 저는 터키의 주식과 채권에 분산 투자를 했습니다. 주식이 위험한 것은 맞지만 안전한 터키 국채에 투자를 했으니 제대로 돈을 분산했다는 생각이 들겠죠. 그런데 문제가 하나 생깁니다. 터키라는 국가 자체의 리스크가 높아지면서 외국인 투자자들이 터키에서 이탈하기 시작하는 거죠. 터키 자산을 팔고 떠나는 외국인 투자자들이 많아지는데, 터키의 자산에는 터키의 주식뿐 아니라 국채도 포함됩니다. 터키의 주식과 채권을 팔고, 그렇게 받은 터키 리라화를 팔고 달러를 사서 터키 시장에서 빠져나갑니다. 그 과정에서 터키 주가는 크게 하락하고 터키 국채의 가격도 상당 수준 하락하게 됩니다. 터키 국채 가격이 하락한다는 것은 터키 금리가 뛰어오른다는 의미가 되겠죠.

외국인 투자자들이 이탈하는 상황이기에 당연히 터키 경제가 양호하지 않을 텐데, 그런 상황에서 터키 금리까지 뛰어오르게 되면 터키 경제는 더욱 어려워지겠죠. 그만큼 터키의 주식시장은 더욱 얼어붙게 될 겁니다. 그리고 터키 리라화의 가치가 폭락하게 되는데, 이렇게 되면 달러 대비 리라화 가치가 하락하면서 해외에서 제품을 수입할 때 수입 물가가 천정부지로 폭등하게 되겠죠. 물가가 오르면 가뜩이나 고전하고 있는 터키 국채에는 정말 치명타가 될 수 있습니다. 터키 국채 가격이 더 큰 충격에 휩싸이게 될 겁니다.

〈그래프 30〉을 보면서 조금 더 설명해보겠습니다. 2018년 터키의 주가와 국채금리 추이입니다. 터키의 주가가 큰 폭으로 하락하는데, 터키 금리가 크게 뛰어오르고 있습니다. 당시 미국 연준의 금리 인상 속도가 빨라지면서 터키에서의 자본 유출 우려가 커지고 있었죠. 그리고 결국 터키 주식 및 국채가 모두 타격을 입은 겁니다. 그럼 터키의 주식과 국채에 분산 투자를 한 투자자는 어떤 상황일까요? 네, 분산 투자의 효과를 살리지 못하고 있겠죠. 주식·채권 분산만으로는 충분하지 않다는 점을 알 수 있을 겁니다.

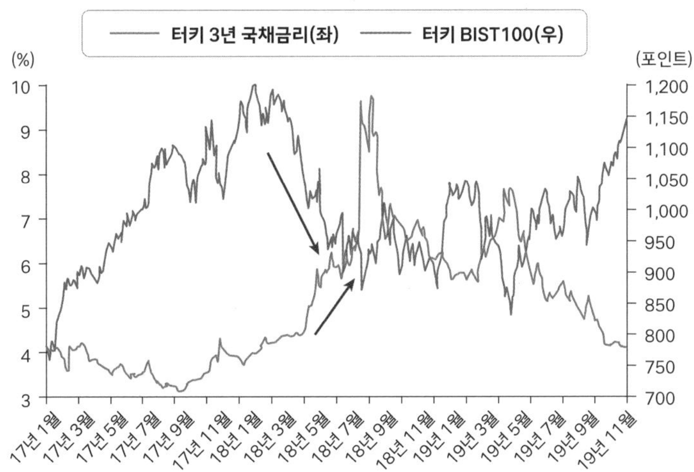

그래프 30 • **터키 3년 국채금리와 터키 주가 지수 추이 (2017~2019년)**

2018년 중반부터 터키 주가 지수(파란 선)가 하락 전환하기 시작했습니다. 주가 급락 국면에서는 보통 안전 자산인 국채로 돈이 몰리면서 국채금리가 하락하곤 하는데, 터키의 경우는 전혀 다른 모습이었습니다. 국채금리 또한 급등하면서 국채 투자 역시 손실을 보게 되었죠. 주식, 채권 분산 투자가 통하지 않는 대표적인 케이스를 터키 사례를 통해 확인할 수 있습니다.

안 되는 케이스만 골라서 가져왔다며 일종의 '악마의 편집' 아니냐는 반론을 할 수 있죠. 네, 예리한 지적입니다. 그럼 한국의 주가 및 금리 그래프를 한 번 봐볼까요? 일반적으로는 다음과 같은 모습입니다(그래프 31). 한눈에 함께 움직이는 것을 확인할 수 있죠.

그래프 31 • **한국 10년 국채금리&코스피 지수 (2015~2020년)**

실물경기가 좋아지면서 성장이 강해질 때 주가도 오르고 금리도 함께 뛰곤 합니다. 반면 경기 둔화 압력이 커지면 주가 하락과 금리 하락(국채 가격 상승)이 나타나곤 하죠. 정리하면 주가가 오를 때 금리도 오르고, 주가가 하락할 때 금리도 하락한다고 볼 수 있죠. 위의 그래프를 보면 이런 현상을 뚜렷이 확인할 수 있습니다. 파란 선인 주가와 빨간 선인 금리가 함께 움직이는 모습을 볼 수 있죠. 앞서 〈그래프 30〉에서 봤던 터키의 주가와 금리 그래프의 구간과 동일하게 그린 그래프인데요, 신흥국 중에서도 거시경제 불안감이 높은 터키와는 차별화된 한국 주식 및 채권 그림의 흐름을 볼 수 있습니다.

경기가 좋으면 주가는 상승하곤 합니다. 아울러 경기가 좋기에 경제 주체들은 소비를 늘리게 되고 기업들은 그런 소비에 부응하기 위해 투자를 늘리게 되겠죠. 소비가 늘어나면 물가가 오르게 될 겁니다. 물가의 상승은 금리의 상승 요인이 되죠. 투자를 늘리기 위해 기업들은 돈을 빌리려 할 겁니다. 돈을 빌린다는 것은 돈에 대한 수요가 늘어나는 것을 의미하죠. 돈의 수요가 늘어난 만큼 돈의 가격인 금리는 상승하게 될 겁니다. 네, 경기가 좋으면 주가도 오르고 금리도 상승합니다. 경기가 좋으면 주가는 오르지만 금리가 함께 오르면서 채권 가격은 하락하기에 채권 투자에서는 손실이 발생하게 됩니다.

반대로 경기가 둔화되면 주가가 하락할 겁니다. 소비가 줄어드는 만큼 물가도 낮아지게 될 것이고 기업들의 투자 역시 크게 줄어들게 되겠죠. 중앙은행은 경기부양을 위해 돈 풀기에 나서면서 돈의 공급은 늘어나는데, 그 돈을 빌려서 투자를 하려는 기업 투자는 자취를 감추게 됩니다. 돈의 공급은 넘치는데 돈의 수요가 부족하다면 당연히 돈의 값인 금리는 하락하게 되겠죠. 금리의 하락은 채권 가격의 상승을 의미합니다. 주가는 하락하지만 금리가 함께 하락하면서 국채에 투자한 사람을 방긋 웃게 해주죠. 경기 둔화 국면에서 분산 투자의 효과가 극대화되는 케이스라고 볼 수 있습니다. 정리하면 한국의 경우 일반적으로는 주식이 오르면 금리도 오르고(채권 가격은 하락하고) 주식이 주저앉으면 금리도 하락하는(채권 가격은 상승하는) 흐름입니다. 주가와 금리가 같은 방향으로 움직이기에 주식·채권 분산이 효과적일 수 있죠. 그런데 다음 그래프를 보면 얘기가 조금 달라집니다. 2020년 코로나19 충격으로 전 세계 주식시장이 큰 폭으로 하락할 당시의 그래프입니다(그래프 32).

그래프 32 • **한국 10년 국채금리와 코스피 지수 (2020~2021년)**

코로나19 위기와 같은 전 세계적 위기 국면에서는 한국 국채 역시 예외가 되지 못합니다. 코로나19 사태가 심화되었던 2020년 3월, 코스피 지수(파란 선)가 급락함에도 한국 10년 국채금리(빨간 선)는 하락 전환하지 못하고 급등하는 모습입니다. 외국인 투자자들이 매크로 경제 전반에 거대한 공포감을 느끼면서 한국의 주식과 채권을 모두 매도하는 상황이죠. 이때에는 한국 역시 주가 하락·국채 가격 하락이라는 상황에 직면하게 됩니다. 한국 국채가 안전자산으로서의 역할을 하지 못하는 상황이었습니다.

2020년 3월을 보면 코스피 지수(파란 선)는 큰 폭으로 하락하고 있는 반면 한국 10년 국채금리(빨간 선)는 큰 폭으로 상승하는 모습을 확인할 수 있죠. 주가와 금리가 함께 움직인다면 주가가 큰 폭으로 하락하고 금리도 크게 하락해야 하는데, 반대로 금리가 큰 폭으로 상승하고 있는 겁니다. 네, 앞서 보셨던 터키의 사례와 비슷합니다. 글로벌 위기가 상당히 심해지면 신흥국 중에서 안정적이라 할 수 있는 한국에서도 자본 유출이 일어날 수 있습니다. 2020년 3월 당시 대부분의 신흥국에서 자본 유출 우려가 커지면서 외국인들이 신흥국의 주식과 채권을 모두 팔고 떠나는, 그렇게 해서 주가가 급락하고 채권금리는 급등하는 현상이 나타났었죠. 주식과 채권이 모두 깨졌기에 분산 투자 효과가 매우 낮았다고 볼 수 있을 겁니다. 한국 주식 및 채권 시장에서 이렇게 주식과 국채 투자가 동시에 손실이 나는 경우가 2020년 코로나19 위기 당시, 그리고 2008년 금융위기 당시에 있었죠. 분산 투자를 하는 이유는 예상치 못한 위기 국면에서 효과적인 방어를 하기 위함에 있습니다. 그런데 진정한 위기 국면에서 주식과 채권이 모두 하락하는 등 그 효과가 제한된다면 주식과 채권만으로 진행하는 분산 투자의 효과에 의구심을 제기할 수 있을 겁니다.

한 바구니에 담지 말라고 해서
나눠 담았는데…

'신흥국이기 때문에 이런 문제가 생긴다, 미국 주식과 채권에 분산 투자하게 되면 이런 문제를 상당 수준 해결할 수 있을 것 같다'라는 생각이 들 수 있습니다. 그런데 미국 금융시장이라고 해서 이런 이슈에서 자유롭지만은 않은 듯합니다. 앞서 1970년대를 '거대한 인플레이션의 시대'라고 말했는데, 당시의 미국 S&P500 지수와 미국 10년 국채금리 추이를 살펴보겠습니다.

그래프 33 • **1970년대 다우존스 지수와 미국 10년 금리 추이**

1970년대는 미국 경제에 있어서 참 뼈아픈 시기였습니다. 1972년 초부터 1975년까지 미국 대표 주가 지수인 다우존스 지수는 큰 폭으로 하락했고 국채금리 역시 6퍼센트에서 8퍼센트까지 뛰어올랐죠. 국채 가격 역시 하락했던 겁니다. 이후 2차 석유파동이 닥쳐왔던 1977년 초부터 주식시장이 다시금 큰 폭으로 하락했는데 당시 국채금리 역시 7퍼센트에서 14퍼센트 가까이 뛰면서 주식과 채권의 동반 부진 흐름을 이어갔습니다.

다시 한번 정리하겠습니다. 주가와 금리가 함께 움직이면 주식과 채권의 분산 투자 효과가 있는 것이고, 반대로 움직이면 분산 효과가 크지 않습니다. 주가와 금리가 같은 방향으로 움직이는지, 아니면 반대로 움직이는지에 주목해야 합니다. 이런 관전 포인트를 가지고 〈그래프 33〉을 다시 살펴보겠습니다. 파란 선이 미국 대표 주가 지수인 다우존스 지수고, 빨간 선이 미국 10년 국채금리입니다. 1973년 초부터 1979년 말까지 이 두 그래프는 같은 방향보다는 반대 방향으로 움직이는 경향이 강했네요. 네, 1973년부터 1974년 말까지 다우존스 지수는 큰 폭으로 하락하는데 미국 10년 금리는 6퍼센트 초반에서 8퍼센트 중반까지 빠른 상승세를 보였죠. 특히 1976년 이후에는 다우존스 지수가 주춤한 흐름을 이어간 반면 금리는 강하게 튀어 오르면서 10년 국채금리가 14퍼센트 가까이 치고 올라갔음을 알 수 있습니다. 그리고 그래프 전반에 걸쳐서 보면 미국 다우존스 지수는 1973년부터 1979년 말까지 하락했고 10년 국채금리는 상당 폭 상승했죠. 네, 주가는 하락했는데 금리는 상승했습니다. 주가가 하락했는데 국채 가격도 하락한 것이죠. 미국 내 인플레이션 압력이 강했던 1970년대를 보면 주식과 채권이 모두 재미가 없었고, 이 두 자산에 분산 투자한 효과 역시 크지 않았음을 알 수 있습니다.

원자재

그렇다면 1970년대에는 어떤 자산을 갖고 있는 것이 내 포트폴리오를 지키는 현명한 답이었을까요? 다음 그래프를 살펴보시죠.

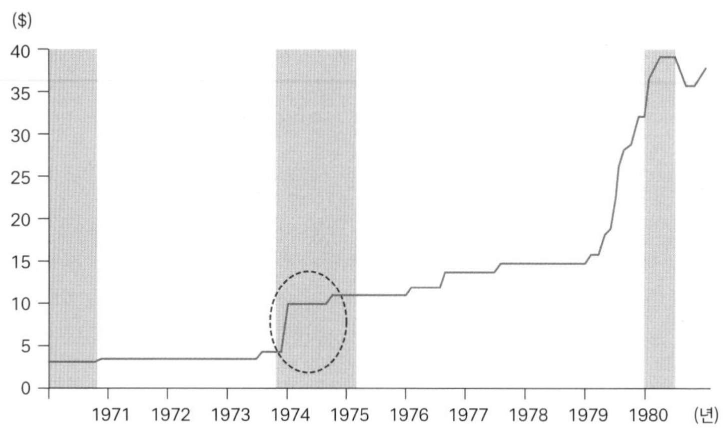

그래프 34 • **1970년대 국제유가 추이**

주식, 채권의 동반 부진 속에서 무언가 대안이 될 수 있는 투자자산에 대한 수요가 생겨났는데, 대표적인 것이 원유와 같은 원자재였죠. 당시 국제유가는 배럴당 2~3달러 수준에서 40달러를 넘는 수준까지 큰 폭으로 상승했습니다. 중간중간 볼 수 있는 회색 선은 불황기를 나타내는데, 1974~1975년의 불황 국면에서 국제유가가 큰 폭으로 상승하는 것을 확인할 수 있죠. 1970년대 원유 투자는 주식, 채권 투자의 대안이 되어주었습니다.

1970년대 당시 국제유가입니다. 2007년대 초반 배럴당 3달러 수준에 머물다가 큰 폭으로 상승하면서 1980년대 초반에는 40달

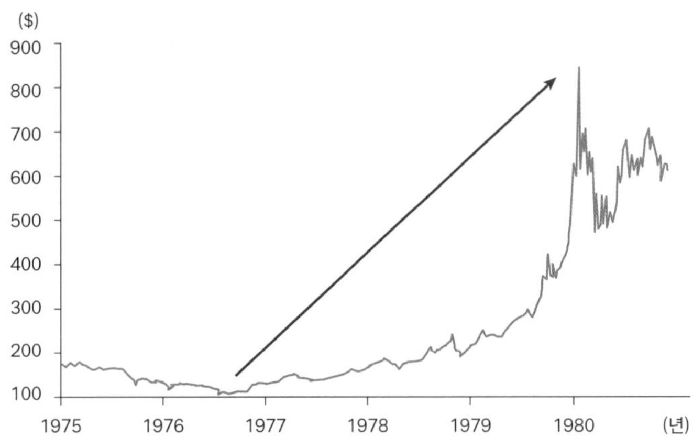

그래프 35 • **국제 금 가격 추이 (1975~1980년)**

금도 1970년대 주요 투자 대상으로 각광받았죠. 1970년대 초반 온스당 35달러 수준에 묶여 있던 국제 금 가격은 금본위제도 폐지 이후 큰 폭으로 상승하기 시작해 1980년대 초반 온스당 900달러 가까이로 뛰어오르면서 인상 깊은 강세를 보여주었습니다.

러에 육박하는 상승세를 보였죠. 거의 10배 상승했습니다. 〈그래프 35〉에서 보여지듯이 금 가격 역시 1970년 초반에는 온스당 35달러 수준이었는데, 1980년 초에는 온스당 500달러를 넘어섰습니다. 인플레이션의 시대로 기억되는 1970년대에는 원유, 금과 같은 원자재 투자가 효과적이었던 겁니다. 주식이나 채권과 같은 과거부터 이어져오던 투자 대상 자산들로는 답이 없었고, 금이나 원유와 같은 자산들이 답이 된 겁니다. 금이나 원유처럼 전통적인 주식 및 채권 자산과는 다른 움직임을 갖는 자산들을 '대안 투자 자산'이라고 하죠. 네, 1970년대 당시에는 주식·채권뿐 아니라 원유·금 같은 대안 투자 자산들을 포트폴리오에 함께 넣어두는 것이 분산 투자 효과를 극대화하는 해법이 되었습니다.

달러

대안 투자까지 살펴봤음에도 풀리지 않는 게 하나 있습니다. 네, 앞서 코로나19 위기 당시 한국의 주식 및 채권이 모두 하락했던 케이스가 있죠. 이런 상황에서는 원유나 금에 투자해도 답이 나오지 않습니다. 코로나19 위기로 인해 전 세계 자산군이 무너지고 있는 상황이었기에 주식, 채권, 원유, 금, 리츠, 원자재 모두 다 무너지고 있었죠. 그런 상황에서 살아남기 위해 필요한 자산이 바로 달러입니다. 모든 자산이 무너져 내리던 시기가 2000년 이후에는 코로나19 사태 당시와 2008년 금융위기 때입니다. 이때마다 어김없이 초강세를 보이던 자산이 있었는데, 바로 '현금'입니다. '엥? 현금은 가치가 떨어지지는 않겠지만 초강세를 보이는 건 아닌데?' 라는 생각이 들 수 있습니다. 여기서 말하는 건 원화 현금이 아니라 달러 현금입니다. 글로벌 투자를 기준으로 하기에 글로벌 투자자 입장에서 현금은 원화가 아니라 당연히 달러죠. 다음은 지난 2000년 이후 코스피 지수와 달러·원 환율 그래프입니다.

그래프 36 • **코스피 지수와 달러·원 환율 추이 (2000년 이후)**

대체적으로 달러·원 환율은 코스피 지수와 반대 방향을 보입니다. 주식시장의 약세 국면에서 달러 보유가 포트폴리오의 하방을 방어하는 대안이 될 수 있는 거죠. 특히 닷컴 버블이 현실화된 2000년, 금융위기가 있던 2008년, 코로나19 사태가 있던 2020년에 달러·원 환율은 급등세를 보였고, 코스피 지수는 큰 폭으로 하락했죠. 강한 위기 국면에서 살아남기 위한 포트폴리오에 달러는 필수 요소 중 하나라고 할 수 있을 겁니다.

달러·원 환율은 얼마만큼의 원화를 주어야 1달러를 살 수 있는지를 나타냅니다. 달러·원 환율이 오른다는 것은 1달러를 사는 데 더 많은 원화를 지불해야 한다는 것을 의미하죠. 더 많은 원화를 지불해야 하는 만큼 달러가 비싸지는 겁니다. '달러·원 환율의 상승'이라고 쓰고 '달러 강세'라고 읽을 수 있죠. 반대로 달러·원 환율이 하락한다는 것은 더 적은 원화로도 1달러를 살 수 있다는 의미이니까, 원화 대비 달러 가치가 약해짐을 말합니다. '달러·원 환율의 하락'이라고 쓰고 '달러 약세'라고 읽을 수 있는 겁니다.

이제 〈그래프 36〉을 다시 보죠. 한눈에 보기에도 코스피 지수(파란 선)와 달러·원 환율(빨간 선)이 반대로 움직이는 게 보입니다. 주가가 오를 때(파란 선 상승)에는 달러가 약해지고(빨간 선 하락), 반대로 주가가 하락할 때에는 달러가 강해지곤 하죠. 그럼 달러가 가장 강했던 시기가 언제였을까요? 빨간 선이 우뚝 솟은 시기가 바로 그때입니다. 2008년 금융위기 당시 달러·원 환율이 달러당 1600원에 육박했었죠. 코스피 지수가 1000포인트 밑으로 하락했던 힘겹던 시기였습니다. 그리고 2020년 초반을 잠깐 볼까요. 장기적인 시계열이기 때문에 두드러져 보이지는 않습니다만 표시해 둔 박스 안을 보면 파란 선이 급락하고, 빨간 선이 크게 오르면서 달러·원 환율이 1300원 수준까지 올라가 있습니다. 네, 위기 국면에서 주식과 채권이 함께 무너지는 시기에 달러는 어김없이 강한 모습을 보여주었죠.

'달러가 위기에 강하다'라는 특성 자체를 설명하는 것도 중요하지만 위기 국면에서 다른 자산들이 크게 흔들릴 때 달러가 유독 강세를 나타내는 궁극적인 안전 자산으로서의 특성을 갖고 있다는 점에 주목해야 합니다. 주식·채권 분산 투자만으로 해결이 되지 않았던 1970년대를 원유나 금과 같은 대안 자산으로의 분산을 통해 해결할 수 있었죠. 다만 주식·채권·원자재·금 등이 모두 하락하는 시기인 궁극의 위기 국면에서는 마땅한 해결책이 없었는데, 이럴 때 안전 자산인 달러 투자를 통해 해결할 수 있습니다.

물론 2008년 금융위기나 2020년 코로나19 사태와 같은 궁극의 위기 국면이 자주 찾아오는 건 아닙니다. 어쩌면 전체 투자하는 기간에서 10년에 한 번 만날 정도로 드문 케이스일 수 있습니다. 그렇지만 10년에 한 번 만날 확률이라고 해도 내 투자 포트폴리오 전체를 뒤흔들 수 있을 정도의 강한 충격이라면 당연히 염

두에 둘 필요가 있지 않을까요? 인생을 살면서 병원에서 보내는 시간은 정말 짧을 겁니다. 그런데 드물게 병원을 간다고 해서 병원의 필요성이 낮은 건 절대 아니죠. 예기치 못했던 위기 상황에서 내 투자의 손실 가능성을 조금이라도 낮출 수 있다는 데 의미를 두고 달러와 같은 궁극의 안전 자산도 포함해보면 좋겠죠. 주식 채권을 분산하는 이유도 결국에는 안전 자산의 성격이 강한 채권을 담아서 주식이 깨졌을 때의 위험을 낮추고자 하는 데 있습니다. 그렇지만 진짜 궁극의 위기 국면에서 그런 채권마저 무너질 수 있다면, 이런 상황에 대비하는 자산 역시 고려 대상에 넣어두어야 하겠죠.

분산 투자는 그냥 주식·채권 분산하면 되는 줄 알았는데 생각보다 얘기가 길게 나오고 있죠. 정리를 잠깐 해보겠습니다. 터키 케이스를 말하면서 주식·채권 분산 투자가 이머징 국가에서는 쉽지 않다고 했습니다. 국가 경제 자체가 불안해질 수 있는 신흥국은 자본 유출로 인한 충격이 찾아올 수 있는데, 이 경우에는 주식과 채권이 모두 흔들릴 수 있습니다. 주식·채권 분산 투자의 효과가 수시로 흔들릴 수 있죠. 물론 한국의 경우는 터키처럼 자주 자본 유출로 인한 위기를 겪지는 않습니다. 그렇지만 금융위기나 코로나19 사태 등 궁극의 위기 국면에서는 주식과 채권이 모두 흔들리곤 하죠. 그렇다면 선진국이자 금융 강국인 미국은 다를까요? 미국은 1970년대 석유파동 시기에 주식과 채권이 모두 무너지면서 꽤 오랜 기간 힘겨웠던 기억이 있습니다. 그런 고난의 시간이 원자재와 금이라는 대안 투자 자산을 만들어낸 것이죠. 그럼에도 불구하고 해결되지 않는 궁극의 위기 상황에서는 결국 글로벌 현금, 즉 달러만이 답이 되어줍니다. 주식, 채권 이외에 이런 다양한 자산들을 함께 고민해둘 필요가 있음을 실제 금융시장의 사례를 통해서 설명해봤습니다.

4가지 분산투자

이제 분산 효과를 키워주는 '4가지 분산 투자'라는 콘셉트를 제안해봅니다. 분산투자 하면 주식·채권 분산이라고 매우 쉽게 생각했는데 4가지나 나오니까 복잡해지는 느낌입니다. 어려운 내용은 아니니까 하나하나 생각해보도록 하죠.

첫 번째는 앞에서 설명한 자산의 분산입니다. 주식, 채권, 원자재 등의 자산 하나만을 투자하지 않고 여러 자산에 고르게 분산투자를 하는 방법이죠. 주식 하나만 보유했을 때보다는 주식과 채권을 함께 가지고 있을 때, 그리고 원자재까지 함께 투자하고 있을 때 분산 투자의 효과가 커질 수 있습니다.

두 번째는 지역, 섹터 및 종목의 분산입니다. 주식 투자라고는 하지만 주식에는 참 많은 종류가 있죠. 미국 주식, 국내 주식,

신흥국 주식, 선진국 주식, 아시아 주식 등 정말 다양한 분류가 존재합니다. 지역별로, 국가별로 서로 다른 성과를 내는 만큼 다양한 지역 및 국가에 위험을 분산하는 게 중요합니다. 이런 지역 분산은 주식에만 해당되는 건 아닙니다. 채권 역시도 선진국 채권과 신흥국 채권 등으로 나뉘고, 국가나 지역별로 서로 다른 금리를 주고, 서로 다른 성과를 내곤 합니다. 섹터 분산은 IT, 바이오, 소비재, 산업재 등 특정 섹터에 집중 투자하지 않고 다양한 섹터의 주식들을 담는 것을 말하죠. 그야말로 핫한 섹터도 있겠지만 소외되어 있는 섹터도 존재합니다. 그런데 아무리 핫한 섹터라도 영원하지는 않죠. 2011년에는 차·화·정이라는 섹터가 좋았지만 최근에는 IT나 바이오 등의 섹터가 보여준 성과가 보다 양호합니다. 그리고 이런 흐름도 영원하지는 않겠죠. 포트폴리오에 다양한 섹터를 나누어 담는 것이 섹터 분산이 됩니다. 그리고 주식 투자에서도 한 종목만 가져가는 게 아니라 여러 종목을 나누어 담는 것은 종목 분산이 되겠죠. 같은 주식 투자, 채권 투자라고 해도 그 자체에서도 다양한 주식과 채권을 담아두는 것이 상당한 분산 효과를 내곤 합니다.

세 번째는 통화의 분산입니다. 우리는 일반적으로 투자를 할 때 한국 원화로 된 주식이나 채권 투자를 생각하죠. 다른 나라 통화로 투자한다는 생각 자체를 하지 못하곤 합니다. 그렇지만 한국 자체의 리스크가 불거졌을 때에는 원화 표시 자산 전체도 크게 흔들릴 수 있습니다. 원화 표시 자산 전체를 살펴봐도 답을 찾을 수 없다면 다른 나라 통화 표시 자산에도 눈을 돌려볼 필요가 있습니다. 대표적인 케이스가 앞서 말했던 궁극의 안전 자산인 달러고, 위기 국면에서 항상 다른 통화보다 강한 움직임을 보이는 엔화나 스위스 프랑 등도 이런 통화 분산의 대상이 될 수 있습니다. 그렇지만 통화 분산 자체가 다소 생소한 개념이고 일반 투자자들이 엔화, 스위스 프랑 등을 투자하는 게 그리 쉬운 일이 아닌 만큼 한국 원화에만 쏠려 있는 포트폴리오에 달러를 포함해서 분산을 해보는 정도를 추천합니다.

어떻게 달러를 포트폴리오에 담을 수 있느냐고 묻는 분들도 있을 듯하니 이 부분만 조금 부연 설명하겠습니다. 우선, 달러를 직접 사는 방법이 있습니다. 달러 통장을 개설할 수도 있고, 달러 ETF를 사는 방법도 있습니다. 참고로 달러를 사는 방법도 통장을 만드는 방법과 달러 현찰을 사는 방법으로 나누어지는데, 현찰을 사는 경우는 수수료가 더 많이 발생할 수 있다는 점을 기억해야 합니다. 순수하게 투자의 목적이라면 굳이 더 많은 수수료를 내면서까지 달러 현찰을 살 필요는 없겠죠? 물론 달러 현찰을 보면 기분이 좋아진다는 분들도 본 적이 있는데, 이건 투자 관점이라기보다는 순수 개인의 취향 문제인 듯합니다.

달러를 직접 사는 방법도 있지만 달러 표시 자산을 사는 방법도 있습니다. 미국 주식 ETF를 사는 경우 달러를 사서 해당

ETF에 투자하는 겁니다. 그럼 미국 주식 ETF와 그 ETF 가격에 해당되는 달러화를 동시에 보유하게 되는 거죠. 전체를 달러로 사들일 필요까지는 없고, 내 투자자산 전체에서 달러로 채우고 싶은 비중 정도만 달러 표시로 된 자산을 사면 간접적인 통화 분산 효과를 기대할 수 있습니다.

마지막으로 시점 분산이 있습니다. 지금까지 제안한 자산, 지역 및 종목, 그리고 통화 분산은 어느 한 순간을 보면서 그 순간에 자산을 어떤 식으로 분산하면 좋을지에 대한 얘기입니다. 그런데 이런 각각의 분산 투자의 성과는 순간순간마다 다 달라지곤 하죠. 호황 국면에는 신흥국 주식이 좋다가 인플레이션 국면에서는 원자재가 좋죠. 그리고 위기 국면에서는 달러가 활약하곤 합니다. 시기에 따라서 각 자산들의 기여도가 계속해서 바뀌게 되죠. 그럼 어느 시점에 투자를 했는지에 따라 포트폴리오 성과가 상당한 차이를 보이기도 합니다. 자산, 지역 및 종목, 통화 분산을 통해 만들어낸 투자 포트폴리오 역시 어느 시점에 진행되었는지에 따라 상당한 성과 차이가 나타날 수 있죠. 그럼 당연히 베스트 투자 타이밍을 찾고 싶겠죠. 그런데 아쉽게도 이건 신의 영역입니다. 최저점에 투자해서 최고점에 나오고 싶은 마음은 투자자 누구에게나 있겠죠. 그걸 모르기 때문에 시점을 조금씩 나누어서 투자를 하는 겁니다. 다양한 자산이 버무려진 혼합 투자 포트폴리오를 매월·매분기 조금씩 나누어 투자하는 방법, 이런 걸 시점 분산 투자라고 합니다. 보다 친숙한 표현으로는 '적립식 투자' 혹은 '분할 매수'라고도 합니다.

분산 투자 얘기가 나오면 "일찍 자고 일찍 일어나라"라는 말처럼 맞는 말이지만 너무나 지루하다는 느낌이 드는 게 사실입니다(저 역시 비슷한 느낌을 받습니다). 그럼에도 분산 투자를 하는 가장 큰 이유는, 미래가 어떻게 흘러가게 될지 알 수가 없기 때문입니다. 미래를 알 수 있다면 굳이 투자하는 것보다는 복권을 사는 게 더 좋지 않을까요? 미래를 모르기에 확신을 갖고 하는 집중 투자는 상당한 위험성을 갖고 있죠. 참을 수 없는 지루함을 주지만 분산 투자를 그 많은 투자 전문가들이 추천하는 이유가 여기에 있다고 생각합니다. 제가 이야기한 4가지 분산 등의 조언은 정말 빙산의 일각에 불과하죠. 투자론에 대해 공부하다 보면 포트폴리오 구성이 상당 시간을 차지하고, 고등학교 때 수학을 공부하던 시간으로 돌아온 느낌까지 받을 때가 많습니다. 분산 투자를 그 정도까지 깊이 있게 공부할 필요는 없겠지만 적어도 집중 투자의 위험성에 대해서 공감하고, 단순히 주식·채권 조금 나누는 것이 분산 투자의 전부가 아니라는 점, 그리고 다양한 분산 투자 방법이 존재하고 그중에는 통화 및 시점 분산 투자 등도 도움이 된다는 점을 기억해주셨으면 합니다.

'인플레이션에서 살아남기' 챕터가 이어지고 있습니다. 인플레이션 환경이 예측할 수 없는 방향으로 바뀔 수 있는 만큼 인플레이션 국면에 강한 자산으로의 집중 투자가 위험하다는 점을 설명했죠. 그리고 집중 투자의 대안으로 분산 투자에 대해 설명했습니다. 여기서 끝내면 교과서만 읽은 것 같은 느낌이 강하게 들겠죠? 마지막 챕터에서는 부족하나마 제가 생각하는 향후 전망을 조심스럽게 전해보고자 합니다.

12

우리는 지금 어디에 있을까?

기억이 나실지 모르겠는데요, 책의 서두에서 거시경제는 금융시장을 둘러싼 환경이고 이 환경이 금융시장에 상당한 영향을 미칠 수 있다고 했습니다. 수많은 거시경제 변수가 있지만 대표적으로 우리가 고려할 수 있는 2개의 변수가 바로 성장과 물가입니다. 성장을 2가지 방향으로 나누면 저성장과 고성장, 물가는 고물가와 저물가로 나누어지겠죠? 그럼 성장 2가지, 물가 2가지 케이스를 조합하면 고성장·고물가, 고성장·저물가, 저성장·고물가, 저성장·저물가라는 4개의 환경을 만들어낼 수 있습니다. 제 예전 책을 보신 분들이라면 기억하실 겁니다. 네. 『부의 시나리오』에서 제시했던 4가지 시나리오입니다. 안 본 분들이 계실 수 있으니 간단하게 설명해보겠습니다.

성장과 물가로 구분하는 4가지 경제 상황

각 시나리오별로 환경에 유리한 자산과 불리한 자산이 존재합니다. 예를 들어볼까요? 물가가 오르는 환경에서는 채권이 정말 취약합니다. 그럼 저성장·고물가, 고성장·고물가와 같이 '고물가'라는 단어가 나와 있다면 채권 투자는 어렵다는 결론에 도달하게 되겠죠. 그럼 물가가 올랐을 때 수혜를 받을 수 있는 자산을 찾기 마련입니다. 그게 바로 원자재 투자입니다. 네, '고물가'라는 단어가 있는 국면에서는 원자재 투자가 유리하다고 할 수 있습니다. 이걸 그대로 '저물가'에 적용해볼까요? 저물가라는 단어가 나오는 2개의 환경(저성장·저물가, 고성장·저물가)에서는 반대로 채권 투자는 유리할 것이고, 원자재 투자는 불리할 겁니다.

이제 주식으로 넘어갑니다. 우선 '고성장'이라는 단어가 나오면 주식에는 무조건 유리합니다. 성장이 강하게 나오는 만큼 성장의 과실을 투자자들이 함께 나눌 수 있기 때문입니다. 크게 성장할 것 같은 기업이 있습니다. 이 기업에 돈을 빌려주면 채권을 받게 되겠죠. 그런데 채권 투자자는 정해진 이자를 받을 뿐 기업이 아무리 성장해도 빌려줄 때 당시 정해진 이자와 원금, 그 이상은 받을 수 없습니다. 반면 주식 투자자들은 그 기업이 성장하면 그에 따라 투자한 지분만큼 배당을 받습니다. 결국 고성장 시기라면 주식 투자가 유리하다고 보면 됩니다. 반대로 저성장 시기라면? 네, 이 때는 주식 투자가 불리하겠죠.

그럼 어느 정도 퍼즐이 맞춰졌습니다. 저성장·저물가 시기에 주가는 약세, 채권은 강세, 그리고 원자재는 약세다. 이런 그림이 그려질 겁니다. 그런데요, 여기서 꼭 고려해야 할 것이 하나 있습니다. 바로 중앙은행, 대표적으로 미국의 중앙은행인 연준의 스탠스stance입니다. 연준의 존재 이유는 성장을 극대화하고 물가를 안정시키는 것입니다. 물가가 낮은 수준을 보이면서 디플레이션 압력이 높아지고, 성장이 너무 약해서 저성장의 늪에 빠져 있다면 연준이 이를 좌시해서는 안 되겠죠. 그래서 연준은 금리 인하, 양적완화 등을 통해 돈을 풀어주기 시작합니다. 풀린 돈의 힘으로 주가는 반등하게 되고요, 금리가 더욱 내려가면서 채권 가격이 더욱 높아지게 됩니다. 그리고 이 돈의 힘은 원자재시장의 바닥 역시 잡아주게 됩니다. 금융위기, 그리고 코로나19 직후에 우리가 보아왔던 환경이죠. 이렇게 풀린 돈은 성장이 나오는 곳으로 흘러가다 보니 성장주 쪽으로 자금이 몰리게 됩니다. 네, 저성장·저물가 환경에서 연준이 돈을 풀게 되면 성장주를 중심으로 주식이, 그리고 금리 하락의 수혜를 받는 채권이 빛을 보게 됩니다. 그리고 돈의 힘으로 원자재 가격 역시 하락세를 멈추고 바닥을 치고 올라오게 됩니다. 정리하면 다음 그림처럼 됩니다.

	고성장	저성장
고물가	2005~2007년 중국 고성장 주식 GOOD 채권 BAD 원자재·금 GOOD	1970년대 석유파동 주식 BAD 채권 BAD 원자재·금 GOOD
저물가	2017년 글로벌 경기 회복 주식 GOOD 채권 GOOD 원자재·금 BAD	2020년~현재 주식 ~~BAD~~ 성장주 GOOD 채권 GOOD 원자재·금 ~~BAD~~ 금 GOOD

$ Fed의 유동성 공급

그림을 보면 저성장·저물가 환경 옆에 그려져 있는 주사기가 바로 Fed, 즉 연준의 유동성 공급을 의미합니다. 이 유동성이 주식을 BAD에서 성장주 중심의 GOOD으로 바꾸어주었습니다. 원자재 중에서는 금을 중심으로 해서 GOOD이 나오게 되죠. (금은 뒤에서 다시 다루겠습니다.) 해당 국면 외에도 고성장·고물가, 고성장·저물가, 저성장·고물가 환경에서는 주식, 채권, 원자재 등 어떤 자산이 유리하고 불리한지 한눈에 정리할 수 있을 겁니다.

성장과 물가라는 2가지 거시경제 변수가 만들어내는 4가지 환경과 각 환경에서 자산들의 흐름을 살펴보았는데요, 이런 환경에 대한 스토리에 인플레이션 이야기를 접목시키면 2가지 측면에서 과거보다 투자가 훨씬 어려워졌다고 확실히 느끼실 수 있을 겁니다. 첫 번째는, 인플레이션이 실종된 시기에는 2개의 환경(고성장·저물가와 저성장·저물가)만 고민하면 되었지만, 인플레이션이 다시금 부활했다면 4개의 환경 모두를 고민해야 한다는 점입니다. 두 번째는 인플레이션이 부활하면서 연준이 과거와 같이 돈 풀기를 통한 지원, 즉 앞의 그림에서 보시는 것과 같은 주사기를 놓아주는 부양책을 쓰기가 매우 어려워졌다는 겁니다.

인플레이션이 사라지거나, 혹은 나타나더라도 눈사람처럼 너무나 쉽게 녹아버린다면 인플레이션을 크게 고민할 필요가 없겠죠. 그럼 투자하는 사람들 입장에서는 고성장·저물가와 저성장·저물가 시기의 자산들만 고민하면 됩니다. 그럼 원자재 투자를 최소화하고 채권 투자 비중을 크게 늘리는 것이 좋죠. 혹시 그거 아시나요? 2013년 이후 원자재 투자는 거의 재미를 보지 못했고, 금융위기 이후 채권 투자는 '채권 불패'라는 얘기가 나올 정도로 좋았다는 것을요. 아래의 그래프를 통해서 확인해보시죠.

그래프 37 • **한국 10년 국채금리와 국제유가 추이 (2012년 이후)**

국채금리와 국제유가 모두 하락세를 보이고 있습니다. 금리(파란선)의 경우 4% 수준에서 1.5%까지 밀려 내려옵니다. 금리의 하락은 채권 가격의 상승을 의미합니다. 채권 투자의 전성기라고 할 수 있죠. 반면 국제유가는 배럴당 110달러 수준에서 20~30달러 수준으로 추락하는데요, 원자재 투자에 가장 어려웠던 시기라고 볼 수 있습니다.

주식 시장은 고성장·저물가 국면에서는 매우 좋지만 저성장으로 접어들 때 문제가 생기곤 합니다. 그런데 걱정하지 않으셔도 됩니다. 저성장으로 접어들게 되면 저성장·저물가에 대한 경계감을 느낀 연준이 바로 돈 풀기에 발동을 걸면서 주식시장이 다시 빠른 회복세를 보이게 될 테니까요. 다만 그 회복이 성장주를 중심으로 나타났다는 점을 기억하셔야 할 겁니다.

그럼 고성장·저물가에서는 성장주, 가치주가 모두 좋은 성과를 나타내고, 저성장·저물가에서는 돈의 힘으로 성장주가 좋은 흐름을 보이게 되니 당연히 성장주 투자자들은 금융위기 이후 인플레이션이 실종되었던 상황에서 높은 성과를 낼 수 있었던 겁니다. 잠시 성장주들이 집중 포진해 있는 나스닥 차트를 보고 가시죠.

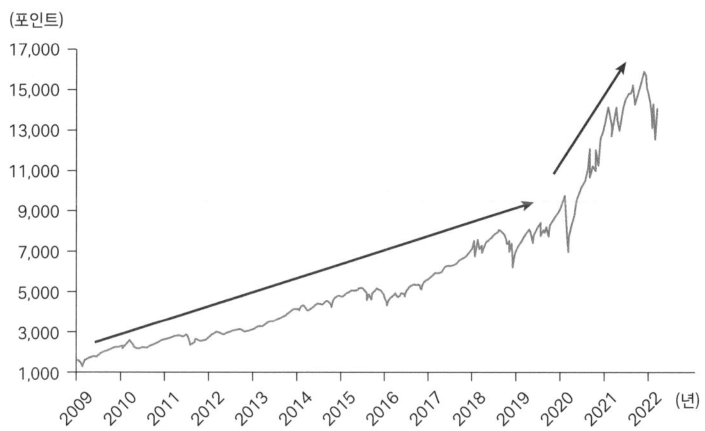

그래프 38 • **나스닥 지수 추이 (2009년 이후)**

금융위기 이후 나스닥 지수의 추이를 나타낸 그래프입니다. 긴말이 필요 없을 정도로 장기 우상향이라는 말이 딱 들어맞습니다. 1000~2000포인트에 머물던 나스닥 지수는 꾸준한 상승을 거듭하다 코로나19 이후에 상승의 기울기가 더욱 높아지는 모습을 보여주었습니다.

물가 상승기에 투자하는 방법

한동안 볼 수 없었던 친구가 등장했습니다. 바로 인플레이션입니다. 이 친구가 등장하면서 셈법이 복잡해진 겁니다. 고성장·고물가의 가능성, 그리고 저성장·고물가의 가능성이 같이 생겨난 것이죠. 저물가에서 항상 행복한 미소만 짓고 살았던 채권은 그야말로 죽을 맛이 됩니다. 물가 상승 앞에서 채권의 인기가 크게 낮아지면서 채권 가격이 하락하는 것이죠. 그리고 주식시장 역시(특히 저성장·고물가에서) 참 어려운 상황을 맞이하게 됩니다. 네, 예전에는 2개의 환경만을 고민하면서 투자 전략을 짜면 됐는데, 이제는 4개의 환경을 함께 고민하면서, 그리고 한동안 불패라고 했던 채권이 취약해질 수 있다는 점을 염두에 두면서 투자 포트폴리오를 구성해야 합니다. 시험을 보는데 OX 퀴즈로 된 문제만 풀다가 갑자기 4지선다형 문제를 푸는 느낌이라고 해야 하나요? 네, 투자의 난이도가 크게 올라갔습니다.

그런데요, 그냥 4지선다형 문제도 아닙니다. 이제 주식시장이 저성장으로 힘겨워할 때 나타났던 강력한 구원군인 연준이라는 카드가 나오기 어렵다는 점도 감안해야 합니다. 연준에게는 성장도 중요하지만 물가 안정도 중요합니다. 고물가 국면에서는 과거와 같이 마구잡이로 돈을 푸는 게 정말 어렵습니다. 그럼 연준 카드 역시 쉽지 않다고 봐도 되는 것 아닐까요? 굳이 비유를 한다면 4지선다형을 넘어 5지선다형 문제가 되었고, 5번 문항은 '답이 없음'이 아닐까 생각하게 됩니다.

그럼 당장 시장이 느끼는 부담감도 크지 않을까요? 수십년 동안 기억에서 지워져 있던 인플레이션이라는 불청객의 등장으로 새로운 환경이 만들어지면서 그동안 크게 고민하지 않았던 자산군까지 유리한지 아닌지 신경 써야 하는 것도, 연준의 지원이 어려워진 것도 너무나 당황스럽지 않을까요? 네, 인플레이션이 '일시적'이 아니라는 것을 깨달았던 그 시점부터 글로벌 자산시장에는 상당히 크고 빠른 변화가 나타나기 시작했답니다. 잠시 코로나19 사태가 불거졌던 2020년 3월 이후 글로벌 자산시장이 어떻게 변해왔는지 앞에서 소개한 4가지 거시경제 환경에 맞추어 살펴보고 가도록 하죠. 그래프 하나를 먼저 보겠습니다(그래프 39).

조금은 복잡해 보일 수 있는데요. 자세히 보면 아주 간단합니다. 그래프의 파란선은 미국 S&P500 지수, 빨간선은 미국 10년 국채금리입니다. (1)번이 바로 코로나19로 시장이 충격을 제대로 받던 시기입니다. 저성장·저물가로 전 세계가 휘청일 것이라는 우려에 주식시장은 크게 무너졌고, 디플레이션 불황 압력이 높아지면서 디플레이션에 강한 미국 국채로 돈이 몰리기 시작했습니다. (1)번 국면에서는 주가와 함께 국채 금리가 크게 하락(즉 국채 가격 급등)하는 것이 보입니다.

이런 상황을 좌시하지 않았던 연준의 '무제한 돈 풀기'가 시

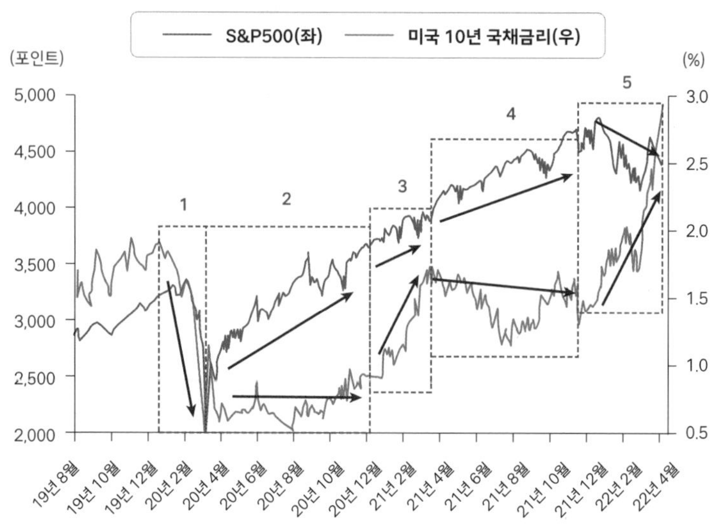

그래프 39 • **코로나19 전후 S&P500 지수와 미국 10년 국채금리**

작되면서 (2)번 국면으로 넘어가게 되죠. 그렇게 풀어버린 돈의 힘으로 주가가 큰 폭으로 오릅니다. 이렇게 풀린 돈은 주식 중에서는 성장주로 흘러들어갔고, 마찬가지로 채권시장으로도 유입이 됩니다. 유동성 공급이 늘어난 만큼 돈의 가격인 금리는 역대 최저 수준을 유지하게 되고요. 그럼 성장주를 중심으로 주식시장의 강세, 채권의 강세가 현실화된 것이죠. 저성장·저물가 국면에서 연준이 유동성 주사를 주입할 때 나타나는 현상이라고 보시면 됩니다.

그 이후가 (3)번 국면입니다. 2020년 말로 접어들면서 교체

직전의 트럼프 행정부에서는 추가로 9000억 달러의 부양책을 집행했고, 바이든 행정부가 취임하면서 1.9조 달러의 추가 부양책이 단행됩니다. 돈이 풀린 만큼 미국 사람들의 소비가 크게 늘게 되고 이로 인해 미국 경제의 성장이 강해지겠죠. 그리고 수요가 폭발한 만큼 물가 역시 크게 오르게 됩니다. 인플레이션 시나리오는 이미 이때부터 현실화되었죠. 성장이 강하고 물가도 높습니다. 이른바 '고성장·고물가' 국면이라고 할 수 있습니다. 주가는 큰 폭 상승했는데, 가치주가 상승세를 주도하는 그림이었습니다. 그리고 채권 금리가 뛰면서 채권 투자자들은 정말 어려운 상황을 맞이했답니다.

이후 (4)번 국면으로 접어들게 되는데요, 물가가 고공비행을 하고 있음에도 금리가 낮아지고 있죠. 당시 소비자 물가지수는 연준의 목표치인 연 2%를 넘어섰습니다. 그렇지만 금융시장은 그리 민감하게 반응하지 않았답니다. 왜 그랬을까요? 네, 고물가는 일시적이라는 믿음이 작용했던 것이죠. 성장은 강한데 물가는 당장은 아니지만 조만간 안정될 것이라는 기대가 함께 합니다. 주식이나 채권이나 가격은 미래의 변화를 반영합니다. 그 영향으로 (3)번 국면에서 초기에 인플레이션을 느끼면서 치솟던 금리는 다시금 하락하는 모습이었죠. 네. 성장은 강한데 물가는 안정화될 것이라는 믿음이 고성장·저물가 시나리오에서 볼 수 있는 전형적인 흐름을 만들어냈던 겁니다.

그런데요, 이런 안도감은 오래 가지 못했습니다. 지금의 인플레이션이 일시적이 아님을 깨닫는 순간부터 금리는 하늘로 치솟기 시작합니다. 그리고 이렇게 올라버린 물가와 금리가 성장을 위축시킬 수 있다는 두려움이 반영되면서 시장은 저성장·고물가의 시나리오를 반영하기 시작했죠. 미국 경제가 그동안 풀어놓은 돈의 힘으로 강한 성장세를 유지하고 있기에 저성장·고물가라고 확정하기는 어렵지만, 2021년의 아주 강했던 성장세에서 한풀 꺾였다는 점은 사실인 듯합니다. 이에 주식시장은 성장주를 중심으로 조정을 받기 시작했고요. 채권금리는 크게 뛰어오르면서 채권 투자자들의 손실이 눈덩이처럼 불어나게 되었죠. 반면 원자재 투자자들은 방긋 웃고 있습니다. 2022년 1분기만 놓고 본다면 주식과 채권의 투자 손실은 상당한데요, 원유, 곡물, 각종 원자재, 그리고 자원 부국인 브라질 주식의 성과는 매우 좋습니다. 저성장·고물가 국면에서 나타나는 전형적인 흐름이라고 볼 수 있을 겁니다.

아마 많은 분이 코로나 사태 직후인 2020년 4월 이후부터 주식 투자에 관심을 가지셨던 것으로 기억합니다. 지난 2년여의 흐름을 거시경제 환경의 측면에서 보면 참 빠른 변화를 거쳤던 시기라고 할 수 있습니다. 다만 고성장이 계속해서 이어졌고, 잠시 인플레이션 부담이 있었지만 '일시적'이라고 했던 연준과 시장의 믿음이 이런 부담을 묻어버렸기에 주식시장이 강한 모습을 보일 수 있었던 겁니다. 그렇기에 이런 빠른 변화에도 불구하고, 난이도가 높다는 느낌을 받지 못했던 것이죠. 그러나 이제 인플레이션에 대한 우려가 현실화되었고, 금리가 뛰어오르고 있으며, 연준 역시 스탠스를 180도 바꾸어버렸습니다. 불안감이 커진 만큼, 그리고 인플레이션에 익숙하지 않은 시장인 만큼 거시경제 환경 변화는 더욱 빠르게 진행될 가능성이 높습니다. 환경의 변화가 현기증 날 정도로 빠르다면 어떤 전략을 쓰는 게 좋을까요? 어떤 특정 국면을 가정하고, 그 국면에 강한 자산을 몇 개 깔아두고 쟁여두는 전략을 쓴다면 낭패를 볼 가능성이 높습니다. 주식과 채권에 투자하는 경우 2022년 1분기에 주식과 채권 모두에서 마이너스 성과를 기록했죠.

최근 각광 받는 전략 중 하나가 급부상하는 인플레이션에 강한 자산에 투자하는 겁니다. 원자재 투자가 대표적이죠. 그리고 물가 상승에도 불구하고 상당한 시장점유율을 갖고 있기에 원자재 가격 상승 등으로 인한 생산 비용의 증가를 소비자에게 전가할 수 있는 미국의 대형 성장주 역시 여전히 큰 관심을 끌고 있습니다. 한동안 부진했던 원자재 가격이 최근 큰 폭으로 오르고 있다는 점, 그리고 미국 대형 성장주가 최근 다소 부진한 흐름을 보이고 있지만 다른 자산군에 비해서는 상대적으로 강한 방어력을 보인다는 점에서 시장의 관심이 쏠리고 있는 거죠. 관심이 커지기에, 그리고 주식과 채권 등 대부분의 자산이 부진한 흐름을 보이면서 마땅한 투자 대안을 찾을 수 없기에 상대적으로 양호한 흐름을 이어가는 원자재와 미국 대형주 쪽으로의 투자 쏠림 역시 강하게 나타나고 있습니다.

그런데요, 거시경제 환경이 매우 빠르게 변하고 있다고 했었죠. 그리고 지금의 강한 인플레이션이 영원하지 않을 수 있다는 점도 함께 짚어드렸습니다. 상황이 빠르게 바뀌게 된다면 인플레이션에 초점을 맞춘 이런 투자 역시 낭패를 볼 수 있겠죠. 어떤 경우에서든 집중투자에는 충분한 경계감을 가지는 것이 좋습니다. 실제로 과거 특정 섹터나 지역, 혹은 스타일이 유망하다고 수많은 투자자들의 투자 쏠림이 진행되었다가 버블 붕괴와 함께 장기 성과 부진으로 이어졌던 사례들을 우리는 이미 앞서 짚어보았습니다.

지금 어디에 있고, 이후 어디로 향할까?

향후 전망을 위해 필수적인 것은 지금 우리가 어디에 있는지를 파악하는 것입니다. 앞에서 말씀드린 4가지 거시경제 상황 중에서 우리는 어디에 있는지 판단하고, 이후 어디로 흘러가게 될 것인지 고민해야 합니다.

지금 우리는 고성장·고물가, 저성장·고물가, 고성장·저물가, 저성장·저물가 환경 중 과연 어느 위치에 있는 것일까요? 우선 저물가라는 단어가 붙은 두 가지 상황은 제외해도 무방할 듯합니다. 그럼 고물가에 고성장인지, 아니면 저성장인지 가르는 것이 중요하겠죠. 아마 다음 몇 가지 기사만 봐도 저성장이라는 단어를 쓰기는 어렵겠다는 느낌이 올 겁니다.

— 미국 주택 시장 '호황'… 임대료도 치솟는다
《초이스경제》, 2022. 3. 12

— 미 실업률, 3.6%로 '팬데믹 이전' 육박… 연준 '빅 스텝' 밟나
《연합뉴스》, 2022. 4. 1

— 미국 실업수당 청구 18만 5천 건… 코로나 이전보다 낮은 수준
《연합뉴스》, 2022. 4. 14

많은 분이 70년대식의 저성장·고물가를 생각하실 수 있지만 당시에는 미국의 경제 성장률이 마이너스를 기록하기도 했습니다. 지금 미국의 성장률은 연 3% 수준으로 나오고 있는데요. 사람마다 다르게 평가하겠지만 보통 미국 경제가 연 2.5% 정도의 성장세를 나타내면 미국 경제가 안정적인 성장을 하고 있다고 봅니다. 현재 연 3%의 성장률을 보이고 있다면 이 상황을 저성장이라고 평가하기는 어렵습니다. 글로벌 경제에서 미국이 차지하는 비중이 압도적으로 높기에 미국 경제 성장률을 먼저 이야기했는

데요, 한국 경제 역시 마찬가지로 올해 약 2.5~3% 정도 성장할 것으로 보고 있습니다. 연 3% 정도면 준수한 성적이기에 2.5%라고 실망스러운 저성장으로 분류하기는 조금 어렵습니다. 그렇다면 고성장이라고 말할 수 있을까요? 이건 또 얘기가 다릅니다. 조금 애매하기는 하지만 현재 상황은 물가 측면에서는 '고물가', 성장 측면에서는 '고성장과 저성장의 중간' 정도로 보는 것이 적절하다고 생각합니다. 4분면을 놓고 판단하면 아래의 위치 정도가 되겠네요.

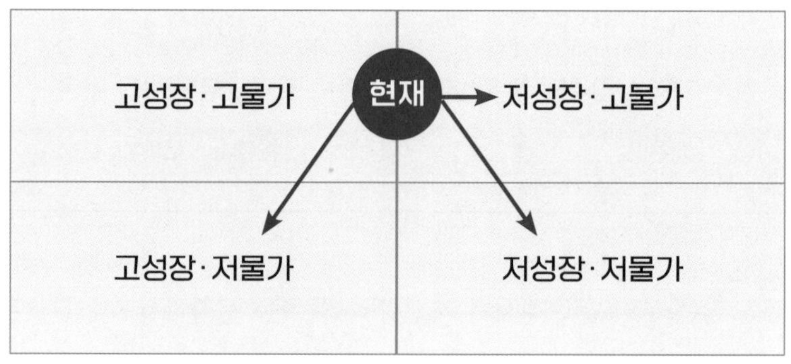

그럼 고성장·고물가와 저성장·저물가 사이, 어딘가에 위치하고 있다는 점을 감안해서 이런 상황에서 유리한 자산을 깔고 가면 된다는 생각이 바로 들 겁니다. 우선 고물가 상황에서 취약한 채권을 피하고, 인플레이션에 강한 원자재를 투자 포트폴리오에 넣고, 주식은 가치주 중심으로 편성하거나 인플레이션에 강한 미국 대형주의 비중을 높이는 전략입니다. 그런데요, 이런 질문을

해보죠. 특정 기업의 주식에 투자한다고 가정합니다. 지금의 모습을 보면서 투자하는 것이 맞을까요, 아니면 미래의 비전을 보면서 투자하는 것이 맞을까요? 당연히 그 기업이 미래에 어떤 모습으로 발전해 나갈지 보면서 투자하는 게 정답일 겁니다. 아파트를 살 때도 비슷합니다. 투자의 귀재라는 홍길동이 나홀로 아파트를 하나 샀습니다. 그걸 왜 샀는지 이해가 되지 않았는데, 알고 보니 3년 후에 그 아파트 앞으로 지하철이 5개나 뚫린다는 겁니다. 그럼 바로 이해가 되면서 나도 살 수 있는지 알아보게 되겠죠. 나홀로 아파트라는 지금의 정보가 중요할까요, 아니면 지하철이 5개나 지나가게 될 아파트라는 미래의 정보가 중요할까요?

좋은 것과 나쁜 것이 있고, 좋아지는 것과 나빠지는 것이 있습니다. 지금 좋은지, 나쁜지도 물론 중요하지만 앞으로 좋아질 것인지, 나빠질 것인지가 더 중요할 수 있습니다. 지금 좋고 나쁜 것은 이미 현재 자산 가격에 반영되어 있겠죠. 그렇지만 좋아지고 나빠지는 정보는 아직 가격에 반영되지 않았을 겁니다. '선반영'이라는 이야기, 많이 들어보셨을 겁니다. 좋아질 것인지 나빠질 것인지를 미리 반영해준다는 의미입니다. 미래를 정확하게 예측하는 것은 어렵죠. 현재 상황으로 보았을 때, 그리고 현재까지를 판단했을 때 그렇게 전개될 가능성이 높다는 것이 가격에 반영이 되었다고 보면 됩니다. 그럼 투자 대상을 다음과 같은 4가지 케이스로 나누어볼 수 있습니다.

(1) 지금도 좋고 앞으로도 좋아지는 자산

(2) 지금은 좋지만 앞으로 나빠질 수 있는 자산

(3) 지금은 별로지만 앞으로 좋아질 것으로 보이는 자산

(4) 지금도 별로고 앞으로도 크게 변화가 없을 것으로 보이는 자산

여러분이라면 어떤 자산에 투자하고 싶나요? 일단 (4)는 우선적으로 거를 겁니다. 그리고 당연히 (1)과 (3) 중에서 고르지 않을까요? (1)은 현재가 좋기에 주가가 높은 수준에 있겠지만 앞으로 더욱 좋아질 것이기에 달리는 말에 올라타는 느낌을 받을 수 있을 겁니다. (3)은 지금 저평가되었기에 앞으로 상당한 차익을 기대할 수 있습니다. 여기서 핵심은, 왜 (2)는 선택하지 않았는지입니다. 네, 지금은 좋지만 앞으로 그런 긍정적인 면이 희석될 수 있기에 투자하면 안 되는 거겠죠. 투자는 지금을 보는 게 아니라 미래를 보는 것이니까요.

이렇게 길게 돌아온 이유는요, 지금 고성장·고물가에 있는지, 저성장·고물가에 있는지도 중요하지만, 앞으로도 계속 이런 국면에 머물러 있을지, 아니면 다른 국면으로 전환되어갈 수 있는지가 보다 중요하다는 말씀을 드리기 위해서 입니다. 네, 세상은 변하는 것이니까요. 앞에서도 고물가 상황이 시간을 두고 완화될 수 있다고 이야기했습니다. 다만 그 시간이 얼마나 걸릴지 알 수

없기에 고물가 상황이 지나가는 그 순간까지 살아남는 전략이 중요한 거겠죠. 살아남기 위해서는 당장은 고물가 상황에 강한 자산들에 관심을 가지는 것도 필요하겠지만, 이후의 변화를 염두에 두는 것도 필수입니다. 지금의 상황이 영원하다면 고물가에 강한 자산으로의 강한 쏠림이 정당화될 수 있겠지만, 이 상황이 변한다면 그런 쏠림에서 빠져나오지 못했을 때 상당한 충격을 받을 수 있음을 앞의 집중투자 사례에서 충분히 설명했습니다.

고물가는 계속될 것인가?

미국의 성장은 강력한 소비에 기인한 바가 큽니다. 그리고 일자리가 넘치는 만큼 그런 강력한 소비가 계속해서 이어질 수 있습니다. 그렇지만 환경의 변화가 빠르게 나타난다면 얘기가 달라질 수도 있죠. 미국의 소비가 강했던 이유는 우선 행정부의 강력한 재정 부양책이 있었기 때문입니다. 그리고 연준이 금리를 낮추면서 유동성 공급을 늘렸고, 이렇게 풀려나온 돈이 자산시장을 향하면서 자산들의 가격을 밀어 올렸기 때문입니다. 코로나19 사태 직후 미국 주식시장의 강세는 그야말로 가공할 정도였습니다. 보조금을 받고, 낮은 금리에 대출을 받을 수 있었을 뿐 아니라 자산 가격이 뛰어올랐습니다. 그리고 국제유가가 마이너스까지 하락하는 등 물가가 낮은 수준을 유지했습니다. 소비가 폭발하기에는 최적의 환경이었던 겁니다.

그러나 지금은 상황이 많이 달라졌습니다. 재정 부양책은 거의 막바지 국면에 있고, 연준은 추가로 돈을 푸는 것이 아니라 강한 긴축을 통해 인플레이션을 제어하려고 합니다. 금리를 올려서 시중의 유동성을 빠르게 빨아들이려고 하고 있죠. 자산시장도 2020~2021년과 같은 '묻지마 랠리'의 환상에서 벗어나 주춤한 모습입니다. 더 이상 보조금이 들어오지 않고, 금리가 높아졌으며, 자산 가격도 주춤합니다. 그런 상황에서 국제유가를 비롯한 전반적인 생활물가가 크게 높아지고 있죠. 당장은 아니겠지만 시차를 두고 미국의 강력한 소비도 주춤해질 수 있습니다. 지금의 강한 물가 상승세 역시 변할 수 있다는 것입니다.

지금 금융시장 참가자들은 연준이 과연 '성장을 크게 훼손시키지 않고 물가를 잡을 수 있느냐'에 초점을 맞추고 있습니다. 그럼 우선 미래에 인플레이션이 제압될 것이라고 가정하고, 성장 측면에 주목해야겠죠. 만약 성장을 건드리지 않고 지금의 고성장을 유지하면서 인플레이션을 제압한다면 고성장·저물가 환경이 될 수 있고요, 반대로 성장에 충격을 준다면 저성장·저물가 환경에 놓일 수 있습니다.

여기까지 정리합니다. '지금 우리는 어디에 있는가?'라는 질문을 던졌습니다. 그리고 고성장·고물가와 저성장·고물가 사이

어딘가에 위치하는 것 같다는 답을 드렸습니다. 그럼 '그 상황에 맞는 투자를 하는 것이 답인가?'라는 질문에는 지금의 고물가를 보는 것도 중요하지만 향후 인플레이션이 잡히는 상황을 보면서 투자하는 자세가 필요하다고 답을 드렸습니다. 저는 다소 시간이 걸리겠지만 저성장·저물가나 혹은 고성장·저물가 상황으로 바뀌어갈 것으로 생각하고 있습니다. 천성이 낙관론자이기에 고성장·저물가로 가기를 간절히 바라고 있죠. 그럼 이런 환경의 변화를 감안할 때 어떻게 투자하면 좋을지 생각해보도록 하죠.

시나리오 1. 고물가 → 저성장·저물가로 변화

우선 최악의 상황입니다. 연준의 인플레이션 대응이 실패해서 저성장·저물가에 처하게 된다면 어떻게 될까요? 앞에서 4분면을 통해 본 것처럼 저성장·저물가에서 주식은 그리 좋지 않습니다. 채권은 물가가 낮아지는 만큼 환호성을 지르는 반면, 원자재는 고행길을 걷게 됩니다. 그렇지만 걱정하지 않아도 되는 건가요? 저성장·저물가에서 항상 등장하는 연준이 있을 테니까요. 그렇게 된다면 다시 한번 돈의 힘으로 성장주를 비롯한 주식, 채권의 초강세를 그려낼 수 있겠죠. 그런데요, 이번에는 저성장·저물가라는 상황에 처해도 연준의 대응이 코로나19 충격 당시의 상황과는 사뭇 다를 것 같습니다.

코로나19 사태를 생각해보면 연준이 한 고민의 핵심은 디플레이션이었죠. 연준은 2011년 잠시 찾아왔던 진짜 일시적인 인플레이션을 제외하면 제대로 된 인플레이션을 만나지 못했습니다. 디플레이션 우려가 10년 이상 이어져온 상황에서 코로나 충격이 가해집니다. 소비가 사라지고 원자재 가격이 무너져내리면서 거대한 디플레이션의 파고가 밀려왔기에 전례를 찾을 수 없는 경기부양책을 썼던 것이죠. 10년간 디플레이션의 공포에 놓여 있던 상황에서 코로나 사태로 인한 저성장·저물가 상황이 찾아오게 되니 적극적으로 대응에 나섰던 겁니다. 그렇지만 지금 상황은 얘기가 다릅니다. 40년 만의 고물가 때문에 강한 긴축 정책을 쓰면서 그런 고물가의 기세를 간신히 꺾은 겁니다. 이런 상황에서 고물가 국면을 만들어냈던 핵심 원인인 돈 풀기를 적극적으로 재개하기는 쉽지 않을 겁니다. 연준 내부에서도 논란이 크게 될 것이고, 연준의 정책 대응에 대한 여론의 비난 역시 상당히 강할 겁니다. 인플레이션에서 벗어난 지 얼마나 되었다고 돈 풀기에 나서냐는 비난이겠죠. 네, 연준이 물가를 잡는 과정에서 성장에 충격을 준다면, 그렇게 해서 저성장·저물가 국면으로 몰려가게 된다면 실물경제의 성장뿐 아니라 금융시장이 받는 충격도 함께 염두에 두어야 할 것입니다. 물론 이렇게 갈 수 있다는 가능성을 제기한 것입니다. 이런 상황에서 과거의 연준만을 떠올리면서 걱정하지 않아도 된다고 생각하는 안이함에서 벗어날 필요가 있기에, 다소 우울하지만 최악의 시나리오를 먼저 꺼내봤습니다.

현재의 애매한(?) 고물가 국면이 저성장·저물가로 변하게 된다면 어떤 대응이 가장 효율적일까요? 여기서 필요한 것은 안전자산입니다. 다른 자산들이 흔들릴 때에도 버텨줄 수 있는 안전자산을 어느 정도 내 포트폴리오에 끼울 필요가 있습니다. 대표적인 안전자산으로 달러가 있고, 다소 성격이 다르기는 하지만 금 역시 투자 대상으로 고려해볼 수 있습니다. 금은 안전자산이라기 보다는 미국의 성장이 둔화될 때와 미국의 금리 인상이 멈출 때 상대적으로 강한 흐름을 보이는 자산입니다. 저성장 국면에서 연준이 돈을 풀지는 못해도, 추가적인 긴축을 진행할 수 없다면 금이 효율적인 투자 대안이 될 수 있다고 생각합니다. 그리고 저성장·저물가 국면인 만큼 채권, 특히 안전자산인 국채의 선호도는 높아질 수 있습니다. 이렇게 최악의 시나리오에서는 달러, 금, 국채 정도가 투자 대안이 될 수 있습니다.

인플레이션을 잡기 위한 미국의 금리 인상이 이제 막 시작되고 있는데, 금리 인상에 취약한 금에 투자하라는 얘기가 당장은 와닿지 않을 수 있습니다. 금리를 인상하면 직격탄을 맞는 채권도 마찬가지겠죠. 지금의 상황을 본다면 적절하지 않은 투자 대상이 될 수 있습니다. 그러나 향후 물가가 잡힐 수 있다는 점을 감안하면 투자 매력도가 높아질 수 있습니다. 당장은 투자 포트폴리오 전체에서 낮은 비중으로 금이나 채권을 담아두었다가, 또는 시점 분산 차원에서 적립식으로 조금씩 담아 나가다가 저성장·저물가로의 변화 징후가 뚜렷하게 나타날 때 그 비중을 더욱 높여가는 전략이 적절할 것입니다.

여기까지 읽었다면 바로 이런 반론이 떠오를 겁니다. 굳이 지금 금이나 채권 등에 투자하는 것보다는 물가가 하향 안정화되어갈 때 바꾸면 되는 것 아닌가 하는 생각이 들죠. 당연히 맞는 말이지만, 실제로 투자를 하다 보면 소액이라도 특정 자산을 보유하고 있는 경우와 그렇지 않은 경우에는 차이가 상당하다는 것을 알고 계실 겁니다. 내 포트폴리오에 소액이라도 금과 같은 자산이 들어 있다면 금값의 흐름을 계속해서 모니터링하게 됩니다. 그래서 금 가격이 환경 변화에 맞춰서 강세로 전환되는 것도 빠르게 알아차릴 수 있습니다. 반면에 보유하지 않으면 관심 자체가 낮아지기 때문에 기민하게 변화를 체크할 수가 없습니다. 발 빠른 대응을 하기 위해서라도 금과 같은 자산을 조금이나마 보유하시기를 당부드려봅니다. 정리하면, 고물가 환경에 맞는 포트폴리오에 저성장·저물가에 유리한 포트폴리오를 소폭 반영해나가다가 변화가 빨라지면 비중을 빠르게 바꾸는, 포트폴리오 리밸런싱을 단행해보는 것을 제안할 수 있습니다.

시나리오 2. 고물가 → 고성장·저물가로 변화

앞에선 언급하고 싶지 않았던 최악의 상황으로의 변화를 먼저 설명했습니다. 이제는 개인적으로 희망하고 있고, 또 그렇게 될 것이라고 믿는 고성장·저물가 국면으로의 변화를 이야기해보겠습니다.

고성장·저물가 국면에서는 주식, 채권 등이 강한 회복세를 보일 수 있습니다. 그리고 원자재 가격은 지금과 같은 높은 레벨에서 다소 내려앉아 안정세를 나타내게 될 겁니다. 원자재를 제외한 주식과 채권의 분산투자 효과가 상당히 좋을 수 있습니다. 이런 상황을 가정한다면 지금 인플레이션 상황에 강한 자산에 집중해두는 것보다는, 이외의 자산을 적립식으로 저가 매수하는 전략으로 중장기 관점을 함께 고민해보는 것이 좋다고 생각합니다.

'주식이 좋다면 미국 대형 성장주 역시 큰 수혜를 받지 않을까'라는 생각이 들 수 있습니다. 다만 연준의 물가 사냥이 성공해서 인플레이션만 사라지고 성장은 오롯이 남아 고성장·저물가 국면이 형성된다면 인플레이션 국면에서 소외되었던 자산으로의 빠른 자금 회전이 나타날 수 있다는 점을 감안해야 합니다. 마치 코로나19 국면에서 성장주만이 답이라고 생각해서 성장주로 자금이 과도하게 쏠려 있다가, 코로나19에서 벗어나 경제가 정상화될 것이라는 기대감이 커지면서 성장주에 모여 있던 자금이 그동안 소외되었던 가치주로 빠져나가는 상황과 비슷하다고 할 수 있죠.

고성장·저물가로 전환되는 과정에서는 인플레이션을 잘 견딜 수 있다는 기대감에 미국 대형 성장주로 쏠려 있던 자금이 다른 대안을 찾아갈 겁니다. 그럼 다른 주식에 비해 미국 대형 성장주의 성과가 다소 부진할 수 있겠죠. 미국 대형 성장주가 좋지 않다는 게 아니라, 특정 상황에서 과도하게 자금이 몰려 있는 경우에는 그 상황이 바뀌게 되면 쏠림이 해소되면서 상대적으로 부진한 상황을 맞이할 수도 있다는 의미로 이해해주셨으면 합니다.

고성장·저물가 국면으로 변화하는 시나리오는 상당히 많은 자산군에 긍정적이기 때문에 투자 포트폴리오를 구성하는 데 있어서는 '저성장·저물가 국면으로의 전환'과 비교하면 고민이 그렇게 크지 않을 겁니다. 그래서 포트폴리오의 구성보다는 이런 시나리오가 가능할 것인지 반신반의하는 생각이 앞설 것 같습니다. '너무 천진난만한 전망 아닌가?' 하는 생각이 드는 것이죠. 저 역시 걱정되는 점이 많기는 한데요, 가능성은 있다고 생각합니다. 2015~2017년의 기억이 이를 뒷받침합니다. 당시에도 저성장·저물가 고착화에 대한 우려가 컸지만 고성장·저물가로의 전환이 나타났던 바 있습니다. 2015~2016년 당시 부진했던 글로벌 금융시장은 2017년에 화려하게 부활했습니다. 당시 흐름을 통해 지금의 솔루션을 고민해보도록 하죠.

고성장·저물가는 이뤄질 수 있을까?

글로벌 금융위기 이후에 전 세계가 신음하고 있었지만 2014년 즈음 미국 경제는 빠른 회복세를 보입니다. 금융위기의 충격에서 거의 벗어나 글로벌 전체에서 가장 독보적인 성장을 이어갈 준비가 되었던 것이죠. 미국 경제가 뜨겁게 달구어지려는 신호가 뚜렷이 나타나던 2015년부터 미국 연준은 금리 인상을 준비하게 됩니다. 그리고 실제로 2015년 12월에 기준금리 인상에 나섰죠. 문제는요, 이머징 국가는 여전히 뒤처져 있었던 반면, 미국은 혼자서 강한 성장을 보이면서 금리를 인상했다는 겁니다. 이머징 국가들은 경기 부양을 위해 금리를 인하해야 할 정도였는데, 미국이 금리를 인상하게 되니 정말 사면초가에 처하게 되죠. 돈은 성장이 강한 곳으로, 그리고 더 높은 이자를 주는 곳으로 흐르게 됩니다. 미국의 성장이 이머징 국가에 비해 강하고 미국 혼자 금리를 인상해준다고 하면 성장 측면에서나, 금리 측면에서나 수익을 낼 수 있는 미국으로 자금이 이동하게 되겠죠. 이머징 국가에서 돈이 빠져서 미국으로 이동하게 되면, 가뜩이나 성장 정체 상태로 어려운 이머징 국가들 입장에서는 실물 경제에 힘을 불어 넣어주는 유동성마저 사라지는 것이니 그야말로 망연자실일 겁니다. 당시 동남아시아와 중남미를 비롯한 대부분 이머징 국가들은 상당히 어려운 상황에 처했고, 이들 통화가치는 큰 폭으로 하락했죠. 달러화는 독야청청 초강세를 이어갔습니다. 그리고 결국 미국 연준은 미국 경제의 과열을 식히기 위해 2015년 12월에 금리를 인상했고, 2016년에만 4차례의 추가 금리 인상을 이어갈 것임을 예고했습니다.

이머징 국가들에게는 청천벽력 같은 소식이 아니었을까요? 그리고 그런 이머징 국가들 중에 중국도 포함되어 있었습니다. 당시 중국은 2000년대에 이어오던 고속 성장으로 부채가 크게 늘어나서 거대한 부채 부담을 느끼고 있었습니다. 이런 상황에서 미국의 금리 인상 예고가 강하게 들어오니 중국 경제 역시 총체적 난국에 처했던 겁니다. 일본은 아베노믹스에도 불구하고 회복의 기미를 보이지 못했고, 유럽은 2010년 이후 시작되었던 유럽 재정위기의 충격에서 여전히 벗어나지 못했었습니다. 미국의 강한 성장, 그 하나가 세계 경제 전체를 견인하는 유일한 성장 엔진이었답니다. 그런데 그 성장 엔진이 금리 인상을 하면서 속도 조절에 들어간다고 하니, 세계 경제라는 거대한 비행기가 휘청거렸겠죠.

미국의 금리 인상 예고는 이머징 국가에 상당한 충격을 가했습니다. 이머징 국가의 통화가 무너지면서 달러 초강세가 나타나자 미국의 수입 물가가 빠르게 낮아집니다. 달러 강세로 인한 수입 물가 하락으로 미국의 인플레이션 압력은 빠르게 사그러들었고, 되려 디플레이션의 늪에 빠질 수 있다는 얘기가 나오기 시작했습니다. 네, 미국 이외 국가들의 충격이 달러 강세라는 채널을 타고 다시 미국의 충격으로 되돌아왔던 겁니다. 미국이 유일한 성장 엔진이었던 상황에서 미국의 성장마저 둔화된다면 전 세계에서 성장을 만들어낼 수 있는 곳이 없어지겠죠. 이런 총체적 난국을 반영하며 2016년 1~2월 글로벌 금융시장은 상당한 부진을 나타내기 시작합니다.

그러나 전 세계적으로 저성장·저물가에서 빠져나오기 힘들 것이라는 비관론이 극에 달하던 2016년 2월 중순부터 변화의 흐름이 나타나기 시작했습니다. 우선 연준이 변하기 시작했습니다. 연준은 미국의 경제 성장은 튼튼하지만 유럽, 중국, 이머징 국가들의 성장이 연약한 점을 감안하여 금리 인상 속도를 늦춰야 한다는 점을 강조하기 시작했죠. 그러면서 2016년에 예고했던 4차례의 금리 인상 속도를 크게 늦추게 됩니다. 실제로는 2016년 12월에야 2015년 12월 이후 두 번째 금리 인상이 가능했습니다. 연준의 금리 인상 속도가 늦춰지자 신흥국은 숨을 쉴 수 있게 됩니다. 자국 경기가 둔화되는 국면에서도 미국 금리 인상의 부담으로 금리 인하 등 경기부양책을 쓸 수 없었지만, 미국의 금리 인상이 늦춰지면서 경기부양 차원의 빠른 금리 인하가 가능했었죠. 중국은 2016년 2월 말 지급준비율을 낮추면서 통화 완화에 들어갔고요, 당시 가장 어려운 상황에 직면해 있었던 브라질 역시 빠른 금리 인하를 단행했습니다. 한국 역시 추가 금리 인하를 실시하면서 당시로서는 사상 최저 금리인 1.25%로 기준금리를 낮추었습니다.

미국은 자국 경제가 일정 수준 과열되었음에도 금리 인상 속도를 늦추면서 다른 이머징 국가들을 위해 성장할 시간을 벌어줍니다. 당시 산유국들도 국제유가가 하락한 상황에서 증산 경쟁에 돌입해 있었지만, 국제유가 하락으로 발생할 수 있는 산유국 전반의 위기에 경계감을 가지고 함께 감산에 돌입하는 이른바 '감산 공조'에 나서게 되었습니다. 그리고 이머징 국가들은 적극적인 금리 인하 등의 경기부양을 통해 빠른 성장 드라이브를 걸게 되었던 겁니다. 저는 '공조'라는 단어가 매우 중요하다고 생각합니다. 바로 앞에서 본 '감산 공조'를 통해 당시 추락을 거듭하던 국제유가가 바닥을 치고 올라올 수 있었죠. 미국의 금리 인상 속도 지연과 이머징의 성장 드라이브라는 정책 공조를 통해 이머징 국가들의 성장 역시 바닥을 치고 올라올 수 있었습니다. 이머징의 성장이 강해지면서 이머징 국가들로 자금이 쏠리게 되자 이머징 통화는 강세를 나타내게 되었고, 달러는 빠른 약세 전환에 성공했습니다. 미국 입장에서 달러 약세는 수입 물가의 상승을 촉발하면서 미국 경제가 디플레이션에서 벗어나는 데 상당한 도움을 주었던 바 있습니다.

이후 물가는 안정된 상황에서 선진국, 이머징 국가를 가리지 않고 전반적인 성장세가 두드러졌고, 2017년 글로벌 주식시장에서 아름다운 주가 상승이 나타났습니다. 당시 1950~2150포인트 사이를 벗어나지 못하면서 '박스피'라는 오명을 썼던 코스피 지수는

2017년 4월 갇혀 있던 박스권에서 화려하게 탈출하면서 2017년 말 2600포인트까지 상승, 코스피의 역사를 새로 쓰게 됩니다. 2016년의 저성장·저물가 국면에서 2017년의 고성장·저물가 국면으로의 화려한 변화는 이렇게 국제 공조 속에서 가능했었죠.

국제 공조가 변화를 만든다

국제 공조는 지금의 어려운 경제 상황에서도 중요한 해법이 되어줄 수 있습니다. 현재 공급망의 붕괴도 미국과 중국 간의 무역 및 기술 분쟁에 기인한 바도 큽니다. 그리고 공급 측면에서의 물가 상승 역시 미국과 중국 간의 무역 관세가 일정 수준 영향을 주고 있습니다. 러시아-우크라이나 전쟁 또한 국제 공조의 분열 속에서 나타난 대표적인 공급망의 교란으로 해석할 수도 있죠. 이 전쟁을 보면서 90년대 이후 이어져왔던 세계화는 사실상 끝났다는 전문가들의 평가도 있습니다. 물론 예전과 같은 수준의 세계화로 되돌릴 수는 없을 겁니다. 다만 현재 상황에서 조금씩의 개선을 만들어내는 것은 가능하다고 생각하는데요. 이런 개선이 글로벌 성장에는 긍정적 영향을 주면서도 물가를 낮추는 보약과 같은 역할을 할 수 있습니다. 연준은 물가를 잡기 위해 금리를 인상하려 하는데, 금리 인상은 물가를 제어할 수도 있지만 동시에 성장에 부정적 영향을 줄 수 있죠. 이에 반해 국제 공조는 정책별로 정도의 차이는 있겠지만 성장은 부양하면서도 물가는 안정시키는 효과가 있습니다.

예를 들어보죠. 이란의 핵 협상이 타결되었다는 소식이 들려오면 어떤 일이 벌어질까요? 2012년 핵무기 개발 등의 이슈로 이란은 G7에 의해 강한 규제를 받게 됩니다. 이란 경제는 매우 어려운 상황에 처했죠. 세계 3위 수준의 원유 및 천연가스 생산국인 이란이 규제의 파고에 휩쓸리면서 글로벌 원유 및 천연가스 공급이 줄어들게 됩니다. 당시 이란의 원유 공급 감소로 인해 2012~2014년 글로벌 경제가 저성장 기조를 이어가고 있었음에도 국제유가는 배럴당 100달러 수준의 높은 가격이었죠. 그러던 2015년 이란에 대한 규제가 풀리고 이란산 원유 및 천연가스의 공급이 재개되면서 에너지 공급이 다시금 정상화됩니다. 그리고 이란과 함께 글로벌 원유 공급이 크게 늘어나면서 국제유가는 2014년 하반기부터 급격한 하락세를 보였고, 2016년 2월 배럴당 26달러까지 하락했던 바 있습니다.

트럼프 대통령 집권 이후 이란에 대한 규제가 다시금 강해지면서 이란의 원유 및 천연가스 공급은 다시금 제약을 받기 시작했습니다. 그러나 바이든 행정부 이후 이란에 대한 제재가 풀릴 것이라는 기대감이 형성되기 시작했고, 러시아-우크라이나 전쟁으로 인해 글로벌 에너지 공급에 큰 차질이 빚어지자 다급해진 미국을 중심으로 이란과의 핵 협상 속도가 빨라지고 있습니다. 간단히 기사 제목 하나만 인용하고 가죠.

> — 이란 최고 지도자, '핵 합의 복원 회담 막바지… 잘 진행 중'
>
> 《연합뉴스》 2022. 4. 13

타결된다면 원유 가격 안정에 일정 수준 도움을 줄 것으로 기대됩니다. 교역의 증가도 가져오는 만큼 성장에도 도움을 주게 되겠죠. 성장에는 도움을 주면서 물가는 안정시키는 케이스라고 볼 수 있습니다.

이런 형태의 공조로 미중 관세 완화도 생각해볼 수 있습니다. A와 B라는 국가가 교역을 하고 있다고 가정합니다. A와 B 모두 각국에 생산 경쟁력을 갖춘 물품을 제조해서 다른 국가에 수출합니다. A가 가성비 있는 핸드폰을 만들어서 B에 수출을 한다고 가정해보죠. 그럼 A의 핸드폰을 수입하는 B국 사람들 입장에서는 저렴한 가격으로 들어오는 양질의 핸드폰인 만큼 더 많은 수요가 생겨나겠죠. 반대로 B국은 가성비 높은 노트북을 만든다고 가정해봅니다. 그리고 A로 수출을 하는 것이죠. A국 사람들은 좋은 노트북을 싸게 살 수 있습니다. 그럼 그만큼 노트북에 대한 수요가 늘어나게 되겠죠. 서로 가성비가 높은 제품을 교역을 통해 판매하면서 더 많은 수요자들을 확보하게 되는 거죠. 또 수요가 많아진 만큼 생산도 늘었을 겁니다. 그럼 각국의 성장에도 긍정적인 영향을 주게 될 것이고요, 보다 나은 가격에 수출을 하면서 물가 상승 압박도 높지 않을 겁니다.

그런데 이 두 나라의 관계가 급격히 악화되면서 서로 무역을 하지 못하게 됐다고 생각해볼까요? 혹은 무역을 하더라도 상대국 제품을 수입하는 데 상당한 관세를 부과하는 겁니다. 그럼 관세 부과로 상대편 수입국의 제품 가격이 올라가게 되겠죠. 가성비가 사라진 겁니다. 그럼 굳이 비싸진 상대국의 제품을 살 필요가 없습니다. 그럼 상호 간의 교역이 위축되고, 제품에 대한 수요도 줄어들게 되면서 성장 둔화가 진행될 겁니다. 또 가성비가 떨어지는 만큼 물가 상승의 단초를 제공하게 됩니다. 미중 무역 및 기술 분쟁은 글로벌 공급망 붕괴와 함께 관세 부과로 인한 직접적 물가 상승 압력을 높이죠. 그래서 무역 분쟁이 가시화되던 시기 많은 경제 전문가들은 미국 소비자들이 최대의 피해자라는 얘기를 했던 겁니다.

만약 양국 간의 관세가 다소나마 완화된다면 어떨까요? 네, 교역이 보다 늘어날 수 있습니다. 중국산 수입품의 가격이 관세 부과분만큼 낮아져 보다 낮은 가격에 수입품을 소비할 수 있게 됩니다. 교역이 늘어나는 만큼 생산이 증가하니 양국의 성장에도 도움을 줄 수 있습니다. 관세만큼 제품 가격 부담이 줄어들어 인플레이션 압력 역시 다소나마 완화될 수 있습니다. 대표적인 공조 솔루션이라고 할 수 있습니다.

물론 미중 간의 깊은 갈등 구도를 본다면 지금까지 말씀드린 논리가 상당히 빈약하고 천진난만한 낙관론에 기대는 바가 크다는 느낌을 받을 수 있습니다. 그렇지만 국제 공조는 서로 사이가 좋지 않아도 할 수 있습니다. 생존을 위해서는 사이가 좋지 않은 양국도 손을 잡습니다. 2016년 미국이 유럽이나 중국의 성장을 위해 국제 공조에 나선 케이스, 그리고 산유국인 사우디와 러시아가 전격 합의하면서 감산 공조에 돌입한 것이 대표적인 사례입니다. 좋아서 공조하는 것이 아니라 너무나 어려운 상황에서 돌파구를 찾아야 하기에 공조를 해야 하는 겁니다.

미국의 인플레이션 압력이 크게 높아지던 2021년 말부터 미국의 옐런 재무장관은 대중 관세 인하가 인플레이션 국면 돌파를 위한 하나의 솔루션임을 강조했습니다. 물론 당시만 해도 가능성이 높지는 않다는 의견이 지배적이었죠. 이후 러시아-우크라이나 전쟁으로 인해 국제유가가 더욱 큰 폭으로 상승하던 2022년 3월 24일 이런 소식이 들려왔습니다.

> **— 美, 물가 잡고 中 달래기… 중국산 352개 제품 관세제외**
>
> 조 바이든 미국 행정부가 중국산 전자, 소비재, 수산물 등

> 352개 제품에 대해 관세 면제 조치를 재시행한다. 미국이 조달하거나 대체하기 힘든 특정 품목을 중국에서 관세 부담 없이 수입해 미국 내 물가 안정을 도모하려는 목적이다. 미·중이 공존할 수밖에 없는 경제 환경에서 무역분쟁을 관리하려는 일종의 대중 유화책이기도 하다.
>
> 미국 무역대표부USTR는 23일(현지시간) 도널드 트럼프 행정부에서 관세 부과 면제 혜택을 받다가 2020년 말 종료된 총 549개 중국산 제품 가운데 352개 품목에 대해서는 관세 면제 조치를 다시 적용하는 '표적관세배제절차TTEP'를 시행한다고 발표했다. 면세 품목은 자전거 부품, 전기 모터, 기계, 화학물, 수산물 등을 포함한다. **《매일경제》 2022. 3. 24**

저는 이 인용 기사의 첫 번째 문단에 핵심이 있다고 생각합니다. 미국과 중국이 공존할 수밖에 없는 경제 환경에서 서로 생존하기 위한 정책이라는 점이죠. 쉽지도 않고 달갑지도 않지만, 인플레이션으로 인해 대국민 지지율이 크게 하락한 미국 바이든 행정부는 인플레이션을 잠재울 수 있는 카드 중 하나로 공조를 생각했던 겁니다. 그리고 일부 제품에 대해서 관세 면제 조치를 적용했습니다. 이후에도 그런 행보는 이어지고 있습니다. 기사 제목을 더 인용해보죠.

> — 백악관 고문, '인플레 낮추기 위해 대중 관세 완화해야'
>
> 《뉴스1》, 2022. 4. 22
>
> — 美, 중국산 일부 상품 관세 인하 시사-'中도 함께 해달라'
>
> 《뉴스핌》, 2022. 4. 22

네, 백악관 쪽에서도 추가적인 대중 관세 완화를 고민하고 있다는 내용입니다. 중국과의 관계 개선보다는 인플레이션 압력을 낮추기 위한 고육책이라는 해석이 맞을 듯합니다. 그 효과가 어느 정도일지 예단하기는 어렵겠지만 금리 인상을 통해서 성장은 건들지 않으면서 물가만 잡아야 하는 어려운 모험을 해야 하는 연준에게는 상당한 도움을 줄 수 있겠죠. 이런 순기능을 수행할 수 있다는 점에서 '국제 공조'의 전개 양상을 주의 깊게 볼 필요가 있습니다.

이외에도 OPEC+ 산유국들의 증산이나 러시아-우크라이나 전쟁의 종식 등도 국제 공조의 재개 차원에서 해석해볼 수 있습니다. 특히 러시아-우크라이나 전쟁이 장기화된다면 에너지뿐 아니라 전 세계적인 식량난이 심화될 수 있습니다. 그리고 식량난의 심화는 특히 식량 수입 의존도가 높은 취약한 이머징 국가들에게 상당한 타격을 줄 수 있습니다. 인플레이션에 대한 예측을 훨씬 어렵게 한다는 점에서, 그리고 성장에 보다 큰 충격을 줄 수 있다는 점에서 조속한 전쟁의 종식이 필요하겠죠.

국제 공조를 통해 에너지 공급을 비롯한 공급망 이슈를 일정 수준 해결해 기승을 부리는 인플레이션을 조금이나마 눌러주게 된다면 연준 입장에서는 금리 인상을 비롯한 긴축의 속도를 다소 늦출 수 있겠죠. 미국 금리 인상의 속도가 늦춰진다면 미국 이외 국가들도 성장을 위한 시간을 벌 수 있게 됩니다. 2016년 당시의 연준과 비슷한 느낌이죠. 미국의 성장은 강하고 물가 상승 압력도 우려스럽지만, 유럽과 중국의 성장 둔화를 감안하여 금리 인상을 늦추었던 그때처럼요. 이렇게 되면 미국 이외 국가들의 성장 엔진도 함께 가동됩니다. 글로벌 경제라는 비행기는 미국 경제라는 단일 엔진에 의해 추동되는 것이 아니라 미국과 미국 이외 국가의 성장이라는 두 개의 엔진에 의해 추동되는 것이죠. 이것이 현재 상황에서 고성장·저물가 국면으로 가는 스토리입니다.

물론 소설 같은 이야기라는 반론이 나올 수 있습니다. 지금은 앞이 보이지 않는 얘기이지만, 과거 역사의 발전 과정을 보아왔기에 조심스럽게나마 이런 낙관적인 전망에 조금 더 힘을 실어봅니다. 결국에는 공멸의 두려움 앞에서 공생을 위한 솔루션을 찾아왔었던 우리들의 과거를 떠올리면서요.

에필로그

역경 뒤에 찾아오는 과실을 함께 누립시다

• • •

이제 마지막 정리를 해봅니다. 책 전반에 걸쳐서 인플레이션이 무엇인지, 왜 지금 인플레이션이 문제가 되고 있는지에 대해 자세히 얘기했습니다. 오랜 기간 호리병에 갇혀 있던 인플레이션이라는 지니가 어떻게 탈출하게 되었는지 그에 대해 설명했죠. 오랫동안 나타나지 않았던 인플레이션이었기에 코로나19 이후 대응에 있어서도 두려움 없는 경기 부양책을 썼던 겁니다. 그게 수요의 폭발을, 그리고 그런 수요를 따라가지 못하며 공급망의 총체적인 교란을 만들어냈습니다. 그리고 이로 인해 깨어난 인플레이션을 일시적이라고 여기는 치명적인 오판을 하며 조기에 제압하지 못해, 이렇게 강한 괴물로 탈바꿈하게 되었고요.

저는 지금의 인플레이션이 70년대처럼 10년 이상 이어지는 장기 고질병이 되지는 않으리라 생각합니다. 다소 늦기는 했지만 인플레이션을 촉발했던 경기부양책들을 되돌리기 시작했고, 무엇보다 수수방관하고 있던 메이저급 인플레이션 파이터인 연준이 발 빠른 행보를 이어가고 있기 때문입니다. 이 책을 집필하기 시작했던 2022년 1월에는 연준도 3~4차례 정도 금리 인상(0.75~1.0% 수준)을 할 거라 예상했습니다. 하지만 쉽게 꺾이지 않는 물가 상승세를 보면서 2022년 4월 23일 지금은 2022년 내에 3.0%를 넘는 수준의 금리 인상 가능성까지 열어두고 있습니다. 이미 인플레이션이 심각한 상황에 이르렀음에도 소극적 태도로 일관했던 70년대의 연준이 지금의 연준에게는 중요한 반면교사가 되었겠죠. 물론 공급망 이슈 등의 변수는 존재하겠지만, 그리고 시간은 다소 걸리겠지만 70년대와는 다른 흐름이 나타나리라 생각합니다.

다만 40년 만에 찾아온 인플레이션인 만큼 한동안 고물가 환경을 고민해보지 않았던 투자자들에게는 투자의 난이도를 크게 높이는 악재로 작용할 수 있겠습니다. 변해버린 연준은 그동안 저성장·저물가 국면에서 항상 시장을 구해주었던 든든한 해결사가 사라졌음을 의미합니다. 이 역시 투자 난이도를 높이는 부담스러운 요인이고요. 거시경제 환경의 변화가 워낙 빠르게 나타나기에 이럴 때일수록 특정 자산으로의 집중보다는 다양한 분산투자 전략이 필수라고 생각합니다. 저는 본문에서 '4대 분산'을 전해드렸던 바 있는데요, 촘촘한 분산은 이런 어려운 투자 환경에서 살아남는 데 큰 도움을 줄 것이라 생각합니다.

그리고 지금 현재의 경제 환경에 집중하기보다는 지금의 환경이 바뀔 수 있다는 점을 감안한 유연한 투자를 하라는 조언도 함께 드렸습니다. 현재의 고물가 상황에서 최악의 국면인 저성장·저물가로의 추락 시나리오도 감안할 수 있겠지만, 국제 공조와 연준의 유연한 정책 대응 속에서 만들어낼 수 있는 고성장·저물가 시나리오 역시 가능할 수 있다는 점을 강조하기도 했습니다. 천성이 낙관적이기에, 그리고 그렇게 되기를 바라기에 고성장·저물가의 그림을 베스트라고 생각합니다만, 최악의 상황을 가정하여 포트폴리오 내에 금이나 달러와 같은 자산에 대한 적립식 형태의 투자도 일부 고려해보시길 당부했습니다.

세계 경제가 무탈하게 돌아갔던 적은 별로 없었던 것 같습니다. 수많은 사람들이 모여서 만들어내는 경제 활동 속에 잡음이나 걱정, 갈등이 나타나지 않는 것이 더 이상하겠죠. 그렇지만 인류의 역사는 항상 어려움 속에서 보다 나은 솔루션을 찾고, 공조 속에서 발전해왔음을 보여주고 있습니다. 지금 만나는 인플레이션 역시 그런 어려움 중 하나가 아닐까 생각합니다. 이 파고 속에서 살아남아야 역경 뒤에 찾아오는 경제 발전의 과실을 함께 누릴 수 있겠죠. 그런 의미에서 이 책의 제목을 『인플레이션에서 살아남기』라고 정해보았습니다.

이 책의 집필을 2022년 연초에 시작했습니다. 적으면서 가장 어려웠던 점은 글로벌 인플레이션 상황이 빠르게 악화되고, 이에 대응하기 위한 연준의 대응도 급격하게 빨라졌던 것이었습니다. 러시아-우크라이나 전쟁과 이로 인한 공급망 교란 심화 역시 통화 및 재정 정책을 통해 해결할 수 있는 레벨을 훌쩍 넘어섭니다.

국내 1일 60만 명의 코로나19 확진자와 돌아온 중국 내 코로나19 환자 발생으로 상하이 봉쇄까지 이어진 것은 상상도 못 했던 일입니다. 주식 및 채권시장의 변동성 역시 2021년의 그것보다 훨씬 심각하게 나타났습니다. 책을 쓰는 과정에서도 인플레이션이 계속해서 보다 심각한 이슈로 변해가기에, 그리고 금융시장의 가격 바뀜도 워낙 크기에, 중심을 잡고 글을 써나가는 데 어려움을 겪었습니다.

원고를 탈고한 이후 최종 출간까지 기다리는 그 짧은 기간에도 다양한 변화가 나타날 수 있습니다. 워낙 빠른 변화가 나타나고 있는 만큼 이런 시차가 책에 존재할 수 있다는 점, 너그럽게 이해해주시기를 부탁드립니다.

이런 부족함이 있음에도 많은 분들이 질문해주셨던 내용을 다 담기 위해 성심껏 구성하여 적어보았습니다. 질문을 많이 받는다는 것은 그만큼 투자자분들이 지금의 상황에 혼란스러워하고 있다는 의미겠죠. 이 책이 지금의 불확실한 거시경제 환경 속에 자그마한 참고가 되기를 소망하면서 집필을 마칩니다. 졸저를 일독해주심에 진심 어린 감사 인사드립니다.

인플레이션에서 살아남기

초판 1쇄 발행 2022년 5월 23일
초판 6쇄 발행 2022년 6월 5일

지은이 오건영
펴낸이 김동환, 김선준

책임편집 최구영
편집팀장 한보라　**편집팀** 최한솔, 최구영, 오시정
마케팅 권두리, 신동빈
홍보 조아란, 이은정, 유채원, 권희, 유준상
표지 디자인 김혜림　**본문 일러스트** 정민영　**표지 일러스트** 그림요정더최광렬

펴낸곳 페이지2북스　**출판등록** 2019년 4월 25일 제 2019-000129호
주소 서울시 영등포구 여의대로 108 파크원타워1. 28층
전화 02) 2668-5855　**팩스** 070) 4170-4865
이메일 page2books@naver.com
종이 ㈜월드페이퍼　**인쇄·제본** 한영문화사

ISBN 979-11-90977-66-1 (03320)